河北省社会科学基金项目（项目编号 HB21YJ039）

生态共治共享下京津冀地区
"港－产－生态"融合协同发展研究

谢会芹　著

中国海洋大学出版社
·青岛·

图书在版编目（CIP）数据

生态共治共享下京津冀地区"港-产-生态"融合协同
发展研究 / 谢会芹著. --青岛：中国海洋大学出版社，
2025.3. -- ISBN 978-7-5670-4129-5

Ⅰ. F127.2

中国国家版本馆 CIP 数据核字第 2025DN9416 号

SHENGTAI GONGZHI GONGXIANG XIA JINGJINJI DIQU "GANG-CHAN-SHENGTAI" RONGHE XIETONG FAZHAN YANJIU

生态共治共享下京津冀地区"港-产-生态"融合协同发展研究

出版发行	中国海洋大学出版社
社　　址	青岛市香港东路 23 号　　　　　邮政编码　266071
出 版 人	刘文菁
网　　址	http://pub.ouc.edu.cn
电子信箱	Wangjiqing@ouc-press.com
订购电话	0532-82032573（传真）
责任编辑	王积庆　　　　　　　　　　　　电　　话　0532-85902349
装帧设计	青岛汇英栋梁文化传媒有限公司
印　　制	青岛国彩印刷股份有限公司
版　　次	2025 年 3 月第 1 版
印　　次	2025 年 3 月第 1 次印刷
成品尺寸	185 mm × 260 mm
印　　张	13.5
字　　数	292 千
印　　数	1—1 000
定　　价	59.00 元

发现印装质量问题，请致电 0532-58700166，由印刷厂负责调换。

→ → 前 言

PREFACE

党的二十大报告强调,健全共建共治共享的社会治理制度,提升社会治理效能。这是以习近平同志为核心的党中央从推进国家安全体系和能力现代化,坚决维护国家安全和社会稳定的战略高度提出的一项重大任务。坚持和完善共建共治共享的社会治理制度,是推进社会治理现代化,维护国家安全、社会安定、人民安宁的重要保障。

海洋是连接全球经济发展的重要桥梁和纽带,更是当前乃至未来接替、补充我国陆地资源和空间的主力,在培育发展战略性新兴产业、支撑和带动沿海地区经济发展等方面都发挥着重要的作用。环渤海地区作为东北亚经济圈的核心地带,其地理位置得天独厚,向东衔接海上丝绸之路,向西与京津冀经济圈紧密相连,南抵中原经济区,北通丝绸之路经济带,展现出独特的地缘战略优势。而京津冀地区就处在环渤海地区的核心区域,拥有得天独厚的区位优势和丰富的海洋资源。随着政策红利的持续释放,京津冀地区海洋经济建设水平不断提高,已经逐渐成为地方经济发展的重要驱动力和新的区域经济增长点,形成了一个独立、完整的蓝色经济体系。此区域在推动内部协同发展、构建国际合作共赢新格局方面,承担着至关重要的战略使命。京津冀地区不仅是国家"双循环"新发展格局的战略支点,也是激发"四新经济"(新产业、新业态、新模式、新业务)活力、引领高质量经济发展的核心引擎。该区域通过实施高效策略,有效打破了区域间壁垒与市场分割,对于缓解国内区域发展不平衡问题、构筑对外开放新前沿具有重大意义。

京津冀地区在推动东北全面振兴、促进中国经济实现高质量稳定增长方面,其战略与现实价值不可小觑。秉持生态共治共享的原则,该区域在"港－产－生态"深度融合的协同发展中凸显了独特优势。通过优化港口功能布局与产业结构配置,京津冀地区不仅强化了区域经济内循环的畅通,还依托生态保护与可持续发展的策略,促进了与国际经济循环体系的深度融合。在此框架下,该区域积极推行绿色港口建设、促进可持续产业升级,并加大生态环境保护力度,有力推动了经济、社会与环境的协调共生。这一系列综合发展举措,不仅优化了资源配置效率,增强了区域内外经济联系,还为生态文明建设树立了典范,为区域乃至全国的高质量发展模式提供了可借鉴的路径与宝贵经验。

本书深度剖析了京津冀地区港口运营、产业发展及其与生态环境相互作用的现状与挑战,进而详尽阐述了如何依托绿色发展模式,强化区域生态承载力,以实现港口、产业与生态环境间的和谐统一与融合发展。通过构建一套严谨的理论体系与丰富的实证分析,本书为京津冀乃至环渤海地区的可持续发展提供了科学的评估标尺与策略导向,同时也为政策制定者及学术界同仁提供了极具价值的参考依据。

本书第一至三章内容聚焦于基础理论构建,系统阐述了港口绿色发展理念、产业可持续发展路径及产业生态共生机制等核心理论,为后续实证研究的深入展开奠定了坚实的理论基础。以此为基石,第三章还深入分析了京津冀地区四大主要港口与五大关键产业的发展现状,并从生态学视角出发,全面评估了该区域的整体生态健康状况。第四至七章专题探讨了港口与生态环境之间的复杂关系,通过创新性地构建京津冀地区港口生态承载力评价体系与模型,对四大港口进行了细致的生态承载力测度与深入分析,进而形成了对各港口生态绩效的综合评价。这一研究不仅弥补了现有研究领域的空白,更为港口管理部门提供了兼具理论与实践指导意义的评价工具。第八至十一章则将研究视角转向产业与生态的融合共生,设计并实施了产业生态承载力评价体系,针对京津冀地区的高端装备制造业、新能源产业等主导产业进行了生态承载力评估;基于这些实证分析,深入揭示了产业发展与生态环境保护之间的相互作用机制,提出了旨在促进产业发展与生态保护双赢的策略方案。第十二至十六章综合探讨了港口、产业与绿色生态融合发展的总体策略框架,特别是如何通过构建监测系统并实施仿真模拟,以优化政策设计与执行,确保在推动港口与产业繁荣的同时不损害生态环境的质量与可持续性。其中,第十五章与第十六章更是系统性地提出了增强京津冀地区港口、产业生态承载力的具体措施,以及促进融合发展与生态共治共享的创新思路,为区域生态经济的长远可持续发展贡献了切实可行的策略与建议。

本书立足于国内外研究前沿,对京津冀地区港口、产业及其生态发展的理论与实践进行了全面而深入的探索与系统性整合,展现出鲜明的特色与创新亮点。鉴于其独特的地理与经济战略地位,京津冀地区在全国乃至全球港口经济与生态环境版图中占据关键席位,而针对该区域系统性的综合研究尚显不足,本书以此为切入点,通过详尽剖析京津冀地区四大港口、临近区域三大港口与五大核心产业的内在逻辑,全面而客观地评估了该区域的生态承载力状况,有效填补了该领域研究的空白。在方法论上，本书创新性地采纳并优化了多种科学评价方法与模型，如生态承载力评价模型及障碍度因子分析等，这些工具在继承前人研究精髓的基础上，进行了针对性的本地化调整，确保了研究结果的精准度与适用性，紧密贴合京津冀地区的实际情况。本书不局限于对当前状态的剖析，而是基于翔实的数据与模型预测，展望了未来的发展趋势，为政策制定与战略规划提供了坚实的科学依据与前瞻性的决策支持。尤为值得一提的是，书中提出了一系列具体、可操作的政策建议与行动策略，旨在促进港口、产业与生态环境的和谐共生与可持续发展，涵盖了绿色生态融合发展的战略构想、具体实施路径及措施，为地方政府与相关企业提供了切实可行的操作指南与参考框架。本书的研究成果有望助力环京津冀及渤海地区在经济发展与环境保护之间找到最佳平衡点，推动该区域向更加绿色、低碳、可持续的发展模式转型，为区域乃至全国范围内的生态文明建设与经济社会发展提供宝贵经验与示范效应。

由于时间和水平有限，书中难免存在疏漏之处，恳请广大读者批评指正，以便在未来的研究中不断完善和提高。相信本书能带来一些新的思考和不一样的启示，同时为您的事业和生活带来更多的帮助与指导。

➡️➡️ 目　录

CONTENTS

第一章

绪　论

第一节　研究背景及意义

　　京津冀协同发展是国家层面的重大区域发展战略,旨在通过优化区域经济结构和空间结构,推动北京、天津和河北省的协同发展。早在2015年,中共中央政治局就审议通过了《京津冀协同发展规划纲要》(以下简称《纲要》),成为开展这一战略的蓝图。围绕这一《纲要》,制定了"十三五"和"十四五"规划方案,并逐年通过年度重点工作安排进行落实。《纲要》中指出,推动京津冀协同发展是一个重大国家战略,核心是有序疏解北京非首都功能,要在京津冀交通一体化、生态环境保护、产业升级转移等重点领域率先取得突破。[①]

　　京津冀地区作为环渤海地区的核心区域,港口经济发展对区域经济发展起到了关键作用。港口作为水陆交通的中枢环节,在综合运输体系中占据核心地位,伴随国际贸易的不断深化与经济全球化加速推进,其在国家经济中的作用日益突出。数据显示,至2022年底,全国共设有生产用码头泊位921 477个,其中万吨级及以上的大规模泊位达到2 300个,泊位规模扩大的趋势明显增强。2023年,港口货物吞吐量攀升至1 697.33亿吨,年增长率达1.58%,而集装箱处理量则突破3.1亿TEU,同比上升4.9%,这两项指标均位居全球首位。伴随着港口的迅猛发展,建设和运营活动对周边生态环境带来了不利后果。例如,土地围垦导致原有陆地与水生生物栖息地变迁,岸线及水域开发干扰了海岸水动力特性及自然演进过程,运营期间排放的废水、废气、固体废物及油品、化学品泄漏等严重污染了港区环境,进而引发周边水体、大气、土壤污染,威胁到区域资源、环境与生态的长期可持续性。

　　我国经济社会发展已进入加快绿色化、低碳化的高质量发展阶段,要正确处理高质

---

①　国土资源局.《京津冀协同发展规划纲要》.(2015-111-25)[2024-10-22]. https://chinareal. nankai. edu. cn/info/1058/4889. htm

量发展和高水平保护、重点攻坚和协同治理等重要关系。处理好经济发展和生态保护的关系,是世界性难题,但并非无解题。2018 年 5 月,全国生态环境保护大会提出的"产业生态化和生态产业化"为促进生态与产业之间的协调发展指明了实践路径。将"产业生态化与生态产业化"(以下简称为"两化")视为一个复合系统,运用协同发展理念探索区域性生态经济体系建设,对于破解经济发展与生态环境保护的"两难"悖论,站在人与自然和谐共生的高度谋划区域性经济高质量发展具有深远且重要的意义。

尽管"产业生态化"与"生态产业化"在概念上存在显著差异,但在协调经济发展与生态保护这一核心关系中,两者实质上形成了一个相互渗透、彼此促进的有机整体。产业生态化主要关注在自然系统承载能力的范围内,推动生产制造整个流程的生态化变革,运用环境友好的新技术、新工艺和新设备,系统性地整合特定区域内的产业、生态与社会系统,旨在提升产出与利润的同时,保持良好的生态环境。作为一种更高级别的生产方式,产业生态化能够增强经济生产体的生态效益,并赋予其更为广泛的社会价值。

生态产业化侧重于通过市场化运作、社会化生产及规模化管理等途径,将生态资源及其衍生产品转化为生态产品和服务,以此实现生态资源的保值与增值。生态产业化本质上依赖于市场机制,推动生态要素向产业要素的转化,并促使生态价值逐步转化为经济价值。无论是产业生态化还是生态产业化,其核心目标都在于通过资源的循环利用与高效配置,消除资源浪费、环境污染及生态损害,进而实现经济效益、社会效益与生态效益的同步提升,促进产业与生态、人与自然的和谐共生。产业生态化为生态产业化提供了技术基础与产业链整合的支持,而生态产业化则为产业生态化创造了市场机会并提供了资源保障,两者共同推动了产业结构的优化和经济发展模式的转型。

生态系统是生物与其环境相互作用形成的统一整体,是自然界中特定空间内生物与环境相互影响、相互制约,最终达到动态平衡状态的系统。港口生态系统作为一种特殊类型,由自然生态系统与人类经济社会活动紧密结合形成,具有高度开放性、频繁的物质能量交换和高生产力,但因遭受高强度的人为干扰,其自我调节机能受损,生态系统变得极为脆弱。近年来,港口生态环境的破坏与生态危机加剧,引发了政府、业界及学术界的广泛担忧。2006 年召开的中国首次港口与环境会议,着重强调了港口生态保护的重要性,提倡经济与生态效益并重的发展路径,促进港口建设与生态环境的和谐共存。2013 年,交通运输部出台了《绿色港口等级评价标准》,旨在推动港口节能减排,加快绿色港口建设步伐,以促进区域的综合平衡发展。

生态共治共享理念下的京津冀地区港产绿色生态融合协同发展研究,对推动绿色发展、促进经济可持续性、加强区域协同、提升社会福祉以及展现国际示范效应具有重大意义。通过研究,能够促进港口和产业活动采取更环保的技术与管理措施,有效减少污染物排放,同时实施如湿地恢复、生物多样性保护等生态修复策略,守护海洋与陆地的自然生态。在经济层面,绿色转型不仅提升资源利用效率,降低运营成本,增强港口与产业的竞争力,还激发环保科技的创新,开辟新的经济增长路径和就业领域。打破行政壁垒,推动跨区域合作,统一环保标准与监管机制,促进信息与资源共享,加速传统产业升级,催生新兴绿色产业链和供应链,是实现区域协同发展的关键。社会福祉方面,减少污染,改善公共健康,营造宜居环境,同时鼓励公众参与,普及绿色生活理念,共同守护美好家园。京津冀地区的成功实践,不仅为环渤海地区及中国北方经济带树立了绿色发展的典范,也为全球提供了宝贵的经验借鉴。基于数据与实证的科研成果,将为政府制定科学合理的环保与经济政策提供有力支持。技术革新,尤其是在智慧港口、绿色能源与清洁运输领域的应用,将进一步提升整个系统的运行效率,助力经济、社会与环境的和谐共生,为中国乃至全球的可持续发展目标贡献力量。

第二节　研究现状

一、国内研究现状

国内对生态承载力的研究起步较晚,最初聚焦于生态系统的本质、结构和功能。杨贤智强调生态承载力是系统对环境干扰的自我调节能力体现,高吉喜认为其包含了资源、环境和生态恢复能力,王家骥指出其空间特性。自 20 世纪 90 年代起,学者们采用第一性生产力估算法、资源供需平衡法、指标体系等静态方法研究生态承载力,如王家骥团队在黑河流域的研究、夏军的模型、杨志峰的健康生态承载力计量模型、刘庄的模糊综合评价模型、殷培杰的城市生态承载力空间差异分析、刘东的生态足迹模型应用、狄乾斌的海洋生态承载力的评价模型及熊建新的洞庭湖生态承载力量化等。

在动态评估与预测生态承载力的进展中,学者们已取得一系列成果。毛汉英等人结合状态空间法与动力学模型,对环渤海区域的生态承载力进行了预测与评估。方创琳等人则利用系统动力学模型预测塔里木河下游区域的承载力演变。张衍广等人借助 EMD 法构建动力学模型,预测未来 20 年中国生态足迹与生态承载力的变动趋势。顾康康则专注于系统动力学模型,动态预测矿业城市的承载力变化。赵东升等人通过 LPJ 模型,模拟了气候变化对 1991 年至 2080 年间植被生产力影响的时空变化。韦静等人则利用系统动力学构建了生态足迹 SD 模型,分析博鳌规划区的情况变化。谭红武等人、王西琴等人、翁异静等人以及翟羽佳等人也各自采用系统动力学模型,分别针对流域水生态承载力、城市水生态承载力、赣江流域承载力及三峡库区生态承载力进行研究,展示了生态承载力的动态特性。

近年来,鉴于港口环境问题频发,如污染加重、生态退化及资源紧张,港口承载力研究日益受到关注,研究内容也从单一要素(如环境承载力、资源承载力)逐渐拓展至多要素综合的生态承载力。当前,对港口环境承载力的评估多依赖指标体系,如戴明新等人结合层次分析与模糊综合评价方法构建模型来量化港口环境承载力。张树奎、崔凯杰、魏萌萌、刘佳斯及王瑞等分别利用模糊评判法、AHP- 模糊评价法、集对分析结合熵权法、模糊物元分析法及数据包络分析法等,对天津港、青岛港的环境承载力进行了评价。张亚冬等人对港口环境承载力的概念和影响因素进行了探讨。而港口资源承载力的研究案例较少,焦宇等人通过排队论建立了交通资源承载力预警模型。至于港口生态承载力,郭子坚等人基于生态足迹理论做出了初步评价。显然,港口生态承载力研究亟待更加深入。

张亚冬根据环境科学中有关环境容量和环境承载力的相关理论,结合港口可持续发展的要求,提出港口环境承载力的概念并对其影响因素进行了分析,认为港口环境承载力受港口的自然条件、软硬件条件、周边及腹地交通条件、社会经济条件、能源资源条件和环境污染水平的共同影响。港口环境承载力概念及其影响因素的研究将为港口承载力的定量评估提供理论基础。于少强选取多个指标构建环境规制强度综合指标体系,利用熵值法测算沿海港口的环境规制强度,分析港口环境规制现状,同时将环境因素考虑在内,构建考虑非期望产出的超效率 SBM-GML 模型测算并分解港口绿色全要素生产率,分析港口绿色全要素生产率的发展状况、驱动因素以及区域异质性。在此基础上,通过固定效应模型探究港口绿色全要素生产率是如何受到环境规制的影响,并采用替换关键变量和缩短时间年份进行稳健性检验,在得到肯定结果之后,构建门槛模型探究其非线性特征。最后依据研究结论为提高环境规制促进港口绿色全要素生产率提出建议。赵楠将生态位理论引入港口群,通过构建港口体积生态位模型和港口生态位宽度模型,分析4种港口生态位关系及其演化规律,反映港口群内各港口之间的相互作用关系。在分析港口生态位资源构成的基础上,通过构建港口生态位重叠模型,量化测算港口对群内同质资源竞争的激烈程度。范小杉基于压力(P)—状态(S)—响应(R)模型,以沿海港口总体规划生态承载力环评为例,在分析港口总体规划对海岸带潮上带、潮间带、潮下带3类生态环境空间产生不同资源环境压力类型的基础上,探索建立了包括陆域土地资源承载力评价、潮间带岸线资源承载力评价、潮间带围填海承载力评价、潮下带水环境容量评价及海岸带生态系统承载力评价在内的海岸带工程项目生态承载力环评技术方案。郭子坚、张娇凤针对现有港口生态承载力研究中生态过程机制、时间动态性考虑不足等问题,引入系统动力学理论,结合港口生态系统的特点,从社会经济、资源、环境3个方面进行因果反馈分析,在此基础上构建港口生态承载力的系统动力学模型。冯琪和蒋惠园为了改善钦州港生态环境,促进区域协调发展,综合研究区域生态承载力概念和钦州港现实对钦州港生态承载力内涵进行界定,据此提出影响因素并借助结构方程模型定量验证。

尽管早期的评估方法简便且实用,它们在深入解析生态系统的动态机制及捕捉生态承载力变化方面存在局限性,这驱使科研人员转向采用动力学模型来模拟承载力的变化过程,并尝试综合多种模型,以构建更加全面的复合模型系统,以弥补单一模型的短板。动力学模型在处理复杂系统时的不确定性表明还有提升空间,且当前研究大多聚焦于城市和流域,对生态脆弱区域特别是港口生态承载力的探索尚显不足。目前港口承载力研究特别是多要素综合的生态承载力研究较少,仍在探索当中,港口生态承载力的定义、内涵尚未达成定论,也没有形成成熟的理论体系和研究方法,虽然建立了一些定量评价模型,但多为静态模型,未能揭示港口生态系统的过程机制及发展机理,也没有体现港口生态系统时间尺度上的变化特点。

在国内港口生态承载力的研究领域,已构建起多角度、多维度的研究框架。有学者明确提出了港口环境承载力的概念,并深入剖析了其受到自然条件、基础设施、交通状况、社会经济因素以及环境污染等多方面综合影响的特性,为港口承载力的科学评估奠定了理论基础。研究者们通过构建综合性的指标体系,并运用熵值法,对沿海港口的环境规制强度进行了详细分析,同时探讨了环境规制对港口绿色全要素生产率的影响机制。有研究借助生态位理论,深入分析了港口群内部的资源竞争与相互作用关系,进一步加深了对港口群生态动态的理解。系统动力学方法的应用,则揭示了港口生态系统的因果反馈机制,为弥补现有研究中生态过程和时间动态性方面的不足提供了新的研究视角。基于 P-S-R 模型,研究者们对沿海港口生态承载力进行了多层次的评价,这增强了该领域研究的实际应用价值,更为相关政策建议的制定提供了更为科学的依据。

二、国外研究现状

本书致力于评估与分析港口的生态承载力,并以其为依据来规划未来的发展路径。生态承载力的概念最早由 Park 和 Burgess 在 19 世纪末至 20 世纪初引入生态学研究。自此,学者们逐渐拓宽了研究视野,从单独考察土地、水资源、旅游、矿产、渔业、森林等资源的承载力,发展到综合考虑资源承载力、环境承载力和生态承载力等多个层面,标志着研究从单一因素向多因素综合分析的转变,更加注重生态系统的完整性、协调性及稳定性。

国外对生态承载力的探索起步较早,借用了种群与群落理论的见解。1984 年,Bailey J.A. 将承载力分为经济承载力和生态承载力两类。1986 年,"生态韧性"概念被引入生态学,主张生态承载力评估应超越资源利用,考虑生态系统所有生态服务。20世纪 90 年代,William 和 Wackernagel 提出的"生态足迹"概念促使研究从单一体系扩展到整个生态系统层面。Daily 和 Ehrlich 强调,可持续性要求人口需维持在或低于承载力阈值内。1998 年和 1999 年,不同学者分别提出以生态系统能支持的生物种群最大数量和自然植被支持的种群极限值来衡量生态承载力。

进入 21 世纪,国外学者深化了生态承载力研究,如 Haberl 等人计算澳大利亚的生态足迹并分析承载力,Ludwig 等人创建模型评估草原放牧影响下的生态系统承载力,Senbel 等人预测北美未来世纪的生态承载力,Hubacek 和 Giljum 等人提升了生态足迹模型的精确度,Wackermagel 等人利用 GIS 技术分析城市生态承载力,Zhao 等人改良了生态足迹模型,Jusup 等人则利用仿真交互模型评估海域生态承载力。

根据 2014 年 Motiva Services Ltd. 发布的实证研究报告,国外学者关注港口的能源利用效率和环境影响。该报告指出,提高能源利用效率是当今的主要挑战之一,并强调了港口生态效率的重要性。其具体目标包括减少电网中的损耗、规划不同基础设施和网络的发展以考虑运营和环境标准,以及提高港口工作人员对能源资源高效利用的认识。在粤港澳大湾区背景下,国外学者逐渐将研究视野从单个港口转移到由多个港口相互影响和制约的港口群上。他们首先对港口群的概念进行了界定,并通过定量分析与优化建议,取得了丰富的研究成果。

多项研究表明,国外学者注重港口生态环境的评估和保护。例如,Baltic Sea Region 的研究项目 Green EFFORTS 旨在调查港口和码头的当前能源组合,识别实现实际节能的活动并探索适用于港口和码头环境的可再生能源来源。还有关于评估港口生物质量的研究,如 La Rochelle 三个港口(船坞、渔港和海港)的案例研究。

国外在港口生态承载力研究领域取得了诸多成果。起初,研究主要聚焦于单一资源的承载力,如土地和水资源,随后逐步扩展至综合资源和环境承载力的探讨。随着理论的深入发展,"生态韧性"和"生态足迹"等概念被引入,研究范围从单一系统拓展至整个生态系统,强调了对生态系统服务的全面考量及生态系统完整性的保护。进入 21 世纪后,国外学者进一步深化了对生态承载力的研究,应用了如 GIS 和仿真交互模型等先进技术,显著提升了研究的精确度和实用性,特别是在评估草原放牧和海域生态承载力方面展现了显著效果。港口的能源利用效率和环境影响也成为研究的重要方向,通过实证研究报告,强调了提升能源效率及整合优化港口群生态效率的重要性。在具体实践中,国外学者高度重视港口生态环境的评估与保护工作,进行了能源组合调查,探索了节能措施,评估了港口生物质量,并密切关注船舶压载水对生态环境可能产生的影响,推动了基于遥感数据的内河航道生态护岸工程评估及海岸带生态修复措施的实施,以维护生态系统结构的完整性和促进可持续健康发展。

第三节 研究内容

伴随着港口与产业的迅猛发展,生态承载力评估及其一致性监测成了确保京津冀区域可持续发展的重要基石。本书深入剖析了京津冀地区港口与产业的生态承载力状况,旨在构建一个全面的理论与实践框架,以推动生态环境与区域发展的和谐共生。本书对京津冀地区港口的生态承载力进行了综合评价,着重探讨了港口活动对海洋及沿岸生态环境造成的具体影响。港口作为贸易与物流的关键枢纽,其发展在增强区域经济活力的同时,也引发了水质污染、生态环境受损等生态压力。研究采用环境影响评价和评估,旨在揭示港口扩张与运营对生态系统的深刻影响,并评估其生态一致性。

本书对京津冀地区各产业的生态承载力进行深入探讨。区域内重化工业、渔业及旅游业等产业的快速崛起,对自然资源的需求持续增长,对生态环境构成了严峻挑战。通过系统分析高端装备制造业(含海洋工程装备制造、船舶制造)、新能源产业、钢铁产业、海洋电力产业、海洋效能运输产业,各产业对生态资源的依赖程度及其产生的对环境的影响,评估了产业发展与生态环境的一致性,并探索可持续的产业发展路径。

本书对京津冀港口、产业与绿色生态一致性评价问题进行深入研究。结合港口与产业的互动关系,评估二者在推动区域经济发展的同时,如何实现生态保护与经济发展的平衡。通过构建综合评价模型,旨在为政策制定与业界提供科学的决策依据,确保经济活动与环境保护的双重目标得以同步实现。

本书尝试构建京津冀港口与产业生态承载力监测系统。该系统依托现代信息技术及生态模型,对港口与产业的生态承载力进行实时监测与综合评估。通过收集环境、经济及社会等多维度数据,并运用 GIS 与遥感技术,以提高生态承载力评估的精确性与时效性。

基于仿真模型的运行结果,本书提出一系列旨在提升京津冀地区港口与产业生态承载力的具体举措。通过举措的落实,旨在促进环境资源的有效管理与可持续利用,为区域经济的绿色发展提供有力支持。本书提供了一个多维度、系统化的研究框架,通过理论探讨与实践应用的紧密结合,全面评估并推动京津冀地区港口与产业的生态承载力及环境一致性,为实现该区域的可持续发展目标奠定坚实基础。

第四节 研究方法

编者通过查阅区域生态承载力、生态评价及港口生态学相关研究文献、书籍及数据资料等,汲取已有研究成果的精髓,明确研究目标,梳理理论体系。

(1)不论是对津冀港口群及海洋战略性新兴产业生态承载力的测度、产业发展与生态承载力一致性评价模型的构建,还是海洋生态环境监测系统的设计与运行,都需要多源、海量的大数据,数据调查方法和栅格数据存储与分析方法是本课题获得数据和分析数据的重要方法。

(2)采用指标评价法和指标体系测度法建立产业的生态承载力测度评价指标体系。采用 AHP- 综合指标评价法,利用主成分分析法和 AHP 测度产业生态承载力。

(3)采用多维博弈理论和数学建模法,对津冀港口群、产业、生态共生系统问题进行研究,建立多维博弈模型,并采用均衡分析法、算例分析法对模型结果进行分析。利用 MATLAB 数学软件,对复杂数据、结果进行数据分析和仿真分析。

(4)数理统计法,通过 spss18.0 对数据进行分析整理,寻求各评价指标与津冀港口群与产业发展、产业与生态环境共生之间的量化关系。

(5)实地考察法,根据研究任务需要,到天津港股份有限公司、河北省港口集团、秦皇岛港务局、海洋局、海事局、环保局等进行实地调研,了解主要产业的基本情况。

(6)专家访谈法,通过当面访谈、电话和电子邮件等形式跟相关领域专家访谈,对课题关键内容进行咨询,听取建议,弥补不足。

第二章

基本理论详述

第一节 绿色港口

绿色港口，是指在全寿命期内优化配置港口资源，使水运朝着适用性和高效性的方向发展，构建同时兼具经济性和环保性的港口。绿色港口也常被称为生态港口，作为可持续发展的一部分，构建绿色港口的核心任务是精准确定环境需求与经济利益之间的平衡点，使港口在环境承载力范围内实现最大化的经济效益。此平衡点的确定受到多个因素的影响，其中，经济利益与环境承受能力最为关键。绿色港口的发展符合可持续发展的全球趋势，并在新时代背景下成为港口建设的必然选择。①

由于港口的地理位置各异，其所处的生态环境和条件存在显著差异，因此在推动生态港口建设过程中，必须根据各港口的特点，充分考虑其所在生态环境的独特性，制定具有地方特色的生态发展策略。近年来，针对港口设计的随意性、规划的局限性、改扩建过程中的混乱等问题，国家出台了一系列法律法规对港口建设进行规范，旨在约束不良行为，推动绿色港口建设。但港口的管理机制、运营模式以及服务体系仍易受各种主观因素的影响。借助绿色港口的定义强调企业的社会责任、推动资源节约和环境保护理念融入企业文化，能促进企业结构的优化调整和管理水平的提升，最终实现绿色港口建设的目标。

绿色港口构建过程中需要考虑以下三个主要特性。

一、绿色港口的社会性

在绿色港口的构建过程中，必须满足当代城市的可持续发展要求，符合主流社会价

---

① 邵超峰，鞠美庭，楚春礼. 我国生态港口的建设思路与发展对策 [J]. 生态学报，2008（11）：560-560.

值观与审美观。实际操作中,传统的建设理念和社会观念成为制约绿色港口建设的重要障碍。为了实现绿色港口的建设目标,设计者应在规划阶段就考虑到废水和固体废物的有效回收与再利用,减少对环境的负面影响。而在使用阶段,用户也需增强节能意识,养成节水、节电等环保习惯。社会对绿色港口的认知和支持,特别是社会责任感的增强,将在促进绿色港口建设中起到重要作用。在绿色港口的建设过程中,社会因素的作用包括地方政府的支持,并涵盖公众对环境保护的认同与参与。

二、绿色港口的经济性

港口是社会经济体系中的重要组成部分,在建设和运营过程中必须平衡前期投资与后期运营管理成本,才能确保其可持续性。[①]虽然绿色港口的初期建设可能需要较高的投入,但如果忽视后期运营的成本控制,则可能会影响到整体经济效益。长期以来,部分投资者在考虑绿色港口建设时,过度关注前期投资成本,忽视了运营过程中可能产生的高昂成本。如果后期运营成本过高,将直接削弱投资者的经济回报,从而影响绿色港口项目的吸引力。[②]绿色港口的经济性要求在投资决策时充分考虑前期和后期成本之间的平衡,力求使其在确保环境效益的同时,能获得可观的经济回报。绿色港口的长远经济效益体现在节能降耗上,表现在其提升港口竞争力和吸引力方面,使得港口能够在激烈的市场竞争中脱颖而出。

三、绿色港口的技术性

新技术、新思维、新设计和新材料是绿色港口得以发展的重要基础。[③]绿色港口是现代科技与传统港口建设理念的结合体,代表港口建设与运营的新发展方向。绿色港口技术性的核心体现在港口设施的绿色设计、能源的高效利用、废弃物的循环利用以及低碳排放等方面。这些技术和理念的应用,推动港口的可持续发展,为港口建设提供更广阔的创新空间。

在具体实践中,绿色港口的技术性要求港口建设过程中应充分应用先进的环保技术和设备。利用智能化技术对港口设施进行实时监控和管理,减少资源浪费和能源消耗。采用环保材料和工艺进行港口建设,最大限度地降低对环境的影响。绿色港口的技术性也表现在如何通过科技手段提升港口运营效率,降低物流成本,并为港口用户提供更加高效和便捷的服务。随着科技的不断进步,绿色港口将在未来继续依赖新技术的推动,以更好地实现资源节约与环境保护的目标。

① 欧阳斌,王琳.中国绿色港口发展战略研究[J].中国港湾建设,20144):66-73.
② 余德松,张华,闵世雄.我国绿色港口的建设与发展[J].中国水运月刊,2014,14(2):25-29.
③ 王亮亮.基于绿色港口建设现状的绿色港口企业发展对策[J].对外经贸,2014(1):128-129.

第二节　产业可持续发展

可持续发展作为一个跨学科的研究领域,涉及生态学、经济学、社会学等多种学科的融合,旨在探索如何在保护生态环境、实现社会公平和促进经济增长之间找到平衡点,确保人类社会在环境、经济和社会三者的协同作用下,实现持久和稳定的发展。可持续发展的思想萌芽可追溯到 1713 年,德国学者汉斯·卡尔·冯·卡尔沃茨在其著作《林业经济学》中首次提出森林资源可持续利用的观念,强调森林资源的保护与合理利用之间的关系。19 世纪中期,英国经济学家约翰·斯图亚特·密尔提出了"稳定状态经济"的概念,指出自然资源和环境对经济发展的制约作用。1972 年,国际著名报告《人类生活的极限》发布,指出环境资源的有限性将对经济增长构成根本性障碍,并首次提出可持续发展的概念。1980 年出版的《世界保护战略》强调环境保护与社会发展的互动关系,提倡在保护自然环境的基础上推动社会经济的协调发展。

19 世纪 80 年代,联合国世界环境与发展委员会(布伦特兰委员会)于 1987 年发布了《我们共同的未来》报告,该报告正式给出了可持续发展的定义,提出在满足当代人需求的同时,不应损害后代人满足其需求的能力,从而为全球可持续发展提供了理论框架和政策指导。自此以后,全球范围内的可持续发展理念进入广泛的国际合作与实践阶段。1992 年,联合国在里约热内卢举行的环境与发展大会上通过了《里约宣言》,明确提出可持续发展的基本原则。1997 年,联合国通过《京都议定书》,设定全球温室气体减排的具体目标。2002 年,联合国约翰内斯堡环境与发展大会通过的《约翰内斯堡计划》完善了全球可持续发展目标,明确可持续发展的实施路径与行动指南。2015 年,联合国发布《2030 年可持续发展议程》,提出 17 个可持续发展目标(SDGs),涵盖了环境、经济和社会三个重要维度,旨在通过全球共同努力,实现人类社会的可持续未来。

可持续发展的内涵如其名称所示,是不断变化、持续发展的过程。随着时间的推移,围绕可持续发展的理解与实践也在不断深化和丰富,不同的研究者与实践者根据各自的学科背景和侧重点,给出了不同的解释和定义。尽管如此,所有这些定义的共同点在于强调环境保护、社会公平与经济发展的协调统一,追求三者之间的动态平衡与长远可持续性。

可持续发展的战略强调控制人口增长、节约资源、保护生态环境,并将这些议题置于社会发展的核心。通过适当的政策引导,使人口增长与社会生产力的发展相协调,使经济建设与资源和环境的承载能力相适应,实现一个良性循环。为了实现该目标,必须采取切实有效的措施,保护自然资源和生态环境,要考虑当前的发展需求,为未来的子孙后代着想,避免资源的过度消耗与环境的破坏。可持续发展的理念要求我们必须坚决摒弃"先污染、后治理"的发展模式,而应采取资源节约、绿色低碳的路径,以实现人类社会的长远繁荣。

可持续发展理论从不同的学科视角出发,提出了多种具有代表性的观点。以下是四种主要的可持续发展视角。

一、生态视角

从生态学的角度来看,可持续发展强调对环境系统的保护与修复,特别是强化生态系统的生产与更新能力。生态观认为,发展活动应当遵循生态系统的自我修复能力,不应超过自然环境的负载承受能力。在该框架下,推动可持续发展必须以维持生态完整性和支持人类需求的可持续生态环境为基础,确保资源的合理利用和生物多样性的保护。

二、社会视角

社会视角关注的核心是可持续发展的社会意义。根据此观点,最终的可持续发展目标应是改善人类生活质量,为人类创造更加美好的生活环境。社会视角强调在经济发展和环境保护的基础上,解决社会不平等、推动社会福利、促进公共利益,实现社会成员之间的公平与和谐。该视角注重通过社会制度和政策的改革,提升全民福祉,并使每个人在可持续发展进程中受益。

三、经济视角

经济学视角下的可持续发展则关注如何在不损害自然资源基础的前提下,实现经济增长和发展。该理论主张,经济发展应当不以牺牲环境质量为代价,对于自然资源的开采和使用必须在合理和可控的范围内进行。经济学家强调,在追求经济增长的同时,需考虑长期的资源禀赋和环境影响,以实现持续的、稳健的经济发展。

四、技术视角

技术视角主张通过创新科技手段来推动可持续发展。此视角认为,研发更清洁、更高效的技术是实现可持续发展的关键。能源的清洁化、资源的循环利用、污染的减少等,都依赖于新技术的突破。技术进步可显著减少自然资源的消耗,降低环境污染,实现低碳经济,并促进经济与环境的协调发展。

第三节　产业生态共生等相关理论

一、产业生态共生理论

(一)产业共生

1. 共生

关于共生的研究,早期的时候主要用于研究生物领域,指两个或两个以上的有机体共同生活在一定区域内,相互联系,互利共生,一般用来表示有机体之间对双方或多方互相有利的关系。

2. 产业共生

产业共生包含内容比较广泛,区域科学、组织学、系统科学等理论都与其有不可分割的关系。目前,产业共生理论以实现循环经济为目标迅速发展,参照生物领域中共生的含义,产业共生是指传统上分离的企业或组织通过原材料、资源、水或者副产品等的交换产生合作关系,并取得竞争优势,重要条件是地理位置相近使协同共生成为可能。交换的物质主要包含三方面:废弃物或副产品、基础设施共享、服务共享。

(二)产业生态共生内涵

1. 产业生态共生特点

产业生态共生是一种独特且复杂的经济现象,表现为经济关系的交织,且具有明显的生态性质。该现象在于企业之间通过不同形式的资源交换和互动实现共生,此资源交换不局限于传统经济体系中的货币或物质交换,包括废弃物、信息、技术和其他无形资源的共享。从产业生态学、产业共生、经济学及系统科学等学科的交叉视角来看,产业生态共生具有三个鲜明特点。

第一,产业生态共生能够推动资源的重新组织与增值。随着科技和经济的不断进步,产业生态共生成为一种模仿自然生态系统的合作模式,能够有效地促进资源的循环利用和优化配置。该模式通过重新构建资源流动路径,可促进经济系统与生态系统的有机融合,并形成良性的循环经济体系。产业生态共生还能够有效减少废弃物的产生、节约资源,最终实现增值效益,从而创造更大的经济与生态价值。第二,产业集聚促使生态共生产业集群的形成。当前,生态环境在可持续发展战略中的重要地位逐渐显现,企业在发展过程中愈加注重生态环境的影响。在此大背景下,产业生态共生有助于通过企业间的互动和竞争,逐步形成新的产业集群。尤其是在产业链上不同层级、不同规模的企业之间,通过生态共生模式的运作,能够实现资源和信息的优化交换,最终推动产业的集聚效应。在地理上,企业通过信息沟通、资源共享等手段形成规模经济,从而在促进自身发展的同时,也为生态环境的改善作出贡献。第三,产业生态共生系统具有较强的融合性和关联性。企业通过副产品交换、技术互补以及业务合作等方式,创造了产业价值,有效改善生态环境。产业生态共生系统中的产业链条,类似于自然生态系统中的食物链,每个环节和节点都至关重要。在进行产业生态共生时,需要考虑下游需求和资源承载能力,从整体上把握整个共生链的稳定性,确保各个环节之间的协调与持续性,避免系统出现失控现象。

2. 产业生态共生内涵

产业生态共生是一种双重目标导向的创新模式,其核心在于追求经济效益与环境改善的并行发展。产业生态共生的实践不仅受到政策法规和技术创新的制约,还涉及企业间的互动和协调。具体来说,产业生态共生是指通过企业之间资源、废弃物、信息等方面的交换,形成特定的生态共生模式。企业间通过这些交换关系,建立起依存与互动的合作机制,共同进化并发展出一种协调、互利的共生关系。

产业生态共生有以下几个本质内涵。

（1）产业生态共生是一种创新型的发展模式。根据产业生态学和产业共生理论,产业生态共生的产生是对自然生态系统共生关系的改进与创新。该创新模式体现了生态与经济的有机结合,通过重构传统的生产、消费和资源利用方式,提出了在实现可持续发展目标的同时,提升经济效益的新路径。

（2）产业生态共生强调企业间广泛的合作、合理的分工与共同进化。此过程包括企业之间的合作,涵盖在合作中如何通过优胜劣汰实现不断进步。企业之间交换物质资源,涉及信息、技术、人才及产业理念等非物质资源的共享。产业生态共生超越了单纯的企业间合作,延伸到企业与其周围环境（如居民、政府等）的广泛互动,从而推动更为广泛的合作模式和协同效应。

（3）产业生态共生的根本特征在于竞争与合作的并存关系。产业生态共生是一种动态的竞争合作模式,在此模式下,企业间需通过合作来促进资源的共享和环境的改善,并要在竞争中不断提高自身的竞争力。竞争与合作相辅相成,推动着各企业在不断优化合作效率的同时,探索出新的合作方向和增长点。

二、城市群理论

城市群理论,或称大都市圈理论,最早由法国经济学家戈特曼于1957年提出。最初,戈特曼将城市及其周边区域统一纳入规划范畴,旨在解决城市扩张过程中的各种问题。随着该理论概念的不断拓展与城市规划需求的增加,城市群理论逐步成为学术研究和政策制定的重要框架,并在衡量一个国家或地区的社会发展水平方面发挥了重要作用。现今的城市群理论强调,在特定的地理区域内,由于人口、产业、资源等要素的大规模聚集,城市的功能和发展不断突破原有边界,促进了与周边区域在人口流动、经济活动、交通网络、信息传递等方面的紧密联系。最终,形成了以一至两个核心城市为中心,借助现代化交通工具和信息网络,推动城市集体发展的区域性城市集合体。环渤海地区作为中国经济活力与潜力兼具的区域,展现出典型的城市群发展模式。随着城市化进程的不断推进和相关政策的出台,环渤海城市群的结构不断优化与调整,针对该区域的研究应及时进行更新和深化,以更好地理解其动态演化和发展趋势。

三、复杂系统理论

复杂系统理论是系统科学领域的核心理论之一,提出自然界中所有事物均以系统形式存在。在此理论框架下,完整的系统由多个子系统及其相互作用的要素构成。子系统之间通过信息的交流与反馈形成了一种互动关系,使整体系统具有独特的功能。复杂系统理论强调系统处于持续的动态变化中,信息流动和反馈机制使得系统能够自我调整和优化。系统的各个子系统根据信息传递的强度被划分为不同层次,每个子系统都具有其独特的功能。信息流在各子系统间的传递不断进行，并通过反馈机制进行自我优化，从而使整个系统达到了最优的运行状态。

复杂系统理论的提出为系统科学提供了新的视角和方法，在研究复杂生态环境承载力时，传统的单一因素评价方法难以揭示各个因素之间的相互作用与反馈机制。复杂系统理论的核心优势在于其能够综合考虑多维度因素的相互关系，在资源、生态、人口和经济等多个要素的交互作用中，能够更准确地捕捉这些因素之间的动态变化及反馈效应。传统的评估方法在面对如此复杂的多要素系统时，难以提供全面且精准的解决方案，而复杂系统理论的应用则填补了研究空白，为生态环境承载力的科学评估提供了更加精准的理论依据。

复杂系统理论的运用，可广泛应用于经济、社会、城市规划等多个领域，帮助人们更好地理解系统中各要素间的相互依赖性与反馈机制。在生态环境研究中，传统方法通常采用线性模型，其难以应对生态系统中复杂、非线性的问题，而复杂系统理论提供了更为灵活和精准的分析工具，能够更好地反映生态系统与社会经济系统之间的复杂交互。

第三章

京津冀地区港口、产业及生态发展状况分析

第一节　京津冀地区四大港口发展状况分析

京津冀地区拥有天津港、秦皇岛港、唐山港、黄骅港四大港口,与附近的大连港、烟台港和青岛港等港口形成了巨大的环渤海港口集群。京津冀地区的港口近几年来飞速发展,通过货物吞吐量、集装箱吞吐量和万吨级船舶泊位的数据可以看出来,港口正以极快的速度发展。虽然港口的经济发展水平在飞速发展,但环保水平并没有达到理想中的程度,2017 年以来,国家对环境保护进行重拳出击,环境治理和环境保护取得了良好的成果,如今如何将港口与地区产业同生态进行融合发展成为主要难题,因此还需进一步深入探讨。

一、秦皇岛港发展状况分析

秦皇岛港位于河北省秦皇岛市海港区,地处环渤海圈北岸的中端,西南临渤海湾,东北近辽东湾,是中国北方及北京的重要门户。港口地理坐标为东经 119°36′26″,北纬 39°54′4″,始建于 1898 年。港口占地面积为 11.3 平方千米,水域面积为 226.9 平方千米,拥有东港区和西港区两个主要区域。东港区以能源运输为主,拥有世界一流的现代化煤炭码头和中国第一座原油管道运输码头。西港区则以杂货、集装箱装卸运输为主,拥有装备先进的杂货和集装箱码头。

秦皇岛港是“北煤南运”大通道中的主枢纽港,每天有近 50 万吨电煤运往华东、华南等地区,其不仅是我国煤炭、原油运输的主要港口,也是其他进出口货物的集散口岸。其地理位置优越,水陆空交通均十分便利,是中国北方的重要不冻港。

1979 年至 2011 年,秦皇岛港货物吞吐量一直处在增长区间,尤其在 1999 年到 2011 年期间,增长势头最为迅猛。而 2011 年到 2022 年,港口的货物吞吐量开始缓慢减少,如图 3-1 所示。

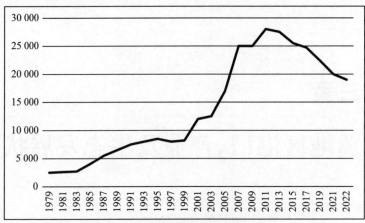

图 3-1　秦皇岛港货物吞吐量／万吨

（数据来源：秦皇岛统计年鉴）

2016 年，秦皇岛港全年实现港口吞吐量 1.80 亿吨。2017 年，秦皇岛港完成吞吐量 2.37 亿吨，同比增加 32%。2019 年至 2022 年，秦皇岛港集装箱吞吐量一直处于增长趋势，如图 3-2 所示。

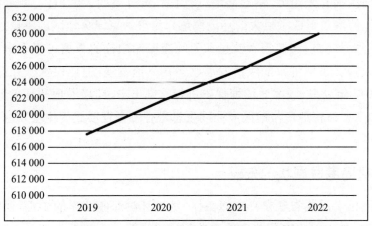

图 3-2　秦皇岛港集装箱吞吐量／标准箱

（数据来源：秦皇岛统计年鉴）

2021 年，秦皇岛港完成集装箱吞吐量 64.13 万标准集装箱，同比增长 3.1%。

2022 年上半年，秦皇岛港累计保障了近 8 800 万吨电煤和 4 428 艘次电煤运输船舶的水上安全运输。2023 年，秦皇岛港股份全年完成吞吐量 3.92 亿吨，较上年同期净增长 800 余万吨，同比提升 2.12 个百分点。[①] 2024 年一季度，秦皇岛港完成货物吞吐量 1.001 9 亿吨，同比增长 3.76%，首次首季吞吐量超亿吨。近年来，港口深入拓展唐山曹妃甸及沧州黄骅港区业务，沧州矿石码头一期续建工程正式投产运营。秦皇岛港口的吞吐量在过去五年内呈现出增长趋势。

---

① 自然资源部. 中国海洋经济统计年鉴 2022[M]. 北京：海洋出版社，2023.

自 2015 年至 2022 年,秦皇岛港码头泊位数一直保持在 90 个以上的数量,如图 3-3 所示。

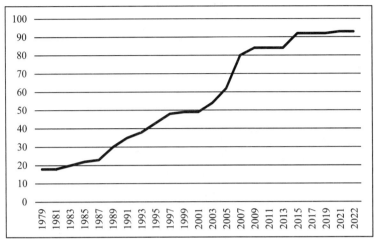

图 3-3　秦皇岛港码头泊位数 / 个

（数据来源:秦皇岛统计年鉴）

1979 年到 2022 年,秦皇岛港万吨级泊位数持续增长,其中 2003 到 2007 年的增速最快,2015 年到 2022 年,始终保持在 44 个,如图 3-4 所示。

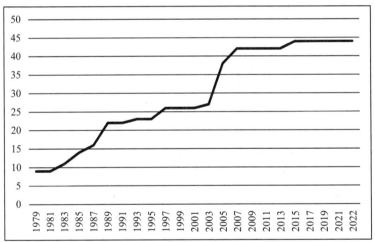

图 3-4　秦皇岛港万吨级泊位数 / 个

（数据来源:秦皇岛统计年鉴）

1979 年到 2022 年,秦皇岛港生产用泊位数的变化趋势如图 3-5 所示。

秦皇岛港现有生产泊位 73 个,最大可接卸 15 万吨级船舶。东港区有煤炭专用泊位 21 个,年设计通过能力 1.93 亿吨。港口还配有高压岸电设备,能够为船舶供电。而非生产用泊位数从 2009 年至 2022 年,一直保持在 20 个的水平,如图 3-6 所示。

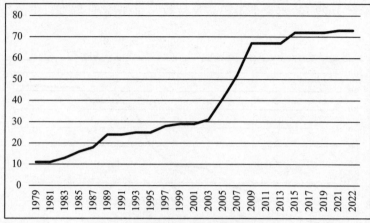

图 3-5　秦皇岛港生产用泊位数／个
（数据来源：秦皇岛统计年鉴）

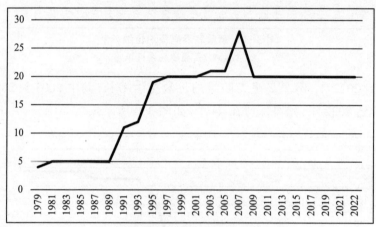

图 3-6　秦皇岛港非生产用泊位数／个
（数据来源：秦皇岛统计年鉴）

　　秦皇岛港在智能化方面投入了大量资源，应用了大数据、物联网、云计算、北斗定位和视频监控等技术，改变了港口物流的作业模式。例如，红外线车皮扫描系统解决了煤炭翻卸不干净的问题。港口还完成了杂货码头 2 台卷钢龙门吊的无人化改造，实现了不同转运形式的卷钢龙门吊装卸无人化作业。

　　秦皇岛港凭借其优越的地理位置和先进的设施设备，在国内外贸易中发挥着重要作用，并且通过智能化升级不断提升其运营效率和服务水平。

二、天津港发展状况分析

　　天津港位于中国天津市滨海新区，地处渤海湾西端，背靠雄安新区，辐射东北、华北、西北等内陆腹地，连接东北亚与中西亚，是京津冀的海上门户，是中蒙俄经济走廊东部起点、新亚欧大陆桥重要节点、21 世纪海上丝绸之路战略支点。天津港是中国北方最大的港口城市，地理位置优越，对外交通发达，已形成了颇具规模的立体交通集疏运体系。

天津港的主要业务包括港口装卸、港口物流、其他相关港口服务(如金融服务、理货服务、代理服务、劳务服务、后勤服务、物资供应)等。天津港还提供商品储存、中转联运、汽车运输、集装箱搬运、拆装箱及相关业务、货运代理、劳务服务、商业及各类物资的批发零售以及经济信息咨询等服务。

天津港拥有多个港区,其中北疆港区C段智能化集装箱码头是全球首个"智慧零碳"码头,采用单小车岸桥+地面智能解锁站+智能水平运输机器人(ART)+水平运输边装卸堆场的核心工艺,开创性集成应用多项具有我国自主知识产权的尖端科技。该码头的装卸设备、水平运输设备、生产辅助设备等全部采用电力驱动,能源消耗低,环保效果显著。

天津港作为连接华北地区和渤海湾的重要通道,不仅是京津冀协同发展的重要枢纽,也是"一带一路"交汇点和亚欧大陆桥最近的东部起点。通过天津港,来自各地的货物可以连接到全世界200多个国家和地区的800多个港口。

1979年到2023年天津港货物吞吐量变化趋势,如图3-7所示。

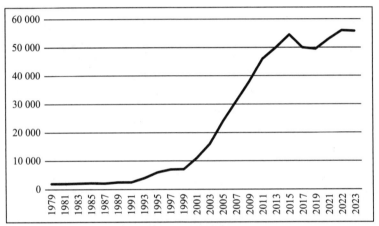

图3-7 天津港货物吞吐量/万吨

(数据来源:天津统计年鉴)

2023年,天津港完成货物吞吐量5.58亿吨,同比增长1.8%,集装箱吞吐量2 218.7万标准箱,同比增长5.5%。2024年1—4月,天津港完成货物吞吐量1.88亿吨,同比增长3.5%。

2001年到2023年,天津港集装箱吞吐量变化趋势,如图3-8所示。

2024年1—4月,天津港完成集装箱吞吐量739.81万标准箱。第一季度完成集装箱吞吐量541.2万标准箱,同比增长7.2%,再创历史新高。

1979年到2022年,天津港码头泊位数一直处在增长区间,其中在2003—2007年和2017—2021年两个区间增速最快,如图3-9所示。

在天津港码头泊位中,生产用泊位数自1979年至2022年,大体处于增长趋势,其中2007—2009年和2015—2019年两个区间有小幅波动,如图3-10所示。

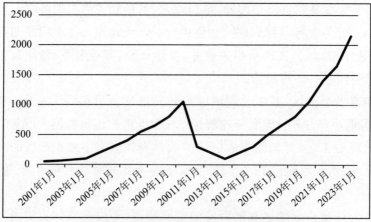

图 3-8　天津港集装箱吞吐量／万标箱
（数据来源：天津统计年鉴）

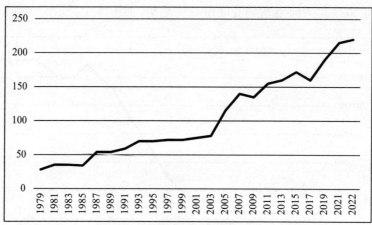

图 3-9　天津港码头泊位数／个
（数据来源：天津统计年鉴）

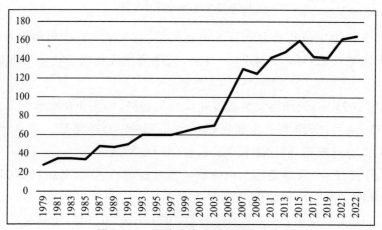

图 3-10　天津港生产用泊位数／个
（数据来源：天津统计年鉴）

天津港非生产用泊位数 1986—2014 年总体变化不明显，2018—2022 年有明显增长，如图 3-11 所示。

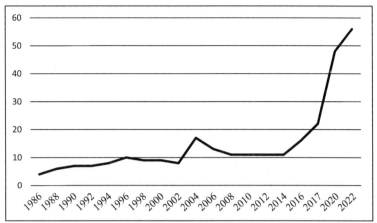

图 3-11 天津港非生产用泊位数／个
（数据来源：天津统计年鉴）

天津港万吨级泊位数 2005—2017 年开始快速增长，2017—2021 年间，有小幅波动，如图 3-12 所示。

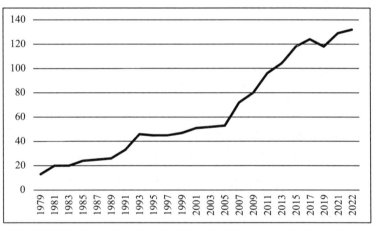

图 3-12 天津港万吨级泊位数／个
（数据来源：天津统计年鉴）

天津港拥有可同时满足四艘船舶双向进出港的复式航道，30 万吨级船舶可自由进出港口。天津港已经实现了对于传统码头各环节的无人自动化改造，单箱作业时间也因此缩短了 15 秒，预计在系统运行稳定后，码头整体作业效率也将相比改造前提升14.3％。

天津港集团与华为技术有限公司签署了"加速行业智能化—港口大模型 PortGPT 深化合作协议"，进一步加速智慧港口升级版建设和港口数字化转型。2024 年 6 月，天津港集团发布了全新一代智能化集装箱码头管控系统 JTOS，攻克 16 项行业难题，具有架构灵活、功能完整、算法多样、生态包容的特点，有力支撑智能化集装箱码头高效运行。

天津港凭借其优越的地理位置、先进的港区设备和智能化技术,正在不断提升其在全球港口中的竞争力,致力于打造世界一流的智慧港口和绿色港口。

三、唐山港发展状况分析

唐山港坐落于环渤海经济圈的核心区域,历经三十余载的精心构建与蓬勃发展,其港口产业集聚效应与辐射带动能力持续增强,已跃居为我国北方沿海不可或缺的能源、原材料等大宗货物中转运输枢纽。作为战略地位显著的外贸口岸,它不仅是铁矿石进口、钢材输出、煤炭能源出口的关键节点,亦是油气资源的进口基地与储备中心。货物吞吐能力实现从建港初期的450万吨到2023年突破8.42亿吨的飞跃式增长,2024年前四个月更以27 758万吨的吞吐量,实现了1.70%的同比增长,如图3-13所示。

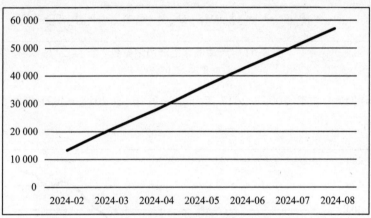

图 3-13　唐山港货物吞吐量／万吨
（数据来源:交通运输部）

2014年至2022年,唐山港集装箱吞吐量逐渐增加,如图3-14所示,2023年至2024年唐山港集装箱吞吐量增长趋势相较于前几年同期有所下降。

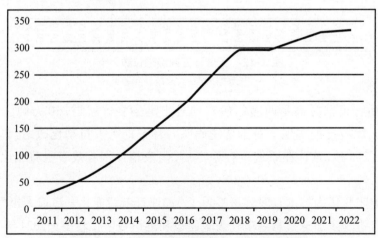

图 3-14　唐山港集装箱吞吐量／万标准箱
（数据来源:唐山统计年鉴）

自 2010 年以来,唐山港码头泊位数始终呈增长趋势,在 2021 年完成 145 个,如图 3-15 所示。

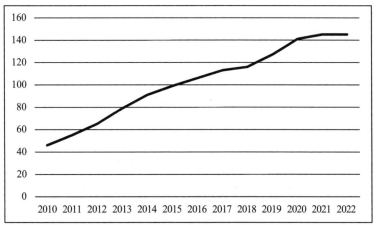

图 3-15　唐山港码头泊位数 / 个
(数据来源:河北统计年鉴)

2010 年以来,唐山港万吨级泊位数一直增长,其中 2010 年至 2016 年增长速度最快, 2021 年至 2022 年始终保持在 129 个。如图 3-16 所示。

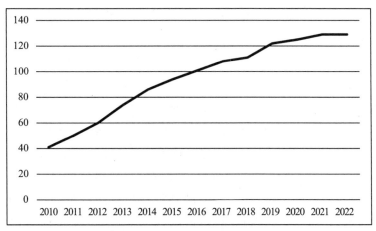

图 3-16　唐山港万吨级泊位数 / 个
(数据来源:河北经济年鉴)

2010 年至 2022 年,唐山港生产用泊位数的变化趋势,如图 3-17 所示。

唐山港现有生产泊位 143 个,通过与天津等港口的合作,形成了科学合理的分工体系。

曹妃甸港区中区的 20 万吨级航道、东区 5 万吨级航道及东区三港池 7 号、8 号通用泊位等基础设施项目并驾齐驱,加速推进,旨在进一步提升港口综合服务能力,稳固其在大宗散货运输领域的领先地位。

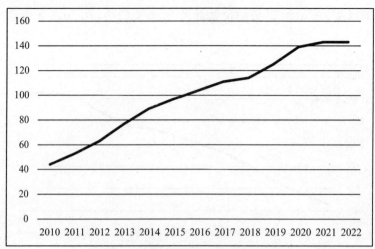

图 3-17　唐山港生产用泊位数／个

（数据来源：河北经济年鉴）

依托河北省向海发展战略及港口一体化布局的契机，唐山港密集启动并实施了多个立港重大项目，这些项目的成功落地极大地拓宽了发展空间，促进了码头向专业化、深水化、现代化的全面转型。货物吞吐能力随之水涨船高，成为推动港区高质量发展的强劲引擎。河北港口集团唐山港集团股份有限公司总经理助理王国增指出："近十年来，京唐港区累计投资超 200 亿元，通过实施立港、兴港项目，港口服务能级与货物集聚能力均实现显著提升。"

截至目前，唐山港已构建起长达 38.83 千米的生产性岸线，配备各类生产性泊位 152 个，能够高效接卸 25 万吨级至 40 万吨级的超大型船舶。其业务范畴广泛覆盖矿石、煤炭、钢材、木材、原油、LNG、纯碱、原盐等多种货物类型。

随着唐山港张家口怀来（北龙国际）内陆港的正式揭牌，一条连接河北内陆与全球海洋的新物流通道应运而生。该内陆港交通网络四通八达，有效连接京津冀与山西、内蒙古等区域，为腹地企业量身定制高效便捷的集装箱海铁联运解决方案。

唐山港现已构建内陆港网络 57 个，开通至各内陆港的集装箱班列 20 余条，服务范围覆盖 11 个省、区、市。同时，港口荣获粮食、活畜、肉类、冰冻、木材、水果、整车进口等七大类指定口岸资质，并获批成为国家二手车出口试点，填补了河北省在整车进口与二手车出口领域的空白。唐山港成功搭建了内陆港与国内外主要出海口的紧密联系，实现了腹地与港口的相互促进、共同发展，共同开创共赢新局面。面对广阔的国内外市场，唐山港不断拓宽海上货运航线，目前全港已拥有 235 条航线，通达全球 80 多个国家和地区的 200 多个港口，构建起一张覆盖全球的物流网络。

（一）京唐港区发展状况分析

京唐港自 1989 年动工兴建以来，已经发展成为重要的综合性港口。其地理位置优越，位于唐山市海港经济开发区，是环渤海经济圈的重要出海口之一。京唐港拥有 19 千米的自然海岸线和 45 千米的规划岸线，后方陆域广阔，适合建设大型港口设施。

在基础设施方面,京唐港已建成多个港池和泊位,包括散杂货、件杂货、煤炭、矿石等专业化泊位,泊位等级从 1.5 万吨级到 25 万吨级不等。此外,京唐港还拥有 44 条集装箱航线,通达 70 多个国家或地区和 190 多个港口,运输货种涵盖煤炭、矿石、钢材、集装箱等。

京唐港的货物吞吐量持续增长,2020 年完成货物吞吐量超过 3 亿吨,集装箱运量达到 231.48 万标准箱,如图 3-18,3-19 所示。

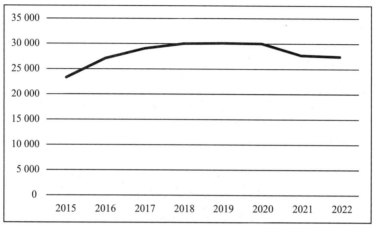

图 3-18　京唐港货物吞吐量／万吨

（数据来源:河北经济年鉴）

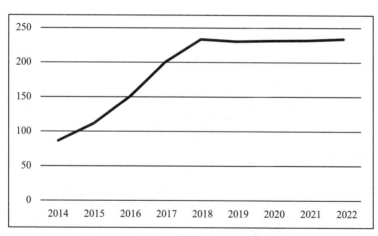

图 3-19　京唐港集装箱吞吐量／万标准箱

（数据来源:唐山统计年鉴）

2010 年以来,京唐港码头泊位数始终保持在 25 个以上的数量,在 2019 年达到最大位数 45 个,如图 3-20 所示。

2010 年至 2022 年京唐港万吨级泊位数始终呈增长趋势,在 2010 年至 2012 年增长最快,在 2019 年至 2022 年保持在 40 个,如图 3-21 所示。

2010 年京唐港生产用泊位数的变化趋势如图 3-22 所示。

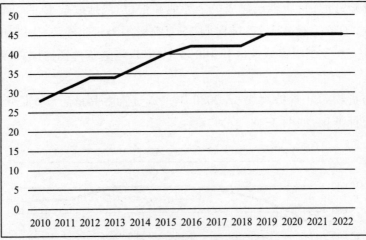

图 3-20   京唐港码头泊位数／个
（数据来源:河北经济年鉴）

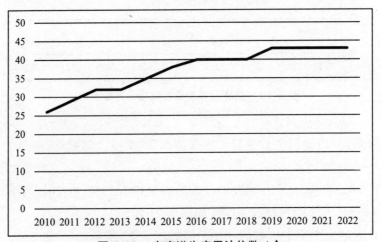

图 3-21   京唐港万吨级泊位数／个
（数据来源:河北经济年鉴）

图 3-22   京唐港生产用泊位数／个
（数据来源:河北经济年鉴）

近年来,京唐港的经济腹地不断扩大,覆盖华北、西北等地区,并与山西、内蒙古等中西部地区有紧密联系。这些地区的经济总量增长迅速,对港口的需求也在不断增加。

京唐港的发展也得到了政府和企业的大力支持。例如,唐曹铁路东延至京唐港项目总投资 54.187 4 亿元,将进一步提升港口的运输能力。此外,京唐港区的多个大型项目如 25 万吨级航道工程和散货泊位工程也正在推进中,这些项目被纳入国家重要规划文件,显示了其战略地位。

京唐港不仅在基础设施和技术上取得了显著进展,还在环境保护和绿色港口建设方面做出了努力。例如,京唐港首钢码头有限公司通过了中国港口协会的"四星级"绿色港口等级评审。

总体来看,京唐港凭借其优越的地理位置、完善的基础设施和不断扩大的经济腹地,已经成为中国北方重要的综合性港口,并且在未来有望继续保持快速增长的发展势头。

（二）曹妃甸港区发展状况分析

曹妃甸港的地理位置和自然条件为其发展提供了天然优势。曹妃甸港位于渤海湾,拥有天然的深水优势,不需要开挖航道和港池即可建设大型泊位。此外,曹妃甸港背靠大陆有浅滩,面对大海有深槽,这使得其成了一个优良的深水良港。曹妃甸港近年来发展迅猛,已成为中国北方重要的能源原材料主枢纽港和综合贸易大港。自 2016 年以来,曹妃甸港货物吞吐量迅速增长,根据 2023 年的数据,曹妃甸港区完成了超过 5.35 亿吨的货物吞吐量,同比增长 8.24％,如图 3-23 所示。这一增长表明曹妃甸港在国内外贸易中的重要性不断提升。

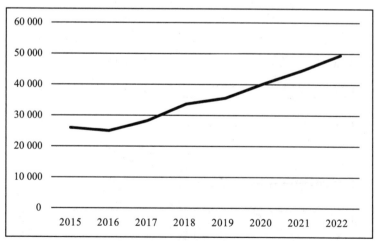

图 3-23　曹妃甸港货物吞吐量／万吨
（数据来源:河北经济年鉴）

曹妃甸港拥有得天独厚的地理优势,其深水岸线长达 116 千米,常年不冻不淤,能够建设大型深水泊位,如 30 万吨至 40 万吨级的泊位。其港区规划面积为 138.6 平方千米,可建万吨以上泊位 412 个。截至 2023 年,曹妃甸港已建成矿石、煤炭、LNG、钢材、木材、原油等各类生产性泊位 101 个,年设计通过能力达 4.86 亿吨。如图 3-24,3-25 所示。

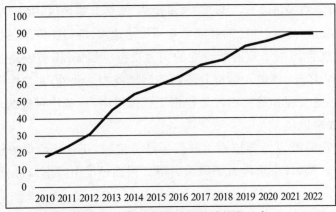

图 3-24　曹妃甸港万吨级泊位数／个
（数据来源：河北经济年鉴）

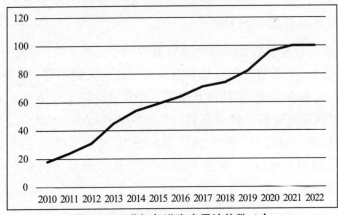

图 3-25　曹妃甸港生产用泊位数／个
（数据来源：河北统计年鉴）

在 2010 年至 2022 年，曹妃甸港码头泊位数的变化趋势如图 3-26 所示。

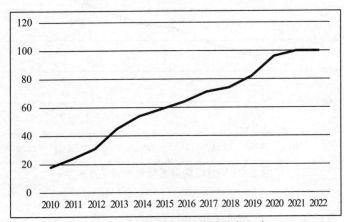

图 3-26　曹妃甸港码头泊位数／个
（数据来源：河北经济年鉴）

　　曹妃甸港不仅在基础设施建设上取得了显著进展，还在绿色港口建设方面做出了努力。港口实施了严格的生态环保措施，并结合数字化和信息化建设，持续推动污染防治和节能降耗实践创新。此外,曹妃甸港还积极对接京津冀协同发展,通过深化改革创新,加快形成对外开放新高地。

然而,曹妃甸港也面临一些挑战。近年来,受港口行业日益严苛的环保政策和宏观经济下行影响,曹妃甸港的吞吐量有所下降,导致部分企业出现亏损。尽管如此,曹妃甸港依然保持较强的市场竞争力和竞争优势,继续吸引大量投资,并在港口物流、装备制造等领域形成了特色产业集群。

总体来看,曹妃甸港凭借其优越的地理位置、强大的基础设施和不断推进的绿色港口建设,在中国北方港口中占据重要地位,并有望在未来实现更大的发展。

四、黄骅港发展状况分析

黄骅港的地理位置优越,毗邻京津,是河北省南部沿海的地区性重要港口,具有成为冀中南地区最便捷、最经济的出海口的潜力。此外,黄骅港已被列入国家重点港区,显示出其在国家港口布局中的重要地位。

然而,黄骅港在港口物流综合竞争力方面表现不佳,发展潜力小。这可能与其基础设施条件较差、物流发展条件优势不明显有关。尽管如此,黄骅港在港口物流与腹地经济协同发展方面取得了一定的进展,港口物流发展与腹地经济耦合度呈现四阶段变化并趋于稳定,协同度稳步上升。

黄骅港近年来的发展状况显示了其在港口建设和运营方面的显著进步。根据多项证据,黄骅港不仅在吞吐量上取得了显著增长,还在功能布局和基础设施建设方面取得了重要进展。

从吞吐量来看,黄骅港在 2023 年全年完成货物吞吐量达到 3.3 亿吨,同比增长4.99%,创历史新高,连续四年突破 3 亿吨,位居全省第二名。2024 年一季度,黄骅港完成货物吞吐量 8 807.14 万吨,同比增长 11.53%,增速位居河北第一。此外,截至 2024 年10 月,黄骅港煤炭港区已完成煤炭下水 14 462 万吨,同比增长 5.3%,持续领跑全国煤炭港口,如图 3-27 所示。

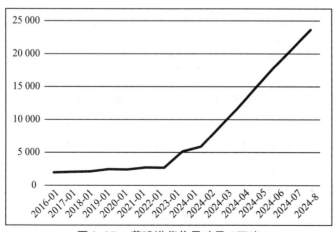

图 3-27　黄骅港货物吞吐量／万吨

（数据来源:交通运输部)

自 2019 年至 2022 年,黄骅港集装箱吞吐量逐年增长,如图 3-28 所示。

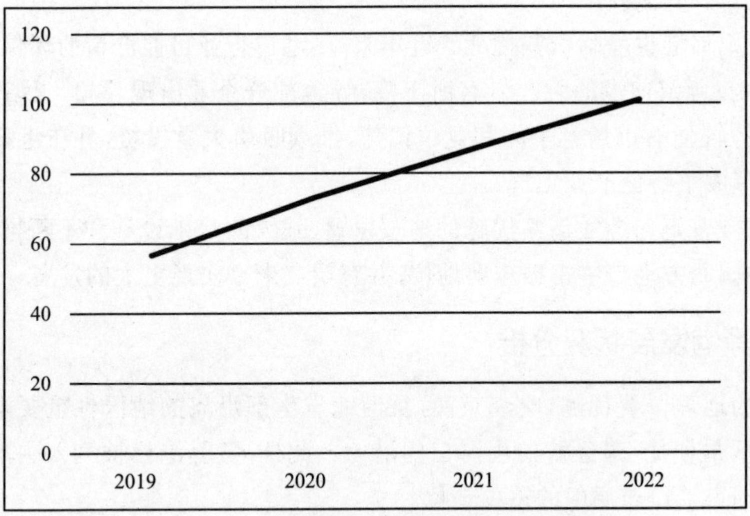

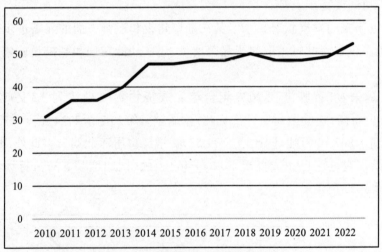

图 3-28　黄骅港集装箱吞吐量／万标准箱
（数据来源:交通运输部）

2010 年至 2022 年黄骅港码头泊位数变化趋势如图 3-29 所示。

图 3-29　黄骅港码头泊位数／个
（数据来源:河北经济年鉴）

2010 年至 2022 年,黄骅港万吨级泊位数呈逐渐增长趋势,其中 2010 年至 2011 年增长最快,2018 年至 2021 年始终保持在 35 个的数量,如图 3-30 所示。

2010 年至 2018 年黄骅港生产用泊位数逐渐增长,而在 2018 年至 2022 年出现先减少再增长的趋势,如图 3-31 所示。

黄骅港的功能布局也在不断优化。港口已形成煤炭港区、综合港区、散货港区和河口港区四个主要港区,拥有两条航道及多个万吨级以上泊位。特别是散货港区矿石码头二期工程的推进,进一步提升了港口的综合竞争力。

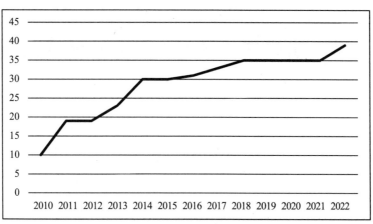

图 3-30　黄骅港万吨级泊位数／个
（数据来源：河北经济年鉴）

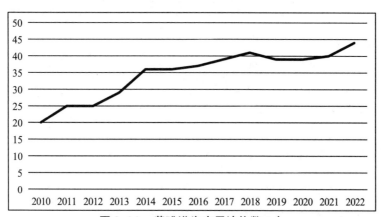

图 3-31　黄骅港生产用泊位数／个
（数据来源：河北统计年鉴）

在基础设施建设方面，黄骅港积极推进重点港口项目规划建设，如集装箱、滚装、原油、LNG 等码头项目，并加快铁路专用线建设。此外，港口集疏运体系不断完善，曲港高速公路肃宁互通至京台高速段等集疏运公路项目也在推进中。

黄骅港还积极对接京津冀协同发展和高标准高质量建设雄安新区等国家战略需求，进一步提升港口的综合服务水平与竞争力。港口与全球 40 余个国家和地区以及国内 200 多个港口有航运贸易往来，显示出其国际影响力。

总体而言，黄骅港通过持续的基础设施建设和吞吐量提升，已经成为河北省乃至全国重要的能源和物流枢纽港。未来，随着更多项目的实施和功能的完善，黄骅港有望进一步巩固其在全国沿海港口中的地位，并为区域经济发展提供强有力的支撑。

第二节　京津冀地区五大产业发展状况分析

一、高端装备制造产业（含海洋工程装备制造、船舶制造）发展状况分析

从"十一五"规划到"十四五"规划,海洋工程装备制造业始终是国家重点发展的新兴产业。随着中国海洋工程装备制造业产业基础的逐步完善,发展壮大产业以及突破核心技术等方面成了发展重点,政策也随之倾斜。中国海洋工程装备制造行业政策发展具体情况,如图 3-32 所示。

> **"十一五"规划**
> 加强船舶自主设计能力、船用装备配套能力和大型造船设施建设,优化散货船、集装箱船三大主力船型,重点发展高技术、高附加值的新型船舶和海洋工程装备

> **"十二五"规划**
> 合理开发利用海洋资源,积极发展海洋油气、海洋运输、海洋渔业、滨海旅游等产业,培育壮大海洋生物医药、海水综合利用、海洋工程装备制造等新兴产业

> **"十三五"规划**
> 优化海洋产业结构,发展远洋渔业,推动海水淡化规模化应用,扶持海洋生物医药、海洋装备制造等产业发展。推进智慧海洋工程建设

> **"十四五"规划**
> 围绕海洋工程、海洋资源、海洋环境等领域突破一批关键核心技术。培育壮大海洋工程装备等产业,促进行业创新发展

图 3-32　中国海洋工程装备制造行业政策演变示意图

2021 年 3 月《中华人民共和国国民经济和社会发展第十四个五年规划和 2035 年远景目标纲要》发布,其中关于海洋工程装备制造业,规划提出培育先进制造业集群,推动船舶与海洋工程装备等产业创新发展。具体如表 3-1 所示。

表 3-1　《"十四五"规划纲要》海洋工程装备相关发展目标解读

要　点	具体内容
推动优化升级	深入实施智能制造和绿色制造工程,发展服务型制造新模式,推动制造业高端化、智能化、绿色化。培育先进制造业集群,推动船舶与海洋工程装备等产业创新发展
积极拓展海洋经济发展空间	协同推进海洋生态保护、海洋经济发展和海洋权益维护,加快建设海洋强国
建设现代海洋产业体系	围绕海洋工程、海洋资源、海洋环境等领域突破一批关键核心技术。培育壮大海洋工程装备、海洋生物医药产业,推进海水淡化和海洋能规模化利用,提高海洋文化旅游开发水平
构建现代能源体系	加快发展非化石能源,坚持集中式和分布式并举,大力提升风电、光伏发电规模,有序发展海上风电,加快西南水电基地建设,安全稳妥推动沿海核电建设,建设一批多能互补的清洁能源基地,非化石能源占能源消费总量比重提高到 20% 左右

京津冀及相邻地区各省市海洋工程装备制造政策及其重点内容,如表3-2所示。

表3-2　海洋工程装备制造相关政策及其重点内容

省市	发布时间	政策名称	重点内容
辽宁	2022年2月	《辽宁省"十四五"海洋经济发展规划》	推动高技术船舶及海洋工程装备向深远海、极地海域发展,实现主力装备结构升级,突破重点新型装备,提升设计能力和配套系统水平,形成覆盖科研开发、总装建造、设备供应、技术服务的完整产业体系,培育形成具有国际竞争力的船舶与海洋工程装备产业集群
天津	2021年7月	《天津市海洋经济发展"十四五"规划》	瞄准海洋领域重大需求,加强海洋科技创新的系统谋划,增强基础研究和原始创新能力,重点围绕海洋工程装备等行业
河北	2022年1月	《河北省海洋经济发展"十四五"规划》	发展港口物流、海洋化工、海水淡化及浓海水综合利用、海洋工程装备制造等产业,打造全国重要的海洋工程装备制造业基地
山东	2021年10月	《山东省"十四五"海洋经济发展规划》	重点发展现代海洋渔业、海工装备制造,建设国际海工装备制造名城、海工装备制造基地。积极探索三产融合型海洋牧场综合体发展新模式,推动海洋牧场与海工装备、海上风电、休闲旅游等产业融合发展
	2022年3月	《山东省船舶与海洋工程装备产业发展"十四五"规划》	要重点发展海洋能源装备,提升深水半潜式钻井/生产平台、极地冰区平台、浮式液化天然气生产储卸装置(FLNG)、浮式生产储卸油装置(FPSO)、水下油气生产系统等成套装备的设计建造能力,大力发展海上风电装备、海洋可再生能源装备、海水淡化综合利用平台等

京津冀地区在海洋工程装备制造和船舶制造方面具有明显的优势。特别是船舶制造业,已经形成了集聚现象,但存在三省一市内部产业发展不均衡的问题。这表明,京津冀地区在高端装备制造领域具有一定的基础和优势,但需要进一步优化产业结构,提高产业发展的均衡性。

天津市作为海洋装备高端制造的领航区,近年来持续加强产业链和创新链的互通,其海洋经济创新型产业集群加速形成。中国船舶集团等企业积极融入京津冀协同发展战略,通过迁企入畿、建设海洋装备科技产业园等,为地区产业转型升级提供了重要支撑。京津冀民营企业高端装备制造产业链联盟的成立,进一步促进了区域内高端装备制造行业的发展。天津市在海洋装备制造领域取得了显著成就,成为全球海洋科学技术的制高点。近年来,天津市海洋经济创新型产业集群加速形成,关键核心技术持续突破。中国船舶集团积极融入京津冀协同发展,推动涿州产业转型升级。京津冀城市群高端装备制造业在产业规模、创新动力和增长速度方面均得到较大的提升,但耦合度总体处于低水平耦合阶段,耦合协调度总体处于严重失调状态。

(一)京津冀地区高端装备制造产业的具体优势

1.技术和创新能力

京津冀地区凭借其坚实的科技进步基础、雄厚的资金支持及稳定的劳动力供给,共同搭建起高技术产业创新发展的稳固平台。这里既汇聚了众多顶尖科研机构和大学,也吸引了大量高科技企业入驻,营造了一个充满活力的创新生态系统。

谈及资金支持,京津冀地区的高科技产业享受着来自政府与市场的双重滋养。政府设立的引导基金和创新基金,如同甘霖般滋润着高新技术企业的研发与市场拓展之路,确保科技创新拥有稳定且源源不断的资金供给。风险投资市场的活跃,也为这些企业提供了更多元化的融资选择。

在劳动力资源方面,京津冀地区同样展现出强大的优势。得益于丰富的高等教育资源,该地区每年都能为科技产业输送大批高素质的技术人才与管理精英。京津冀地区职业教育体系也紧跟产业发展步伐,灵活调整教育内容与方向,为企业输送具备实战技能的技术工人,为科技创新提供了坚实的人才支撑。

具体到产业发展,京津冀地区的船舶制造业已跻身世界前列,成为该地区技术创新的一张闪亮名片。作为传统优势产业,船舶制造业在京津冀地区不断迈上新的台阶,通过持续的技术革新与产品升级,不断提升产品的技术含量与附加值,成功地在国际市场上占据一席之地,彰显了其强大的国际竞争力。

2. 产业集群效应

京津冀地区制造业的蓬勃发展,显著展现出地理集中的强劲趋势,这不仅是区域经济战略规划的直观展现,更是产业集群效应日益显著的鲜明标志。伴随制造业企业及相关服务机构在此地的汇聚,资源共享机制得到强化,成本控制效率显著提升,为该区域的经济增长注入了强劲动力。

产业集群效应通过精细化的资源配置,大幅削减了生产和运营的成本。在京津冀地区,众多相似或互补的制造业企业紧密相依,编织成一张密集的产业网络。这种紧密的地理布局,极大地缩短了上下游企业间的物流距离,使得原材料的采购、产品的生产与销售流程更加顺畅高效。企业间的紧密合作还加速了技术与信息的流通,激发了创新的火花,进一步巩固了产业的竞争优势。

产业集群的形成,为专业化和协同化的发展提供了肥沃土壤。在集群环境中,京津冀地区的企业更易于找到合适的合作伙伴与供应商,从而能够集中精力于核心竞争力的打造,而将非核心业务通过外包或合作方式优化处理。这种分工合作的模式,既提升了生产效率,又降低了企业的运营风险。

产业集群还成了就业增长的引擎,对区域经济发展和社会稳定发挥了积极作用。随着企业集群的不断扩张,对劳动力的需求日益增长,有效缓解了地区就业压力,提升了居民收入水平,进而拉动了消费与投资的增长,形成了一个良性循环的经济生态。

3. 经济基础雄厚

京津冀区域以其坚实的经济基础著称,这主要体现在其高度发达的经济体系与强健的制造业基石之上,尤在高端装备制造业领域内展现出显著优势。该地区的科学研发实力同样在国内外享有极高声誉,为高端装备制造业的蓬勃发展构筑了坚实的技术底座与创新引擎。

京津冀地区的制造业根基稳固,展现出多样化的工业生态与成熟的产业链布局。其工业体系既涵盖了历史悠久的重工业,又融合了现代制造业的精髓,形成了一条从原材料精深加工至高端设备制造的全链条工业体系。特别是在船舶制造、汽车工业、精密机械设备制造等关键领域，该地区凭借深厚的工业底蕴与国际竞争力脱颖而出。这些产业的繁荣不仅促进了上下游产业的协同共进，还构建了稳固的供应链与价值网络，为高端装备制造业的持续发展奠定了坚实的基础。

科学研发能力的跃升则是京津冀区域经济发展的另一重要支柱。该区域内汇聚了众多知名高等学府与研究机构，科研实力雄厚，形成了强大的知识创新体系。在材料科学、先进电子技术、自动化控制技术等前沿领域，这些研究机构取得了丰硕的研究成果，为高端装备制造业的技术革新与产品迭代提供了关键支撑。区域内企业与研究机构间的深度合作机制，有效加速了科研成果向现实生产力的转化进程，显著增强了区域经济的创新活力与驱动力。

京津冀地区还以其优越的投资环境与政策扶持著称。地方政府高度重视高新技术产业与高端装备制造业的发展，出台了一系列优惠政策，包括税收减免、资金资助、土地优先供应等，以吸引和激励企业投资与创新。加之该地区完善的基础设施建设与四通八达的交通网络，为高端装备制造业的生产运营与市场拓展创造了有利条件，进一步推动了区域经济的持续繁荣与发展。

（二）京津冀地区高端装备制造产业有待改进之处

1. 区域协同发展有待提升

行政区划形成的"墙"阻碍了区域内的协同发展，各区域政府为了实现利益最大化，人为分割市场，导致出现经济孤岛现象。

2. 产业结构单一和低端化

尽管京津冀地区在某些高端装备制造领域表现突出，但整体上仍存在产业结构单一和低端化的情况，这主要表现在部分地区依然依赖劳动密集型行业，而未能充分发展资本和技术密集型产业。

3. 创新发展路径差异大

不同省市间高技术产业创新发展路径存在较大差异，这可能导致资源配置不均和效率较低。

京津冀地区高端装备制造产业在技术创新、产业集群和经济基础方面具有明显优势，但同时也面临着区域协同发展不足、产业结构单一和创新发展路径差异大等有待改进之处。

二、新能源产业发展状况分析

从京津冀地区海洋产业的整体发展趋势来看，该地区正处于产业结构调整和优化的关键时期。新能源作为未来产业之一，其发展潜力巨大，尤其是在海洋生物医药等领域。可预见京津冀地区将加快新能源产业的发展，尤其是与海洋相关的新能源技术。

在区域经济一体化不断深化的背景下，京津冀三地的产业协同取得了令人瞩目的成果,携手推动了氢能、生物医药等六大核心产业链蓬勃发展,彰显了新能源产业蓬勃的生命力与强劲的增长潜力。为积极应对大气污染挑战,京津冀区域在公共交通等关键服务领域广泛采纳新能源汽车,这一举措不仅构建了绿色、高效的公共交通服务体系,还显著促进了新能源汽车产业的蓬勃兴起与区域经济的绿色转型。这一系列努力不仅有效改善了区域大气环境质量,更为新能源汽车产业的快速增长注入了强劲动力。

京津冀国家技术创新中心在能源低碳领域发挥了举足轻重的作用,它不仅是区域科技创新的坚实后盾,更是推动京津冀协同发展战略深入实施的强大引擎。在氢能及智能网联汽车两大前沿领域,京津冀地区更是引领了新能源产业的创新潮流。氢能,作为清洁能源领域的璀璨明星,已成为区域能源结构优化与绿色能源战略的关键一环。

智能网联汽车,是依托京津冀地区雄厚的电子信息技术底蕴,深度融合了尖端通信技术、人工智能与汽车制造技术的结晶。它不仅重新定义了交通工具的未来形态,更引领了交通领域的智能化、网络化变革,为区域乃至全球的交通产业带来了前所未有的变革与机遇。

京津冀地区在公共服务领域对新能源汽车的大力推广,已成为大气污染防治工作的一大亮点。新能源汽车在公交、出租车等公共交通领域的广泛应用,显著削减了尾气排放,为城市大气质量的改善作出了积极贡献。这一举措不仅提升了公共交通系统的环保性能,还逐步增强了公众对新能源汽车的认可与信赖,促进了绿色出行观念的普及。

京津冀国家技术创新中心作为区域内的科技创新高地,在推动能源低碳技术研发与应用方面扮演着至关重要的角色。该中心汇聚了众多顶尖科研机构与高科技企业,形成了一个强大的创新联合体,共同致力于节能减排技术、新能源技术等前沿领域的探索与突破。

京津冀地区新能源产业的发展现状表现为积极推进和一定成效,但同时也面临多重挑战。一是技术和资金的限制。尽管有政策支持,但新能源产业仍然存在技术瓶颈和高成本问题,这影响了其竞争力和可持续性。二是产业结构和能源结构的问题也不容忽视。京津冀地区的能源结构偏重煤炭,这对生态环境造成了压力,同时也制约了新能源产业的进一步发展。三是新能源产业的并网问题也是一个重要挑战。由于电网系统的限制,新能源并入主电网面临困难,这不仅影响了新能源的利用效率,也增加了运营成本。

对于新能源产业发展中遇到的问题,可采取以下改进方案:加强技术创新和研发投入,以解决关键性核心技术的缺乏问题;优化能源结构,逐步减少对煤炭的依赖,增加新能源的比例,以改善生态环境并促进新能源产业的健康发展;改革电网管理模式,解决新能源发电并网的问题,以提高整个系统的效率和稳定性;加强人才培养和专业培训,构建合理的人才结构,为新能源产业的长远发展提供人力资源保障。

三、钢铁产业发展状况分析

京津冀地区作为中国重要的经济区域之一,钢铁产业是其主导产业之一。该地区拥有丰富的资源禀赋,为钢铁产业的发展提供了坚实的基础,但也面临着产业同构现象严重、环境污染问题等挑战。京津冀地区需要通过技术创新和绿色转型,提升钢铁产业的竞争力和可持续发展能力。

京津冀地区作为中国钢铁产业的重镇,其庞大的生产规模与产量在全国乃至全球都占据显著地位。这一辉煌成就的背后,伴随着不容忽视的环境污染挑战,尤其在大气污染物排放、温室气体控制、废水处理及固体废物管理等方面显得尤为严峻。

钢铁行业是京津冀地区的重要支柱产业,但也面临着产能缩减和大气环保的压力。近年来,京津冀地区实施了错峰生产政策,以减少钢铁行业的环境影响。河北省的钢铁企业数量减少一半,产能下降约1/3,部分企业完成退城搬迁。京津冀地区还开展了钢铁行业环保情况全面调查和专项执法检查。

大气污染物的排放问题在京津冀地区钢铁产业中尤为突出。钢铁生产流程复杂,涵盖炼铁、炼钢、轧钢等多个高能耗、高排放环节。这些生产过程中释放的二氧化硫、二氧化碳、氮氧化物及颗粒物等污染物,如同无形的阴霾笼罩在区域上空。这些污染物在大气中的扩散与累积,不仅导致空气质量急剧恶化,诱发酸雨、雾霾等极端天气现象,还直接威胁到人类的呼吸系统健康,增加了呼吸道疾病的风险。以二氧化硫和氮氧化物为例,它们在大气中与水蒸气结合,形成酸性物质,进而引发酸雨,对水体、土壤及植被等自然生态系统造成广泛而深远的破坏。

温室气体排放的严峻性在钢铁产业中尤为凸显。作为能源消耗大户,钢铁生产高度依赖煤炭、天然气等化石燃料,其燃烧过程不仅释放巨量二氧化碳,还伴随着甲烷等温室气体的排放,成为全球温室气体排放版图中不可忽视的一环。在全球气候变化议题日益紧迫的背景下,国际社会对于温室气体减排的关注度持续攀升。钢铁产业积极应对温室气体挑战,推进减排行动,不仅是履行环境保护责任的必要之举,也是顺应全球气候治理潮流、实现可持续发展的必由之路。

钢铁产业在生产过程中面临的废水和固体废物处理问题同样不容忽视。钢铁生产耗水量大,且废水中往往含有重金属、悬浮物、有机污染物等多种有害物质。若废水处理不当,直接排放至自然水体,将严重破坏水质,威胁水生生态系统的健康,进而对人体健康造成潜在危害。生产过程中还会产生大量固体废物,如炉渣、粉尘等,若处理不当,不仅会占用宝贵土地资源,还可能通过渗透作用污染土壤和地下水资源,对生态环境造成长期影响。加强废水和固体废物的管理与处理,是钢铁产业实现绿色发展的重要环节。

四、海洋电力产业发展状况分析

关于海洋电力的具体发展情况在已有资料中鲜有直接提及。但考虑到京津冀地区在海洋产业集聚和区域环境资源耦合方面的研究,以及对海洋产业生态系统适应性的关注,可以推测该地区在海洋电力等清洁能源领域具有发展潜力。未来可能会通过科技创新和政策支持,加快海洋电力等新兴产业的发展。

京津冀地区的海洋电力产业正展现出蓬勃的发展活力与巨大的潜力,其当前的发展态势令人瞩目。中国作为海洋资源大国,坐拥丰富的潮汐能、波浪能及温差能等多种海洋能源,这些均为可再生且环境友好的清洁能源选项。京津冀地区凭借其得天独厚的地理位置、辽阔的海域以及复杂多变的海洋环境,为各类海洋能源的开发提供了优越的自然条件,有望成为国家重要的海洋能源开发与创新基地。

从资源禀赋来看,京津冀地区在潮汐能开发方面拥有得天独厚的优势。该区域海域潮汐现象显著,潮差大,为潮汐能发电提供了坚实的资源基础。潮汐能以其高度的可预测性和稳定性,为地区电力供应提供了可靠的补充,助力实现能源结构的优化与升级。波浪能作为海洋能的重要组成部分,在京津冀地区同样展现出巨大的开发潜力。该地区适宜的风浪条件为波浪能发电设备的部署与高效运行提供了有力保障。

京津冀地区的温差能资源同样不容忽视。海洋温差能技术通过利用海水表层与深层之间显著的温差来发电,是一种极具创新性和前瞻性的清洁能源利用方式。该地区的海域水深与温差条件极为适合温差能项目的开发,尽管当前该技术尚处于研发与试验阶段,但其广阔的发展前景已引起业界的广泛关注与期待。随着技术的不断成熟与成本的逐步降低,温差能有望成为京津冀地区乃至全国海洋电力产业的重要增长点。

京津冀地区在海洋电力产业的技术创新与产业化路径上正稳步前行,展现出蓬勃的发展活力。该区域内汇聚了众多科研机构与企业,他们正携手深耕海洋能技术领域,致力于突破关键技术瓶颈,加速推动产业向商业化迈进。同时,政府的积极支持也为海洋电力产业的发展注入了强大动力。

海洋电力产业的发展之路并非坦途,它同样面临着技术成熟度、成本控制及环境影响等多重挑战。面对这些挑战,京津冀地区需保持清醒认识,加强技术研发力度,不断提升技术成熟度与稳定性;需优化成本结构,探索更加经济高效的运营模式;需强化环境保护意识,采取切实有效的措施减轻产业发展对生态环境的影响,确保海洋电力产业在健康、可持续的轨道上稳步前行。

五、海洋交通运输产业发展状况分析

京津冀地区的海洋交通运输业已发展为强势产业,随着国家对京津冀区域海洋经济发展的一系列政策措施出台,海洋运输业迎来了新一轮的发展契机。该地区的港口物流与制造业协调发展具有明显的地理和资源优势,是推动区域经济增长的重要力量。

(一)地理位置优越

京津冀地区坐落于中国东部沿海的心脏地带,其地理位置在中国乃至东北亚的经济版图上占据着举足轻重的地位。这片区域以其得天独厚的沿海优势与丰富的海洋资源,成为海上交通与经济活动的天然宝地,具有深远的战略意义。京津冀地区不仅是中国多个关键经济区与东北亚国际市场间的重要连接桥梁,还极大地促进了国内外货物运输与经济交流的蓬勃发展。该地区精心布局的沿海线路,构建起了一条条高效便捷的海上运输动脉。这些线路经过持续优化与精心管理,已形成一张错综复杂的海上交通网络,高效支撑着国内外货物与人员的顺畅流动。京津冀地区的海上航线,不仅是国内货物快速流通的关键通道,更是通往日本、韩国等国际市场的黄金水道。

京津冀地区凭借其独特的地理位置,自然而然地架起了连接国内外市场的坚实桥梁。作为中国北方的经济核心与东北亚经济圈的关键一环,它不仅承载着促进国内经济区域融合的使命,还深化了与全球市场的经济纽带,为中国在全球经济舞台上的竞争力增色添彩。

(二)港口资源丰富

京津冀地区作为中国经济版图上一颗璀璨的明珠,其港口资源的丰富程度,无疑是该区域经济活力四射的生动写照。一众大型港口,犹如镶嵌在海岸线上的璀璨明珠,不仅以其庞大的吞吐能力著称,更蕴藏着无限的发展潜力。这些港口不仅是国内贸易的加速器,更是国际航运网络中的关键节点,对于推动区域乃至全球经济活动的繁荣发挥着不可替代的作用。

这些港口的强大吞吐能力是京津冀地区高效处理国内外贸易流量的坚实基石。以天津港为例,作为北方港口群的领头羊,其先进的设施与技术支持,让其在处理海量货物与集装箱时游刃有余,年处理能力稳居全国前列。这些港口的高效运转,不仅确保了货物运输的迅捷与安全,更为区域经济的蓬勃发展提供了坚实的物流支撑。

京津冀地区的港口凭借得天独厚的地理位置,构筑了通往国际市场的坚固桥梁,成为亚洲与欧洲、北美航运版图上的璀璨明珠。这些港口,特别是天津港这样的国际海运枢纽,以其四通八达的国际航线,紧密连接着全球各大洲,极大地推动了国际贸易的繁荣与文化的广泛交流。它们的国际化功能,不仅为京津冀地区赢得了国际舞台上的瞩目地位,更为中国对外开放战略的深入实施提供了坚实的支撑。

展望未来,京津冀地区的港口展现出巨大的发展潜力与无限可能。在全球经济一体化浪潮的推动下,以及"一带一路"倡议的引领下,这些港口正迎来前所未有的发展黄金期。政府与企业携手并进,持续加大在基础设施建设与技术革新上的投入,致力于提升港口的运营效率与服务品质。

(三)交通网络发达

京津冀地区以其四通八达的交通网络著称,这一网络融合了铁路、公路与水运等多种交通模式,编织成一张高效的综合运输网。这张网络不仅满足了区域内的物流需求,更成为推动跨区域及国际经济交流的重要引擎,对于强化区域经济一体化、提升地区整体竞争力具有不可估量的价值。

在京津冀地区的交通版图上,铁路运输无疑是中流砥柱。密集的铁路网如血脉般贯穿各主要城市与工业重镇,为区域重货运输提供了坚实支撑。京沈、京哈等高速铁路的开通,不仅大幅缩短了城市间的物理距离,更促进了人员与资源的快速流动,为重工业产品的运输开辟了高速通道,同时也为旅游与服务业的蓬勃发展注入了新活力。

公路网络作为京津冀地区交通优势的又一重要体现,其完善程度令人瞩目。高速公路与国道交织成网,覆盖了广袤的地域,构建起一个灵活高效的地面运输体系。这一体系与铁路运输相辅相成,尤其在短途运输与灵活性要求较高的货物及人员流动中展现出独特优势,为区域内商业活动的迅速响应与日常通勤的便捷提供了有力保障。水运,作为京津冀地区历史悠久的运输方式,依托其得天独厚的海岸线资源与丰富的港口集群,继续在大宗商品进出口领域发挥着不可替代的作用。海运以其成本优势,成为连接京津冀地区与全球市场的黄金桥梁。

(四)政策支持和投资增加

在"一带一路"倡议的强劲东风下,京津冀地区的战略地位愈发凸显,特别是港口与交通基础设施的升级与强化,成为政府工作的重中之重。作为东北亚经济圈与全球市场之间的关键桥梁,该地区基础设施的完善程度直接关系到区域经济的联通效率与全球竞争力。对此,政府不仅给予高度关注,更斥巨资用于交通运输体系的全面升级与拓展,其中不乏跨海通道等具有里程碑意义的重大项目。

跨海通道建设作为京津冀地区基础设施发展蓝图上的重要节点,旨在打破地理界限,促进区域内外的无缝对接,加速货物流通与人员往来,为地区经济注入勃勃生机。以渤海湾跨海大桥为例,这一浩大工程正紧锣密鼓地推进中,其竣工之日,必将极大缩短京津冀与其他区域的时空距离,为区域内的商贸活动、旅游观光乃至各类经济交流铺设起畅通的交通大道。

政府的政策支持,不仅聚焦于新项目的开辟,更不忘对现有基础设施的精雕细琢。港口设施的现代化转型、公路铁路网络的优化拓展以及公共交通系统的提档升级,一系列举措并行不悖,共同织就了一张高效、安全、便捷的交通运输网络。

政府对基础设施领域的巨额投入,激发了私营部门的投资热情。公私合营(PPP)模式在京津冀地区遍地开花,不仅有效缓解了政府财政压力,更引来了创新技术与管理智慧的活水,为基础设施项目的建设与管理注入了新的活力与动能,推动其效率与质量双双跃上新台阶。

在京津冀地区的发展蓝图中,提升海洋交通运输效率占据了举足轻重的地位。通过持续优化港口基础设施,并引入先进的智能化物流系统,海洋运输的效率得以飞跃式提升。这一变革不仅大幅度削减了运输成本,还显著缩短了货物从生产到市场的流转时间,为区域经济插上了竞争力的翅膀。京津冀地区正全力推进交通运输的绿色转型,如提升新能源车辆占比、推广低硫燃油船舶、优化公共交通网络等举措,共同绘制了一幅节能减排、低碳环保的绿色出行图景。这些举措不仅有效减轻了环境压力,更为区域的可持续发展奠定了坚实基础。从一系列已经付诸实施的政策与环保行动中,可以清晰地感受到京津冀地区在能源结构转型与交通运输现代化方面的坚定决心与不懈努力。

京津冀地区在高端装备制造、新能源、钢铁、海洋电力和海洋交通运输等五大产业上均取得了显著进步。这些产业不仅促进了地区经济的增长,也为环境保护和高质量发展做出了贡献。京津冀地区将继续深化产业协同,加大环保力度,推动产业结构向更加绿色低碳、智能高效的方向发展。

京津冀地区在高端装备制造、新能源、钢铁、海洋电力、海洋交通运输等产业方面均具有一定的发展基础和优势,但也面临着产业结构不均衡、环境保护压力等挑战。该地区需要进一步优化产业结构,加强科技创新和绿色转型,以实现产业的可持续发展。

第三节　京津冀地区生态发展状况分析

近年来,京津冀地区在推动产业升级和绿色发展方面取得了显著成就。特别是在产业协同发展方面,京津冀地区共同推进五大产业的高质量发展和环境保护,展现出强大的发展活力和创新潜力。

一、京津冀地区港口生态发展现状

(一)秦皇岛港生态发展现状

秦皇岛港在环保和生态方面采取了多项具体措施,以确保其港口的环境质量,并推动绿色港口的发展。秦皇岛港股份有限公司制定了完善的环境管理制度和污染防治设施体系,发布并严格执行多项环保操作规程,如《秦皇岛港股份有限公司环境保护管理办法》等。该公司配备了淋洒设备、除尘车等设施,对生产过程中产生的粉尘、二氧化硫、烟尘等污染物进行处理,确保达标排放。还对散货堆场建设喷洒水系统、防风网,对锅炉进行脱硫除尘等。公司成立了生态环境保护委员会和节能减排管理领导小组,设立专门的能源科,并制定了一系列环保与节能考核评价规章制度,以确保节能减排目标的实现。

秦皇岛港制定了突发环境事件应急预案和重污染天气应急响应方案,提高应急管理水平和应对能力,实现自我规范、监督和评价的环保运行机制;积极投资建造海上垃圾专业清捞船舶、自主研发"海洋垃圾桶",并积极参与"湾长制"和"河长制"相关活动;升级港口排水和污水处理系统,促进废水达标处理和循环利用。

秦皇岛港加强港口船舶污染物接收、转运、处置设施建设,形成设施齐全、制度健全、运行有效的港口和船舶污染防治体系,实现港口污水综合处理率100%,港区码头固体废物分类收集贮存率100%。对集疏运车辆和非道路移动机械进行全面管控,建设尾气监控平台,实现尾气排放在线监测,并实施环保编码登记管理。建设智慧闸门和环保门禁监控系统,实时向生态环境保护部门传送车辆尾气排放信息数据。

秦皇岛港推动船舶岸电建设与使用,优先安排使用岸电设施的船舶进港、装卸和靠离泊,并对使用岸电的船舶实行收费优惠政策。同时,加强了对拖轮尾气排放的管控,要求拖轮靠泊期间全部使用岸电。秦皇岛港股份有限公司以绿色文化为载体,从传播绿色理念、弘扬绿色文化和培养绿色技能三个方面着手,积极培育绿色文化,提升港口竞争力,推动港口高质量发展。

(二)天津港生态发展现状

天津港作为环境管理的先锋,已全面采纳并推广一系列前沿举措,旨在显著提升港口运营中的环境保护效能。特别是在抑制扬尘与削减移动源污染领域,天津港集团不仅拥抱创新科技,更精心制定了一系列严格的操作规程与技术标准,确保环保措施的长效实施与持续优化。

针对露天干散货码头频发的扬尘挑战,天津港集团携手业界共同研发并配备了露天干散货码头智能喷雾系统。该智能喷雾系统巧妙运用先进的干雾除尘技术,释放超细微水雾颗粒,这些颗粒在空中迅速蒸发,有效吸附并凝聚空气中的尘埃微粒,从而在节水高效方面避免了地面积水与泥泞等二次污染问题。

在推动绿色能源转型方面,天津港同样成绩斐然。港口积极响应新能源汽车发展浪潮,加速引入电动叉车、电动拖车等低碳设备,广泛应用于码头日常作业中。这一举措大幅削减了港口区域的废气排放量,为改善空气质量、减少温室气体贡献显著力量。

针对船舶燃油使用,天津港亦实施了严格的监管政策。遵循国际海事组织(IMO)的严苛标准,天津港明确要求所有进港船舶所用燃油的硫含量不得超过0.5%,这一标准无差别地覆盖国际与国内航线船舶。通过推广低硫燃油的使用,港口有效降低了船舶排放的硫氧化物量,为守护港口及邻近城市的蓝天白云筑起了坚实防线。

天津港作为中国北方综合性港口的璀璨明珠,始终致力于环保实践的深化与拓展,力求减轻港口运营对自然环境的微妙影响。在推动船舶岸电使用、实施低尘机械化湿式清扫,以及强化油气回收与挥发性有机物(VOCs)管控等关键领域,天津港创新不辍,成效斐然。

船舶岸电技术的推广是天津港环保战略中的一大亮点。这一前沿技术允许船舶靠泊时关闭其柴油引擎,转而接入岸上电源系统,实现绿色供电。此举不仅大幅削减了氮氧化物、二氧化碳及硫氧化物等有害气体的排放,还有效降低了噪声污染,为港口区域带来了更加清新的空气与宁静的环境。目前,天津港已在多个码头成功部署岸电设施,并稳步扩大覆盖范围,以期惠及更多船舶与码头,共筑绿色航运新生态。

低尘机械化湿式清扫作业模式亦在天津港得到了广泛实践与好评。该模式依托装备有水喷雾系统的专业清扫车辆,有效遏制了清扫过程中尘埃的飞扬,极大提升了港区的清洁度与空气质量。天津港还加大了对货物堆存区及交通繁忙路段的冲洗保洁力度,这些细致入微的举措,显著降低了空气中悬浮颗粒物的浓度,为港区员工及周边居民营造了一个更加健康、宜居的生活环境。

在油气回收与VOCs治理方面,天津港更是展现出了非凡的决心与行动力。针对石化、化工等排放"大户",港口实施了深度治理计划,其中,原油成品油码头油气回收项目的成功落地,便是这一计划的重要成果。通过引入先进的油气回收系统,项目实现了对装卸过程中油气的高效捕捉与回收,有效阻断了油气向大气的直接排放路径。港口建立了VOCs泄漏检测与修复机制,定期对管道、储罐等设施进行细致检查与维护,确保了系统的密闭性与安全性,为VOCs的减排工作筑起了坚实的防线。

在当前社会环保意识普遍觉醒的潮流中,采用尖端的智能监测与控制体系对生态环境进行即时监控与科学管理,已成为一种不可或缺的实践路径。这一体系如同生态环境的智慧守护者,能够精准监测大气质量,并依托精密的车辆调控机制,确保各类排放严格遵循既定的环保标准。

智能监测与控制系统的部署,赋予了天津港环境管理部门一双洞察秋毫的"慧眼"。它能够即时捕捉并传输大气污染的关键数据,包括但不限于PM10、PM2.5颗粒物,二氧化硫及氮氧化物等有害物质的浓度信息。这一庞大的数据网络,依托传感器阵列的密集布局与云计算平台的强大算力,实现了对污染源的快速锁定与污染区域的精准描绘。基于此,管理者能够迅速调整交通策略,比如对高排放车辆实施限行措施,同时鼓励并推广电动及低排放车辆的普及,从而有效减轻交通运输对大气环境的负面影响。

在固体废物管理领域,天津港启动了一项全面而周密的特别行动,该行动覆盖了固体废物从产生、临时贮存、运输直至最终处置的每一个环节,实现了全流程的精细化管控。通过引入分类管理机制,各类废物,包括有害废物、可回收物资及有机废弃物,均得到了科学合理的区分与处理,此举极大地减缓了环境污染,促进了资源的高效利用。分类收集后的废物,在遵循严格环保法规的前提下,由专业团队负责安全、合规的运输与处置工作,全程确保操作的可控性与安全性,有效规避了潜在的环境风险。

在生态修复与生物多样性保护方面,天津港则依托智能科技与设备,开展了一系列富有成效的生态保育行动。植树造林与增殖放流等活动,作为恢复与增强受损陆地及海洋生态系统、提升生物多样性的重要手段得到了广泛应用。智能无人机的运用,使得种子播撒作业更加高效精准;而遥控设备的辅助,则让水体生物的放流过程更加便捷且减少对自然环境的干扰,促进了生态更加自然的恢复。

面对工业与交通活动带来的环境污染严峻挑战,天津港采取坚决而有效的污染防治设施建设与改造策略,特别是对于沿海及内河流域的大型煤炭、矿石码头,以及交通干线上的物料堆场,构建高效的抑尘设施与推动物料输送系统的封闭化改造,是确保作业环境清洁、大幅降低污染物排放的关键。此举旨在通过物理屏障与高科技手段的双重作用,将粉尘等颗粒物牢牢控制在源头,阻止其扩散至周围环境。

在沿海及内河码头的污染防治实践中,建设抑尘设施与改造物料输送系统被视为两大核心举措。前者涵盖了高效除尘系统与水雾喷雾系统的部署,这些先进设备能在物料装卸与转运的每个环节,精准捕捉并抑制粉尘的生成,有效遏制了空气质量的恶化。而后者则聚焦于物料输送系统的全面封闭化升级,如采用全封闭式带式输送机,不仅彻底隔绝了粉尘外泄的通道,还显著提升了物料传输的精准度与安全性,实现了经济效益与环境效益的双赢。

针对高排放车辆的严格监管,也成了环境保护战役中的重要一环。从源头控制新车环保准入标准,确保每一辆新车都能达到低排放的严苛要求,是遏制新车污染增长的第一道防线。对于已在道路上行驶的营运柴油车与重型柴油货车,则通过强化颗粒物捕集器(DPF)的安装与普及,有效拦截并减少这些车辆尾气中的颗粒物排放,为改善空气质量贡献力量。

(三)唐山港生态发展现状

唐山港在生态发展领域取得了显著成效,其致力于构建智慧型绿色港口体系,以推动高质量发展目标的实现。该港口通过推行绿色运输、优化运输结构、提升能源利用效率等多项举措,实现了环境保护与经济效益的双赢局面。

在曹妃甸港区矿石一期码头,唐山港在生态发展方面的努力尤为突出。该码头利用高架绿色廊道,实现了铁矿石从船只到邻近钢铁厂的直接输送,有效减少了中转环节的污染和能源消耗。唐山港积极响应国家"公转铁"政策,通过建设火车装车楼和铁路专线,大幅提升了铁路货运的占比,有效降低了物流成本并减少了碳排放。

在具体实施层面,曹妃甸港区采取了一系列创新且高效的绿色运输策略。一是建立了封闭式输送带廊道,实现了货物从船只到工厂的无缝对接,显著降低了中间环节的污染问题。二是增设了火车装车楼和铁路专线,进一步提高了铁路运输的比例,降低了对公路运输的依赖度。三是推广了新能源汽车的应用,建立了 30 个充电站,并逐步将自卸货车更换为新能源车型,以提升运输效率并降低能耗及维护成本。通过这些措施的实施,唐山港的清洁能源运输比例已达到 85%,取得了显著的环保效益。

唐山港的绿色发展成就得到了广泛认可。2024 年上半年,曹妃甸实业港务有限公司旗下的专业化干散货矿石码头一期、二期工程荣获唐山港曹妃甸港区矿石板块首个"四星级绿色港口"称号,这标志着唐山港在绿色发展方面迈上了新的台阶。

(四)黄骅港生态发展现状

黄骅港在绿色安全评价中位列全国主要港口首位,并被亚太港口服务组织(APSN)评为"亚太绿色港口"。在碳达峰的背景下,黄骅港务公司制定了可持续发展战略,通过建立多部门联动管理机制、引进绿色科技和智慧手段、完善监测考核评估体系等措施,推动港口向绿色、高效、智慧、平安的方向发展。黄骅港坚持"人—港—自然和谐"的可持续发展之路,体现了港口在社会责任和环境保护方面的积极态度和行动。

黄骅港积极推动绿色港口建设,黄骅港的建设就强调了环保和可持续发展的理念。同时,黄骅港采取电能替代方式,全力建设"全电港口",用清洁电能来有效减少靠港船舶和港口运输车辆带来的燃油污染。例如,在 2023 年前 11 个月,岸电系统实现了碳减排 3 340.7 吨。推进电能替代打造"绿色"港口,黄骅港每年产生替代电量超 1 亿千瓦时。

黄骅港通过建设大规模储煤筒仓群、实施本质长效抑尘技术、构建全流程粉尘防控体系等措施,从源头控制粉尘的产生。实施智能化的"翻堆取装"全流程工序和近零排放的本质长效抑煤尘技术,以及完整的水循环利用系统,实现港口的绿色智能现代化;建设生态水循环系统,治理港口含煤污水顽疾,构建覆盖全港区的生态治理体系。通过系统梳理港区水资源调度基础设施与生产作业流程体系,构建不确定性多目标规划模型,优化水资源调度,提高水资源利用效率;实行"公转铁"政策,将大宗货物如矿石、焦炭等主要采用铁路运输,减少公路运输带来的环境污染。

二、京津冀地区产业与生态协同发展现状

京津冀地区作为中国北方的重要经济区域,在推动经济高质量发展的同时,生态环境保护水平也有所提高,产业与生态协同发展京津冀地区在产业与生态协同发展方面

已经取得了一定的成效,耦合协调度呈上升态势。

(一)产业协同发展成效显著

近年来,京津冀地区在产业转移协作、产业结构调整、产业分工及产业共建共享方面取得了较大进展,实现了产业协同效应的逐渐显现。北京非首都功能的疏解带动了高精尖产业的快速发展,天津和河北也在积极构建现代化产业体系,推动产业转型升级。例如,北京城市副中心和河北雄安新区作为产业承接的重点平台,已经取得了实质性进展,如央企二、三级子公司的落户,以及雄安新区的大规模建设。

(二)产业结构持续优化

京津冀地区的三次产业构成从 2013 年的 6.2∶35.7∶58.1 变为 2023 年的 4.6∶27.7∶67.7,第三产业比重提高 9.6 个百分点,显示出产业结构的持续升级和优化。同时,京津冀地区工业战略性新兴产业和高技术产业增速加快,高端化发展步伐加快。北京在控制人口和产业方面取得了成效,一般制造业和区域性批发市场的疏解,使得高技术产业得以发展。天津和河北也在加强产业转型升级,提升区域产业的竞争力。

(三)生态环境保护实现协同突破

京津冀三地共同建立健全了大气污染联防联控、重点流域联保联治等协同工作机制,生态环境质量改善成效显著。例如,截至 2023 年底,京津冀三地细颗粒物(PM2.5)年均浓度与 2013 年相比降幅均六成左右。重污染天数均大幅削减、优良天数大幅增加,水环境质量也得到显著提升。

(四)产业链与创新链深度融合

京津冀地区正在推动产业链与创新链的深度融合,以科技创新为核心驱动力,促进区域内科技型中小企业的发展,加速工业产业创新转型升级。例如,京津冀共建国家技术创新中心,并设立分中心,加快创新成果孵化转化。

(五)政策支持与规划

为进一步推动京津冀产业协同发展,相关部门已经制定并印发了《京津冀产业协同发展实施方案》,明确了到 2025 年的发展目标,包括产业分工定位更加清晰、产业链创新链深度融合、综合实力迈上新台阶等。

(六)生态高水平保护支撑经济高质量发展

京津冀地区在生态环境保护方面取得了显著成效,形成了良好的生态格局,为经济高质量发展提供了支撑。

尽管取得了一定的进展,但京津冀地区在产业协同发展方面还面临一些挑战,如高端产业定位同构加剧区域资源要素竞争、产业发展梯度差距制约产业承接能力、产业辐射带动能力不足等问题。

第四章

京津冀地区港口生态承载力评价指标体系设计

第一节 评价指标体系的构建

本书旨在评价京津冀地区港口的生态承载力,因此将生态承载力作为评价指标体系的目标层。生态承载力主要研究三个方面的平衡关系,如图4-1所示。

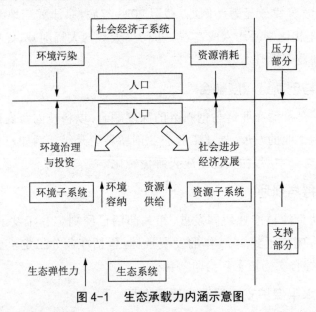

图4-1 生态承载力内涵示意图

图4-1所示的生态承载力评估体系,其核心构建于三大核心准则层之上:首先为生态弹性力,此层面旨在衡量生态系统所固有的自我恢复与自我调节的内在能力;其次为承载媒体的支撑力,该层面广泛涵盖区域内资源环境的可持续供给潜力与容纳限度,以及社会经济进步对生态环境治理所产生的积极推动作用;最后为承载对象的压力,其关注的是资源消耗活动、环境污染状况以及人口与经济增长对生态系统施加的综合负荷。这一体系清晰地界定了评估准则层的三个核心维度。

在构建评价指标体系的具体因素层时,依据生态承载力的多维度属性,综合考量了自然条件、资源环境基础以及社会经济活动的交织影响。具体而言,生态弹性力的评估聚焦生态系统的内在稳健性,精选气候条件、水文特征、地表覆盖状况等关键要素,以精准反映生态系统的本质属性与恢复潜力。对于承载媒体的支撑力评估,本书既强调资源环境的直接承载与供给能力,也注重社会进步在环境治理中的正向效应,故将资源供给效能、环境治理效果、社会发展水平等维度纳入考量范畴。而在承载对象压力的分析中,本书集中关注人类活动对资源环境系统的直接冲击,选取了资源消耗速度、环境污染状况、人口增长负担、经济增长对生态的影响等四项核心指标,以全面且深入地量化外部压力。

在确立具体的指标层时,严格遵循科学性、全面性、可行性与数据可获取性的基本原则,并紧密结合研究区域的人口密集度高、社会经济迅猛发展、资源能源消耗巨大的具体特征。经过严谨的筛选与深入的论证,本书最终确立了一个包含 35 项细化指标的综合评价体系,旨在确保评估结果的精确性、客观性与实际应用的广泛适用性,[①] 如表 4-1 所示。

表 4-1　京津冀地区港口生态承载力评价指标体系及权重

目标层	准则层	因素层	指标层
生态承载力	承载媒体的支撑力(0.5)	环境治理(0.3)	生态环境状况指数(EI)
			空气质量优于二级及以上天数的比例
			地表水优于Ⅲ类水质的比例
			建成区绿化覆盖率
			生活垃圾无害化处理量
			生活污水处理率
			工业固体综合利用率
			环境噪声达标区面积占建成区总面积的比例
		港口基本状况(0.4)	货物吞吐量
			外贸货物吞吐量
			集装箱吞吐量
			码头长度
			泊位个数
			万吨级泊位个数

① 曲超,刘桂环,吴文俊,等. 长江经济带国家重点生态功能区生态补偿环境效率评价 [J]. 环境科学研究,2020,33(2):471-477.

目标层	准则层	因素层	指标层
生态承载力	承载媒体的支撑力(0.5)	社会发展(0.2)	人均 GDP
			城镇居民人均可支配收入
			农村居民人均可支配收入
			第三产业 GDP 占比
			社会消费品零售额
			普通高等院校本专科毕业生人数占总人口比例
		资源供给(0.1)	人均城市道路面积
			人均公园绿地面积
			人均水资源量
	承载对象的压力(0.4)	人口压力(0.55)	人口自然增长率
			人口密度
		经济增长(0.2)	GDP 年增长率
			第二产业占 GDP 比例
		资源耗损(0.13)	全社会用水总量
			全社会用电总量
			工业原煤消耗量
		环境污染(0.12)	工业固废排放量
			区域声环境昼间平均等效声级
	生态弹性力(0.1)	水文情况(0.5)	地下水资源量
			地表水资源量
		地物覆被(0.28)	陆地森林覆盖率
		气候条件(0.22)	年日照时数
			平均年降水量

(注:括号中数字为权重)

第二节 指标权重确定

一、准则层指标权重的确定

在京津冀地区港口生态承载力评估体系中,针对承载媒体的支撑力、承载对象的压力以及生态弹性力这三个核心准则层指标,权重分配体现了对港口可持续运营及其生态影响的差异化考量。承载媒体的支撑力被赋予 0.5 的权重,承载对象的压力权重为 0.4,而生态弹性力的权重则为 0.1。

（一）承载媒体的支撑力权重的确定

承载媒体的支撑力,涵盖了港口所依托的自然资源与环境条件,诸如水质、土地及空气质量等要素。该指标被赋予最高权重,凸显了在生态承载力评估中,自然与环境资源的可持续性被视为决定性因素。环渤海地区的港口,如天津、唐山等,均坐落于人口密集的区域,自然资源面临较大压力,环境的支撑能力直接关系到港口的长期繁荣与地区生态安全。确保环境资源的稳定供给与优质状态,对港口的持续健康发展至关重要。

（二）承载对象的压力权重的确定

承载对象的压力,主要指的是港口运营活动对环境的直接冲击,包括污染排放与资源消耗等。该指标权重为 0.4,虽略低于承载媒体支撑力,但仍彰显了其在港口生态评估中的关键地位。京津冀地区因重工业密集,加之港口自身的物流活动,环境压力尤为显著。有效管理这种压力,减少环境污染与资源过度消耗,是保障港口可持续发展的核心举措。高权重反映了需强化港口在环境保护方面的责任与行动,以降低其对周边环境的负面影响。

（三）生态弹性力权重的确定

生态弹性力,描述的是生态系统在遭受干扰后恢复原有状态的能力,其权重为 0.1,相对较低,这反映了在港口生态承载力评估中,尽管生态系统的恢复力是一个重要考量,但相较于支撑力与压力的直接影响,其被视为次要因素。生态弹性力权重较低的原因可能在于,生态恢复是一个长期且复杂的过程,而港口的日常运营对即时的资源支持与环境压力管理有着更为迫切的需求。生态弹性的提升通常需通过长期的环境管理与保护规划来实现,其成效可能不如其他两个因素直接显著。

这三个权重的设定,体现了港口生态对港口环境支撑能力的强烈依赖,对港口活动引发的环境压力的严格管控,以及对生态系统恢复能力的相对次要关注。此权重配置旨在优先处理直接影响港口可持续发展的关键因素,同时兼顾长期的生态系统健康与稳定。

二、因素层指标权重的确定

（一）承载媒体的支撑力中因素层指标权重的确定

在京津冀地区港口生态承载力评估体系中,承载媒体的支撑力作为关键准则层,其下细分为四个因素层指标,并分别赋予了不同的权重:环境治理 0.3、港口基本状况 0.4、社会发展 0.2 以及资源供给 0.1。这些权重的分配,精准地反映了各因素在支撑港口生态承载力中的相对重要程度及优先级排序。

1. 环境治理

环境治理在港口生态承载力中占据举足轻重的地位,其权重为 0.3,凸显了其对港口生态系统健康及运营可持续性的关键作用。该指标涵盖了污染控制、废物处理及生态恢复等一系列活动。环境治理的有效推行,能够显著降低港口活动对周边环境的负面影响,提升环境质量,进而为港口的长期可持续发展奠定坚实基础。在环境敏感且资源有限的京津冀地区,环境治理的重要性尤为凸显,需给予高度关注与资源投入。

2. 港口基本状况

港口基本状况指标,涵盖了港口的基础设施质量及功能性,如码头长度、泊位数量及吞吐能力等,其权重为 0.4,彰显了基础设施在港口生态承载力中的核心地位。优质的基础设施不仅能够提升港口的运营效率与服务水平,还能有效减轻对环境的压力,例如通过缩短船舶等待时间,降低能源消耗及排放。在竞争激烈的京津冀地区,基础设施的完善程度,已成为衡量一个港口竞争力与吸引力的重要标尺。

3. 社会发展

社会发展指标的权重为 0.2,它全面考量了港口活动对当地社会经济影响的多个方面,包括就业、居民生活质量及地区经济增长等。港口作为地区经济发展的重要引擎,其对社会的正面贡献能够增强公众对港口运营的支持度,为港口的可持续发展提供坚实的社会基础与政策支撑。在面临环境与社会双重压力的背景下,港口活动能够促进而非阻碍地区发展,显得尤为重要。

4. 资源供给

资源供给指标,涵盖了港口运营所需的自然资源及能源供应,如水、电及燃料等。尽管这些资源对港口运营至关重要,但在权重分配中,其占比相对较低(0.1)。这是因为在短期内可能资源供应相对稳定,且随着技术进步与效率提升,对资源的依赖程度可逐渐降低。资源供给问题可通过市场机制与政策调控得到相对有效的解决或缓解。

这些权重的设定,充分体现了港口生态承载力评估中对基础设施与环境治理的高度重视,同时也兼顾了社会发展与资源供给对港口持续运营的支撑作用。这种权重配置,有助于平衡港口运营的经济、环境及社会目标,推动京津冀地区港口的可持续发展进程。

(二)承载对象的压力中因素层指标权重的确定

在京津冀地区港口生态承载力评估框架中,承载对象的压力准则层聚焦于港口运营活动对环境与社会资源产生的综合影响。该准则层下辖四个因素层指标,分别是人口压力、经济增长、资源耗损及环境污染,并分别赋予 0.55、0.2、0.13 及 0.12 的权重,这些权重的设定精准地反映了各因素在港口生态承载力评估中的相对重要性。

1. 人口压力

人口压力被赋予最高权重(0.55),凸显了人口因素在港口生态承载力评估中的核心地位。京津冀地区,特别是港口城市,随着经济的快速发展,人口密集度显著提升。人口增长及高密度居住所带来的压力,主要包括对食水、住房及基础设施(如交通、公共服务)需求的急剧膨胀,以及废弃物和污水排放量的激增,这可能导致处理设施面临超负荷运行的风险。人口增长还对教育、医疗等公共服务系统构成压力,进而可能影响到港口城市的生活质量和社会稳定。

2. 经济增长

经济增长的权重为 0.2,体现了经济活动增加对资源与环境的直接影响。港口作为经济活动的汇聚点,其经济表现直接关联到环境与资源的使用强度。港口相关产业(如制造业、物流业)的快速发展,提高了对自然资源(如能源、水资源)的大量需求,经济活动的增加往往伴随着能源消耗和污染物排放的上升,对环境构成显著压力。

3. 资源耗损

资源耗损的权重为 0.13,虽然相对较低,但具有不可忽视的重要性。该指标衡量的是港口及其相关活动对自然资源的消耗程度,如矿产资源、土地等的开发利用,特别是在港口扩建和工业区开发过程中,水资源的过度开采,尤为值得关注,其可能破坏生态系统的平衡。

4. 环境污染

环境污染的权重为 0.12,聚焦于港口及其周边区域的空气、水体及土壤污染状况。港口活动产生的污染物,包括但不限于废气排放、油污水排放及固体废弃物,这些均可能对环境质量产生长期且深远的负面影响。

这些权重的设定体现了在港口生态承载力评估中对人口压力的高度警觉,并充分考虑了经济活动对资源与环境的直接影响。尽管资源耗损和环境污染的权重相对较低,但其在维护生态平衡及确保可持续发展方面发挥着至关重要的作用。这种权重配置,有助于全面而深入地评估港口活动对环境的影响,为相关政策及管理措施的制定提供科学依据。

(三)生态弹性力中因素层指标权重的确定

在京津冀地区港口生态承载力评估体系中,生态弹性力作为关键准则层,其核心聚焦于港口及其周边生态系统在应对环境变化和人为干扰时所展现的恢复能力。该准则层下设有三个因素层指标,分别为水文情况、地物覆被及气候条件,并分别赋予 0.5、0.28 及 0.22 的权重,这些权重的设定精准地反映了各因素在维护生态系统健康与稳定中的相对重要性。

1. 水文情况

水文情况在生态弹性力评估中占据最高权重(0.5),凸显了其对港口及其周边生态系统的重要性。水文情况涵盖了水流的方向、速度、水质、水域的深度及面积等多个方面。在京津冀地区,港口活动的顺利进行高度依赖于稳定且健康的水文环境。良好的水文条件能够有效提升水体对污染物的稀释与分解能力,从而助力水质维护。水文条件直接影响着水生生物的生存环境,对维持生物多样性具有不可替代的作用。稳定的水文情况还能有效降低洪水和潮汐等自然灾害的风险,为港口设施及周边社区的安全提供坚实保障。

2. 地物覆被

地物覆被的权重为 0.28，该指标关注港口及其周边区域的植被、土壤类型及地表材料等要素。地物覆被对生态系统的健康与弹性具有显著影响。健康的植被覆盖能够有效遏制水土流失，保护宝贵的土壤资源。丰富的植被还为多种生物提供了栖息之所，有助于维持生态平衡。植被能调节地表温度与湿度，为周边区域创造更加宜居的生活环境。

3. 气候条件

气候条件的权重为 0.22，涉及温度、降水量、风速等气候特征。尽管气候条件的变化难以直接控制，但其对港口及其生态系统的影响却深远而持久。港口区域的气候条件直接决定了可操作的天数及潜在的风险，如极端天气事件（暴雨、暴风雪等）可能导致港口暂时关闭。气候条件的长期变化趋势（如全球变暖）将对港口的规划与运营策略产生重要影响。港口必须适应这些变化，以确保运营效率与生态健康的双重目标。

这些权重的设定强调了水文情况在维护港口生态系统稳定中的核心地位，并充分考虑了地物覆被与气候条件对生态弹性的重要贡献。这种权重配置有助于全面而深入地评估港口及其环境的复原能力，以及适应未来挑战的潜力，为确保港口活动的可持续性与环境的长期健康提供有力支撑。

第五章
京津冀地区港口生态承载力评价模型构建

第一节　评价模型建立

京津冀地区港口生态承载力的大小取决于承载媒体的支撑力、承载对象的压力和生态弹性力三个方面,生态承载力的指数计算也基于这三个方面,分别为承载媒体的支撑力(CCS)指数、承载对象的压力(CCP)指数和生态弹性力(EEC)指数[①]。

承载媒体的支撑力指数计算公式如下:

$$CCS = \sum_{l=1}^{n_2} S_l \times W_l$$

式中,S_l 为影响因素 l(环境治理、港口基本状况、社会发展、资源供给)的值;W_l 为影响因素 l 对应的权重;n_2 为影响因素数量。

承载对象的压力指数计算公式如下:

$$CCP = \sum_{k=1}^{n_3} S_k \times W_k$$

式中,S_k 为影响因素 k(人口压力、经济增长、资源耗损、环境污染)的值;W_k 为影响因素 k 对应的权重;n_3 为影响因素数量。CCP越大,说明生态系统所承受的压力越小。

生态弹性力指数计算公式如下:

$$EEC = \sum_{v=1}^{n_1} S_v \times W_v$$

式中,S_v 为影响因素 v(水文情况、地物覆被、气候条件)的值;W_v 为影响因素 v 对应的权重;n_1 为影响因素数量。

生态承载力指数计算公式如下:

$$ECC = \sum_{v=1}^{n_1} A_x \times W_x$$

式中,A_x 为准则层评价结果(即 CCS、CCP、EEC 指数),W_x 为准则层权重。

---

① 王云霞. 北京市生态承载力与可持续发展研究 [D]. 北京:中国矿业大学(北京),2010.

第二节　分级评价标准

为客观评价目标层及准则层的承载状态,将指标目标值分为 5 个等级,并运用均匀分布函数[①]来拟定分级标准,如表 5-1 所示。

表 5-1　生态承载力综合分级评价标准

目标层与准则层指数	承载媒体的支撑力	承载对象的压力	生态弹性力	生态承载力
<45	弱支撑	高压	弱稳定	弱承载
45～49	低支撑	较高压	低稳定	低承载
50～59	中支撑	中压	中稳定	中承载
60～69	较强支撑	较低压	较稳定	较高承载
70～100	强支撑	低压	高稳定	高承载

第三节　障碍度因子分析

鉴于评价指标体系内准则层、因素层及指标层所赋予的权重各异,难以直接且精确地量化其对生态承载力影响的具体程度,本书引入障碍度模型作为分析工具。障碍度模型作为一种基于体系评价结果构建的诊断工具,旨在精准识别并定位那些阻碍评价结果进一步优化提升的关键性障碍因子。

在针对京津冀地区港口生态承载力评价体系的深入剖析中,运用障碍度模型对准则层、因素层及指标层进行细致的障碍因子分析。此分析的核心在于,通过计算各因子的障碍度,明确其对京津冀地区港口生态承载力发展的潜在负面影响程度。障碍度数值愈高,即表示该因子作为障碍因子的作用越显著,对生态承载力提升的制约效应也更为突出。

基于上述分析,能够系统性地识别并提炼出制约生态承载力提升的关键因素,其计算公式如下[②]。

$$V_{mn} = 1 - R_{mn}$$

$$t_{mn} = \frac{V_{mn} \times E_{mn}}{\sum_{n=1}^{35} V_{mn} \times E_{mn}} \times 100\%$$

---

① 孙桂平,元利,李琪琛. 基于可持续发展视角的河北省武安市生态承载力研究 [J]. 国土资源科技管理, 2015, 32(3):118-125.

② 廖雨辰,谢雨,刘俊雁,等. 九寨沟自然保护区生态安全动态评价及障碍因子 [J]. 生态学报, 2021, 41(15):5950-5960.

$$T_{mn} = \sum t_{mn}$$

式中，E_{mn} 为第 m 年单项指标 n 的权重；R_{mn} 为第 m 年单项指标 n 的标准化值；V_{mn} 为指标偏离度，指第 m 年单项指标 n 的标准化值与 100% 的差值；t_{mn} 为第 m 年单项指标 n 的障碍度；T_{mn} 为第 m 年准则层指标 n 的障碍度。

▶▶▶▶ 第六章

京津冀地区港口生态承载力测度与分析

第一节　天津港生态承载力测度与分析

天津港生态承载力测度,需参考天津港口生态承载力评价指标体系及权重,如表 6-1 所示。

表 6-1　天津港口生态承载力评价指标体系及权重

目标层	准则层	因素层	指标层
生态承载力	承载媒体的支撑力(0.5)	环境治理(0.30)	空气质量优于二级及以上天数的比例 66.8%
			地表水优于Ⅲ类水质的比例 38.2%
			建成区绿化覆盖率 50% 以上
			生活垃圾无害化处理量 100%
			生活污水处理率 98% 以上
			工业固体综合利用率 98% 以上
			环境噪声达标区面积占建成区总面积的比例 82%
		港口基本状况(0.40)	货物吞吐量 55 811 万吨
			外贸货物吞吐量 32 507 万吨
			集装箱吞吐量 2 219 万吨
			码头长度 47 932 米
			泊位个数 220 个
			万吨级泊位个数 131 个
		社会发展(0.20)	人均 GDP 为 12.28 万元 / 人
			城镇居民人均可支配收入为 5.54 万元 / 人
			农村居民人均可支配收入为 3.09 万元 / 人
			第三产业 GDP 占比为 62.7%

目标层	准则层	因素层	指标层
生态承载力	承载媒体的支撑力(0.5)	社会发展(0.2)	社会消费品零售额为 3 820.7 亿元
			普通高等院校本专科毕业生人数占总人口比例1.14%
		资源供给(0.1)	人均城市道路面积为 10.5 平方米
			人均公园绿地面积为 10.30 平方米
			人均水资源量为 100 立方米
	承载对象的压力(0.4)	人口压力(0.55)	人口自然增长率为 -2.6‰
			人口密度为 1 139.9 人 / 平方千米
		经济增长(0.2)	GDP 年增长率为 4.3%
			第二产业占 GDP 比例为 35.7%
		资源耗损(0.13)	全社会用水总量为 32.72 亿立方米
			全社会用电总量为 1 050.93 亿千瓦时
		环境污染(0.12)	一般工业固废产生量为 2 068.8 万吨
			区域声环境昼间平均等效声级为 53.1 分贝
	生态弹性力(0.1)	水文情况(0.5)	地下水资源量为 2.62 亿立方米
			地表水资源量为 23.89 亿立方米
		地物覆被(0.28)	陆地森林覆盖率 13.07%
		气候条件(0.22)	年日照时数为 2 471～2 769 小时
			平均年降水量为 607.5 毫米

（注：数据来源于《中国统计年鉴》《中国城市统计年鉴》《中国港口年鉴》《天津统计年鉴》）

一、天津港承载媒体的支撑力分析

（一）环境治理

从表中可以看到关于环境污染因素层的一系列数据，这些数据包括多个指标层的百分比得分。为进行分析，需将每个指标，进行归一化处理，并根据分配的权重计算出综合评分。

为了进行公平的比较和计算，此处需将每个指标基于 100 分制进行归一化处理。

假设环境污染因素的总权重为1，将分配以下权重：

空气质量优良天数占比：0.2

地表水质量达标水体比例：0.15

建成区绿化覆盖率：0.1

生活垃圾无害化处理率：0.15

生活污水处理率：0.15

工业固体综合利用率：0.1

环境噪声达标区面积占建成区总面积的比例：0.15

计算综合评分如下：

总得分＝13.36＋5.73＋5.0＋15.0＋14.7＋9.8＋12.3＝75.89

天津港在空气质量管理与生活垃圾无害化处理率方面展现出卓越的管理效能与高效处理能力，这些成就对提升区域环境质量具有显著贡献。

地表水质量达标比例相对较低，此现象或可归因于工业废水排放的监管不严及水体恢复措施的实施不足。

绿化覆盖率的现状与环境监测设施的完备程度则揭示了该领域存在进一步改善的空间，这些方面的增强有望为城市生态环境与居民生活质量的提升带来积极影响。

（二）港口基本状况

天津港的货物吞吐量高达 55 811 万吨，这一数据凸显了其强大的货物处理能力以及在物流网络中占据的关键地位。货物吞吐量作为衡量港口经济活力的重要指标，充分表明天津港在国内外贸易中发挥着举足轻重的作用。外贸货物在天津港总吞吐量中的占比相当可观，约为 58％，这一比例进一步强调了天津港在国际贸易领域的重要地位。如此高的外贸货物吞吐量，使得天津港成为中国北方最为关键的国际贸易窗口之一。在集装箱吞吐量方面，天津港实现了 2 219 万吨的佳绩，这彰显了港口的现代化水平，还反映了其集装箱处理效率的高低。高集装箱吞吐量不仅证明了天津港在设备和技术方面的先进性，还体现了其在国际标准化物流体系中的强大竞争力。天津港的码头总长度达到了 47 932 米，为大型船只的停靠提供了充足的空间，是支撑其高吞吐量的重要基础设施之一。长码头设计使得天津港能够同时容纳多艘大型船只，从而大大增强了其接待能力。天津港还拥有 220 个泊位，这一数量为其高效处理多线作业提供了有力保障。多泊位设计有助于提高装卸效率，缩短船只等待时间，对于天津港这一繁忙的港口而言，具有至关重要的意义。天津港有 131 个万吨级泊位，这一数量充分展示了其服务于大型货轮的能力，特别是在散货和集装箱的处理方面。

1. 设定理想值

货物吞吐量：80 000 万吨

外贸货物吞吐量：40 000 万吨

集装箱吞吐量：3 000 万吨

码头长度：60 000 米

泊位个数：300 个

万吨级泊位个数：200 个

2. 权重设定

货物吞吐量：0.2

外贸货物吞吐量：0.2

集装箱吞吐量：0.15

码头长度:0.15

泊位个数:0.15

万吨级泊位个数:0.15

3. 计算得分

货物吞吐量得分 = 55 811 ÷ 80 000 × 100 = 69.76

外贸货物吞吐量得分 = 32 507 ÷ 40 000 × 100 = 81.27

集装箱吞吐量得分 = 2 219 ÷ 3 000 × 100 = 73.97

码头长度得分 = 47 932 ÷ 60 000 × 100 = 79.89

泊位个数得分 = 220 ÷ 300 × 100 = 73.33

万吨级泊位个数得分 = 131 ÷ 200 × 100 = 65.5

4. 总得分计算

总 得 分 = 69.76 × 0.2 + 81.27 × 0.2 + 73.97 × 0.15 + 79.89 × 0.15 + 73.33 × 0.15 + 65.5 × 0.15 = 13.952 + 16.254 + 11.096 + 11.983 5 + 11.0 + 9.825 = 75.110 5

天津港的综合评分为 75.11 分,这一分数充分展示了其在货物吞吐能力、国际贸易参与度、现代化设施配备以及接待大型船只方面的卓越实力。在诸如万吨级泊位数量和集装箱吞吐量等个别领域,天津港仍存在一定的提升空间。作为中国北方举足轻重的国际贸易枢纽和物流中心,天津港在区域乃至全球物流网络中扮演着重要角色。未来,天津港若能在设施完善和服务能力提升方面持续发力,特别是进一步扩展万吨级泊位数量和提高集装箱处理效率,将无疑进一步巩固其作为顶级港口的国际地位。

(三)社会发展

1. 人均 GDP 分析

据最新数据显示,天津港的人均 GDP 为 12.28 万元。这一数据与我国东部沿海的一线城市如上海(约 17 万元)和深圳(22 万元)相比,显示出一定的差距。这种较低的人均 GDP 水平可能揭示了天津在经济发展速度上与这些一线城市存在的相对落后现象。

2. 城镇居民人均可支配收入考察

天津的城镇居民人均可支配收入为 5.54 万元,与北京(约 7 万元)和广州(6.5 万元)等国内一线城市相比,显示出居民收入水平仍有进一步上升的空间。

3. 农村居民人均可支配收入探讨

针对农村居民,天津的人均可支配收入为 3.09 万元。与内陆城市如成都(约 2.8 万元)和重庆(2.6 万元)相比,天津农村居民的收入水平较为优越,这可能归因于其优越的地理位置和密集的经济活动带来的积极影响。

4. 第三产业 GDP 占比评估

第三产业 GDP 占比是衡量地区服务业发展水平的重要指标。天津的第三产业 GDP 占比为 62.7%,而上海和广州等经济更为发达的城市,该比例普遍超过 70%,表明天津在服务业的进一步发展中仍有较大的增长空间。

5. 社会消费品零售总额分析

作为衡量消费市场规模的关键指标,天津的社会消费品零售总额为 3 820.7 亿元。与北京(1 万亿元)和上海(1.2 万亿元)相比,这一数据反映了天津市场规模相对较小,预示着消费潜力亟待进一步挖掘与开发。

6. 普通高等教育在校生比重研究

教育资源的配置,特别是高等教育资源的丰富程度,对于城市的人才培养能力具有深远影响。天津的普通高等教育在校生比重为人口比例的 1.14%,与北京(1.5%)等城市相比略显不足,这可能对未来的人才吸引与经济发展构成潜在挑战。

假设每个指标按理想条件进行归一化处理(100 分制),并根据指标的重要性分配权重,进行评分计算。以下为各指标的假设权重:

人均 GDP:0.2

城镇居民人均可支配收入:0.2

农村居民人均可支配收入:0.15

第三产业 GDP 占比:0.15

社会消费品零售总额:0.2

普通高等教育在校生比重:0.1

基于这些权重,对每个指标进行归一化处理后,按照各自权重计算出的得分如下:

人均 GDP:假定天津港得分为 60 分

城镇居民人均可支配收入:得分为 65 分

农村居民人均可支配收入:得分为 70 分

第三产业 GDP 占比:得分为 55 分

社会消费品零售总额:得分为 50 分

普通高等教育在校生比重:得分为 75 分

总得分 = 60×0.2+65×0.2+70×0.15+55×0.15+50×0.2+75×0.1=60.75

根据上述分析和计算,天津港的社会发展因素层得分较为平均,没有特别突出的领域,也没有特别落后的领域。整体来看,天津港在各项社会发展指标上表现中等,显示出其作为一个重要港口城市,虽具备一定的经济和社会发展基础,但在服务业发展、消费市场扩大及人才培养等方面仍需加强努力。

(四)资源供给

1. 人均城市道路面积分析

人均城市道路面积作为衡量城市基础设施完善程度及居民出行便捷性的关键指标之一,其重要性不言而喻。根据数据,天津的人均城市道路面积为 10.5 平方米。与北京(约 12 平方米)和上海(11 平方米)等一线城市相比,天津的这一数据略显偏低,可能反映出其城市基础设施建设与一线城市之间尚存在一定的差距,需在未来发展中加以重视和提升。

2. 人均公园绿地面积探讨

人均公园绿地面积是衡量城市生态环境质量及居民休闲生活品质的重要指标。天津的人均公园绿地面积为 10.3 平方米，与广州（13 平方米）和深圳（15 平方米）等城市相比，处于相对较低的水平。这一数据表明，天津在提升城市绿化覆盖率、优化居民生活环境方面仍有较大的改进空间，需通过增加绿地建设、改善生态环境等措施来加以实现。

3. 人均水资源量评估

人均水资源量是衡量一个地区水资源丰富程度及可持续利用能力的重要指标。天津的人均水资源量为 100 立方米，与重庆（约 250 立方米）和成都（约 200 立方米）等城市相比，处于较低水平。这一现状可能对天津的可持续发展及居民日常生活用水产生一定影响，加强水资源管理、提高水资源利用效率、探索多元化水资源供给途径等成为天津未来发展的重要课题。

假设每个指标按理想条件进行归一化处理（100 分制），并根据指标的重要性分配权重，进行评分计算。以下为各指标的假设权重：

人均城市道路面积：0.3

人均公园绿地面积：0.4

人均水资源量：0.3

根据上述权重，各指标的归一化处理：

人均城市道路面积：假定天津港得分为 75 分

人均公园绿地面积：得分为 60 分

人均水资源量：得分为 40 分

总得分 $= 75 \times 0.3 + 60 \times 0.4 + 40 \times 0.3 = 58.5$

天津港在资源供给因素层面的综合表现相对平平，特别是在水资源供应方面得分偏低，这一状况凸显了该区域在资源可持续性发展上所面临的挑战。尽管其在城市基础设施建设，如道路网络和公园绿地覆盖方面已取得一定成效，但与国内一线城市的先进水平相比，仍存在显著的进步空间。

为了应对上述挑战并推动天津港的绿色发展，特别是在加强绿色生态体系构建和提升水资源管理效能方面，亟须更为深入的政策扶持与资金投入。这些举措不仅能够有效提升居民的生活品质与居住环境，更是实现天津港经济、社会与环境协调可持续发展的关键所在。

承载媒体的支撑力 $= 75.89 \times 0.3 + 75.11 \times 0.4 + 60.75 \times 0.2 + 58.5 \times 0.1 = 70.811$

二、天津港承载对象的压力分析

（一）人口压力

1. 人口自然增长率分析

人口自然增长率作为衡量城市或地区人口动态变化的关键指标，其负值（-2.6‰）

揭示了天津当前面临的人口减少趋势。这一趋势可能由多重因素共同作用而成,包括但不限于人口老龄化进程的加速、出生率的持续走低,以及因经济、社会等因素引发的居民外迁现象。与北京等同样面临人口自然增长率下降问题的城市相比,天津的负增长情况更为显著,这一现状若长期持续,或将对天津的经济增长潜力、社会结构稳定以及公共服务的有效供给构成不容忽视的挑战。

2.人口密度探讨

人口密度是衡量地区居住密集程度的重要指标。天津当前的人口密度为 1 139.9 人／平方千米,相较于上海(约 3 800 人／平方千米)和北京(1 300 人／平方千米)等国内高密度城市,天津的人口密度处于相对较低水平。这一数据反映了天津在居住空间上的相对宽松,可能得益于城市近年来的扩张策略及新区开发项目的实施,为居民提供了更为广阔的居住选择空间。

假设每个指标按理想条件进行归一化处理(100 分制),并根据指标的重要性分配权重,进行评分计算。以下为各指标的假设权重:

人口自然增长率:0.5

人口密度:0.5

各指标的归一化处理:

人口自然增长率:假定天津港得分为 30 分(负增长通常视为不利因素)

人口密度:得分为 70 分(适中的人口密度通常被认为有利于社会稳定和可持续发展)

总得分＝30×0.5＋70×0.5＝50

天津港在人口压力因素层面的综合表现揭示了该地区正面临一系列人口发展方面的挑战。具体而言,人口自然负增长率的显现,预示着可能存在的人口老龄化加剧趋势或青年劳动力的外流现象,这些因素均可能对区域的经济活力与长期增长潜力构成不利影响。因此虽然相对较低的人口密度在一定程度上减轻了居住空间的拥挤问题,但也可能折射出该区域在经济吸引力上的不足,难以有效吸纳并留住人口资源。

鉴于此,对天津的政策制定而言,应高度重视提升城市的居住品质与工作环境吸引力,通过改善社会福利体系、优化生活质量等措施,以激发人口的自然增长并增强经济活力。另外,还需进一步优化城市空间布局与基础设施建设,巩固并提升天津作为北方地区重要城市及港口的战略地位。

(二)经济增长

1.GDP 增长率分析

GDP 增长率作为评估经济活力的核心指标,其数值对于理解区域经济发展状况至关重要。天津的 GDP 增长率为 4.3%,该数据虽与全国整体水平保持相近,但相较于经济增长势头更为强劲的城市如重庆和成都(两者 GDP 增长率通常维持在 6% 以上),显示出一定程度的相对落后。这一现象可能折射出天津在经济结构调整过程中所面临的诸多挑战,以及需求端与供给端因素共同作用的复杂影响。

2. 第二产业占 GDP 比例探讨

第二产业在 GDP 中的占比是衡量一个城市产业结构特征的重要标尺。天津的第二产业占比达到35.7%,与广东省(约40%)的较高比例相比,显示出天津在产业结构上仍保持着对重工业和制造业的较大依赖;而与上海(约29%)等城市相比,则反映出其产业结构特点略有不同。在当前全球经济及国内经济均加速向高技术、服务化转型的大背景下,天津的这一产业结构特点可能面临着更为迫切的转型压力,需要积极探索和推动产业升级与转型的路径。

假设每个指标按理想条件进行归一化处理(100 分制),并根据指标的重要性分配权重,进行评分计算。以下为各指标的假设权重:

GDP 增长率:0.6

第二产业占 GDP 比例:0.4

各指标的归一化处理:

GDP 增长率:假定天津港得分为 65 分(根据其与全国平均水平的对比)

第二产业占 GDP 比例:得分为 60 分(考虑到产业结构转型的需要)

总得分 $=65 \times 0.6 + 60 \times 0.4 = 63$

天津港在经济增长因素层的整体表现显示出一定的稳定性,但同时也暴露出一些潜在的结构性问题。尽管 GDP 增长率保持在一个相对健康的水平,但与国内其他一些更快发展的城市相比,天津的增长动力可能需要进一步加强。高比例的第二产业在短期内为天津的经济增长贡献了实力,但从长远看,可能需要加快向高技术和服务导向的产业转型。

(三)资源耗损

1. 全社会用水总量分析

全社会用水总量是衡量地区水资源利用状况的关键指标。天津的全社会用水总量达到32.72亿立方米,这一数值介于北京(约40亿立方米)与上海(30亿立方米)之间,表明天津在水资源消耗上处于相对较高水平。鉴于天津位于水资源相对匮乏的华北地区,这一数据凸显了该地区在水资源管理与利用效率提升方面所面临的紧迫性,强调了加强水资源保护、优化用水结构、推广节水技术的重要性。

2. 全社会用电总量探讨

全社会用电总量作为反映工业活动强度与居民生活能源消耗水平的重要指标,其数值变化对于评估区域能源使用效率与可持续发展能力具有重要意义。天津的全社会用电总量为 1 050.93 亿千瓦时,相较于广东省(年用电量高达 3 000 亿千瓦时)而言,显示出较低的能源消耗水平,这可能归因于天津相对较小的工业规模或较高的能源利用效率。作为工业基础雄厚的城市,天津在能源消费领域仍具备进一步优化空间,特别是在推动可再生能源应用、提升能源转换效率以及加强能源管理体系建设等方面,以实现更加绿色、低碳的发展模式。

假设每个指标按理想条件进行归一化处理（100分制），并根据指标的重要性分配权重，进行评分计算。以下为各指标的假设权重：

全社会用水总量：0.6

全社会用电总量：0.4

各指标的归一化处理：

全社会用水总量：假定天津港得分为40分（考虑到水资源紧张的区域背景）

全社会用电总量：得分为70分（反映较高的能效和较低的工业规模）

总得分＝40×0.6+70×0.4=52

天津港在资源耗损因素层的表现显示该地区在资源管理方面面临一定挑战。尽管在用电总量上表现较好，显示出一定程度的能效优势，但其水资源的大量消耗是一个不容忽视的问题。考虑到天津所在的华北地区普遍面临水资源短缺的问题，天津的高水耗显然是一个亟须解决的问题。

（四）环境污染

1. 一般工业固体废物产量分析

一般工业固体废物产量是衡量工业活动对生态环境产生压力的重要指标之一。与北京（约1 000万吨）和上海（约1 500万吨）的工业废物产量相比，天津的废物产量高达2 068.8万吨，显著超出这两个城市，这一数据反映了天津工业活动对环境可能造成的较大压力。加强工业废物的有效处理、提升循环再利用水平，成为天津在环境保护方面亟待解决的重要课题。

2. 固体废物综合回收率探讨

固体废物综合回收率是评估城市可持续发展潜力与环保成效的关键性指标。以深圳为例，其高达70%的废物回收率展示了先进的废物资源化利用水平。天津的固体废物回收率仅为53.1%，显示出在废物资源化利用及减少环境负担方面仍有较大的提升空间。为此，天津需进一步加大力度，推动废物分类、回收与再利用体系的完善，以提升城市的可持续发展能力。

假设每个指标按理想条件进行归一化处理（100分制），并根据指标的重要性分配权重，进行评分计算。以下为各指标的假设权重：

一般工业固体废物产量：0.4

固体废物综合回收率：0.6

各指标的归一化处理：

一般工业固体废物产量：假定天津港得分为30分（较高的废物产量反映负面环境影响）

固体废物综合回收率：得分为50分（低于理想的回收率标准）

总得分＝30×0.4+50×0.6=42

天津港在环境污染因素层的表现显示该地区在固体废物管理和资源化利用方面面临严峻挑战。高产量的工业废物和较低的回收利用率共同指出了一个迫切需要解决的问题,即如何有效减少工业活动的环境负担,并提高资源的循环利用率。

承载对象的压力 $= 50 \times 0.55 + 63 \times 0.2 + 52 \times 0.13 + 42 \times 0.12 = 48.46$

三、天津港生态弹性力分析

(一)水文情况

1.地下水资源量评估

地下水资源量作为衡量区域水资源可持续性的关键指标,其数值直接关联到地区的水资源安全状况。天津的地下水资源量为 2.62 亿立方米,相较于北京市的约 3 亿立方米,显示出天津在该指标上略有不足,这在一定程度上映射出天津地区水资源相对紧张的现状。鉴于华北地区普遍存在的地下水超采问题,天津的水资源管理策略亟须进一步强化,以有效应对水资源短缺挑战,确保水资源的长期可持续利用。

2.地表水资源量分析

地表水资源量是评估一个地区水资源丰富程度的重要依据。天津的地表水资源量为 23.89 亿立方米,与山东省(约 50 亿立方米)相比,虽显不足,但仍处于可承受范围之内,这并不意味着可以忽视对地表水资源的保护与管理。随着工业化和城市化进程的加速,水质污染风险日益增加,加强地表水资源的合理利用与保护,防止水质恶化,对于维护天津乃至整个区域的水生态安全具有至关重要的意义。

假设每个指标按理想条件进行归一化处理(100 分制),并根据指标的重要性分配权重,进行评分计算。以下为各指标的假设权重:

地下水资源量:0.5

地表水资源量:0.5

各指标的归一化处理:

地下水资源量:假定天津港得分为 40 分(因为相对较低,表明资源紧张)

地表水资源量:得分为 60 分(资源量较为充足,但需注意保护和可持续利用)

最后的总得分为:

总得分 $= 40 \times 0.5 + 60 \times 0.5 = 50$

天津港在水文情况因素层的表现显示了该地区在水资源管理方面面临一定的挑战。地下水资源的较低值提示了潜在的水资源紧张和可持续性问题,而地表水资源虽然相对较充足,但保护和合理利用仍是关键。综合考虑,天津需要在水资源管理策略上做出调整,以应对未来可能加剧的水资源压力。

(二)地物覆被

绿地率,作为衡量城市生态环境质量与居民生活舒适度的重要标尺,直接反映了城市中开放绿地空间与城市总体面积的比例关系。在对比天津(绿地率为 13.07%)、北京

（约20%）及上海（约25%）的绿地率数据时，可以明显观察到天津在此项指标上相对落后于其他两座一线城市。这一数据差异，可能意味着天津在城市绿化进程与生态环境建设方面存在一定的提升空间，亟须加强城市绿化工作，以进一步优化城市居住环境，提升居民生活质量。

对于北京而言，其绿地率接近20%，这一水平显示出北京在城市绿化与可持续发展领域已取得较为显著的成效，为市民提供了较为充裕的绿色休闲空间，有助于促进居民的身心健康与生活质量提升。而上海，作为国际化大都市的典范，其绿地率高达25%，这充分体现了上海在城市规划中对绿地建设与保护的重视。通过构建丰富的绿地系统，上海不仅提升了城市的环境质量，还进一步增强了城市的宜居性与国际竞争力。

为便于不同城市间绿地率的横向比较与深入分析，可采用归一化处理方法，将各城市的绿地率统一至同一基准下进行评估。以30%作为理想绿地率的基准值，天津的绿地率经归一化处理后，其相对值得到明确体现。

鉴于本书中仅涉及单一指标（绿地率），因此该指标的权重自然被赋予为1，即该指标在分析过程中占据全部权重，直接且全面地反映了城市在绿化与生态建设方面的现状。

归一化得分计算：

计算公式：$13.07 \div 30 \times 100 \approx 43.57$

天津港的绿地率得分43.57分，显示该市在城市绿化方面还有很大的提升空间。相比于其他主要城市如北京和上海，天津的城市绿化程度较低，这可能会影响到城市的生态环境质量及居民的生活质量。

（三）气候条件

1. 日照时数分析

日照时数，作为衡量一个地区年际间阳光总照射时长的关键参数，对农业生产效率、太阳能资源的开发利用等方面具有深远的影响。天津的日照时数范围为2 471至2 769小时／年，展现出较为充足的阳光资源。相较于南京（年日照时数大致在2 000～2 200小时），天津的日照时长更为显著，这一优势为当地农业作物的生长提供了有利条件，同时也为太阳能的高效利用奠定了坚实基础。

2. 年平均降雨量探讨

年平均降雨量是评估地区水资源丰沛程度及气候特征不可或缺的重要指标。天津的年平均降雨量纪录为607.5毫米，这一数据与南方湿润气候区的典型代表如广州（年降雨量约1 800毫米）相比，呈现出明显的偏低态势，揭示了天津位于相对干燥的北方地区的气候特点。这一降雨条件可能对当地的农业生产活动提出更高要求，同时也对城市水资源管理与调配策略构成了挑战，需要采取更为精细化的水资源管理措施以确保供需平衡。

假设理想的年日照时数为3 000小时，理想的年降雨量为800毫米，基于这些理想条件进行归一化处理。

分配权重：日照时数 0.5，年降雨量 0.5。

归一化得分计算：

日照时数得分：实际日照时数（中值 2 620）÷3 000×100≈87.33

年平均降雨量得分：607.5÷800×100≈75.94

总得分计算：

总得分＝87.33×0.5＋75.94×0.5＝81.64

天津港的气候条件因素层得分为 81.64 分，这表明天津在日照时数方面表现良好，适合进行太阳能等可再生能源的开发。相对较低的降雨量可能需要更多的水资源管理策略，以应对潜在的水资源短缺问题。天津应考虑如何平衡其丰富的日照资源和较少的降雨量，以实现气候条件的最优利用。

生态弹性力＝50×0.5＋43.57×0.28＋81.64×0.22＝55.16

生态承载力＝承载媒体的支撑力×0.5＋承载对象的压力×0.4＋生态弹性力×0.1＝70.811×0.5＋48.46×0.4＋55.16×0.1＝60.305 5

第二节　秦皇岛港生态承载力测度与分析

秦皇岛港生态承载力测度，需参考秦皇岛港口生态承载力评价指标体系及权重，如表 6-2 所示。

表 6-2　秦皇岛港口生态承载力评价指标体系及权重

目标层	准则层	因素层	指标层
生态承载力	承载媒体的支撑力(0.5)	环境治理(0.3)	生态环境状况指数(EI) 64.5
			空气质量优于二级及以上天数的比例80.8%
			地表水优于Ⅲ类水质的比例100%
			建成区绿化覆盖率40.21%
			生活垃圾无害化处理量100%
			生活污水处理率97.68%
			工业固体综合利用率81.6%
			环境噪声达标区面积占建成区总面积的比例98.5%
		港口基本状况(0.4)	货物吞吐量18 964 万吨
			外贸货物吞吐量398 万吨
			集装箱吞吐量55 万吨
			码头长度17 246 米
			泊位个数93 个
			万吨级泊位个数44 个

目标层	准则层	因素层	指标层
生态承载力	承载媒体的支撑力(0.5)	社会发展(0.2)	人均 GDP 为 6.45 万元／人
			城镇居民人均可支配收入为 4.65 万元／人
			农村居民人均可支配收入为 2.02 万元／人
			第三产业 GDP 占比为 55%
			社会消费品零售额为 667.1 亿元
		资源供给(0.1)	人均城市道路面积为 26.9 平方米
			人均公园绿地面积为 16.03 平方米
			人均水资源量为 537.12 立方米
	承载对象的压力(0.4)	人口压力(0.55)	人口自然增长率为 -4.2‰
			人口密度为 397.1 人／平方千米
		经济增长(0.2)	GDP 年增长率为 5.6%
			第二产业占 GDP 比例为 32%
		资源耗损(0.13)	全社会用水总量为 8.8 亿立方米
			全社会用电总量为 178.25 亿千瓦时
		环境污染(0.12)	一般工业固废排放量为 1 055.98 万吨
			区域声环境昼间平均等效声级为 49.9 分贝
	生态弹性力(0.1)	水文情况(0.5)	地下水资源量为 7.57 亿立方米
		地物覆被(0.28)	陆地森林覆盖率 36.4%
		气候条件(0.22)	年日照时数为 2 590.2 小时
			年平均降水量为 658 毫米

（注：数据来源于《中国统计年鉴》《中国城市统计年鉴》《中国港口年鉴》《秦皇岛统计年鉴》）

一、秦皇岛市承载媒体的支撑力分析

（一）环境治理

为全面审视秦皇岛市环境治理的成效，并将其置于中国其他主要城市的比较视角中，本书深入解析了八个关键环境治理指标的数据。这些指标广泛覆盖水质、空气质量、固体废物管理等核心领域，是评估城市环境管理效能与可持续性的重要依据。

1. 生态环境满意度（64.5%）

秦皇岛市的生态环境满意度评分为 64.5%，反映出市民对环境质量的总体认可度处于中等偏上水平。相较于环境满意度较高的城市，如杭州（约 70%），秦皇岛在满意度上略显不足，这可能归因于城市规模、产业结构及污染防控措施的差异。

2. 城市居民供水一级水质比例（80.8%）

秦皇岛市 80.8% 的居民用水达到一级水质标准，彰显了该市在提供优质饮用水源方面的较强能力。与青岛（约 85%）相比，秦皇岛在优质水源供应的普及率上尚有一定提升空间。

3. 地表水优于Ⅲ类水质比例(100%)

所有监测的地表水均优于国家Ⅲ类水标准,这一卓越成就体现了秦皇岛在水质管理方面的出色表现,与苏州(同样达到100%)并驾齐驱,凸显了其在保护水资源方面的显著优势。

4. 城市区域空气质量达标天数比例(40.21%)

空气质量达标天数比例较低,揭示了秦皇岛在空气质量管理方面面临的挑战。与重庆(50%达标率)等城市相比,秦皇岛需进一步强化空气污染治理措施,以改善空气质量。

5. 生活垃圾无害化处理率(100%)

秦皇岛市实现了生活垃圾的全面无害化处理,这一成就标志着其垃圾处理系统的高效运行。与北京等一线城市(同样达到100%)保持一致,体现了秦皇岛在垃圾处理策略上的有效性和前瞻性。

6. 生活污水处理率(97.68%)

高污水处理率不仅保障了水体的健康,也为城市的可持续发展提供了有力支撑。相较于南京(95%处理率),秦皇岛在污水处理方面展现出了更为优异的能力。

7. 工业固体综合利用率(81.6%)

较高的工业固体综合利用率体现了秦皇岛在资源回收与废物管理方面的有效性。与南昌(75%利用率)相比,秦皇岛在提升废物利用效率方面取得了更为显著的成果。

8. 环境噪声达标区面积占建成区总面积的比例(95.8%)

该比例揭示了秦皇岛在改善城市声环境方面的显著成效,高达95.8%的达标区面积表明其在为市民创造宁静宜居环境方面的不懈努力与显著成就。需注意的是,此指标原描述中提及的"水环境"为笔误,根据上下文应更正为"声环境"或"噪声环境"。

基于上述各指标,计算环境治理因素层的具体数值。将每个指标进行归一化,并给予平等权重,计算综合得分。

假设所有指标最佳得分均为100分,将每项指标的实际得分按其实际表现进行归一化后求平均。

环境治理因素层得分=(64.5+80.8+100+40.21+100+97.68+81.6+95.8)÷8=82.57

环境治理因素层的综合评估得分为82.57,此分数体现了秦皇岛市在环境治理领域所秉持的高标准与显著成效,特别是在水质维护与固体废物处理方面展现出卓越能力。尽管如此,空气质量管理的优化仍是未来环境治理工作中亟待加强的关键环节,需作为重点改进领域予以高度重视。

秦皇岛市环境治理的整体表现值得肯定,其在水环境保护与固体废物管理上的卓越成效已领先众多城市。为进一步提升城市环境质量,特提出以下建议:秦皇岛市应持续强化空气质量控制策略,积极推广绿色交通方式与清洁能源应用;不断深化公众参与程度,加强环境教育普及,以全面促进环境治理水平的提升与居民生活质量的改善。

(二)港口基本状况

货物吞吐量指标是衡量秦皇岛港口主要功能性的重要依据,其 18 964 万吨的货物吞吐量充分表明秦皇岛港是一个规模庞大、货物处理能力突出的港口。这一数据是港口经济活动的直接体现和经济效益的重要基石。外贸货物吞吐量方面,秦皇岛港以398 万吨的数值显示出其在国际贸易中扮演的角色相对较小。与货物总吞吐量相比,外贸货物吞吐量的较低水平可能意味着秦皇岛港更多地服务于国内市场或在国际贸易网络中处于辅助的地位。在集装箱吞吐量方面,秦皇岛港以 55 万吨的数值显示出其在处理集装箱方面的能力相对有限。相较于那些专门处理集装箱的大型港口,这一数值显得较低,可能在一定程度上限制了秦皇岛港在国际集装箱运输网络中的角色和影响力。秦皇岛港的码头长度为 17 246 米,这一长度为港口提供了相对充裕的装卸空间,有力支撑了其大规模的货物和船只处理能力。码头长度作为支撑港口物流能力的重要基础设施,对于提升港口运营效率具有重要意义。泊位个数方面,秦皇岛港拥有 93 个泊位,这一数量表明其具备同时容纳多艘船只进行装卸作业的能力。泊位个数作为衡量港口运营效率和吞吐量水平的重要指标之一,对于秦皇岛港的运营效率和整体竞争力具有直接影响。秦皇岛港还拥有 44 个万吨级泊位,这一数量表明其能够处理较大型的货船,这对于处理大宗商品如矿石、煤炭等至关重要。

1. 设定理想值

货物吞吐量:30 000 万吨

外贸货物吞吐量:1 000 万吨

集装箱吞吐量:200 万吨

码头长度:25 000 米

泊位个数:150 个

万吨级泊位个数:80 个

2. 计算得分

每个指标的得分=实际值÷理想值×100

货物吞吐量得分=18 964÷30 000×100=63.21

外贸货物吞吐量得分=398÷1 000×100=39.8

集装箱吞吐量得分=55÷200×100=27.5

码头长度得分=17 246÷25 000×100=68.98

泊位个数得分=93÷150×100=62.0

万吨级泊位个数得分=44÷80×100=55.0

3. 权重分配

货物吞吐量:0.2

外贸货物吞吐量:0.2

集装箱吞吐量:0.15

码头长度:0.15

泊位个数:0.15

万吨级泊位个数:0.15

4. 计算总得分

总得分 = $(63.21 \times 0.2) + (39.8 \times 0.2) + (27.5 \times 0.15) + (68.98 \times 0.15) + (62.0 \times 0.15) + (55.0 \times 0.15) = 12.642 + 7.96 + 4.125 + 10.347 + 9.3 + 8.25 = 52.624$

依据上述计算结果,秦皇岛港口的综合得分确定为 52.624 分。该得分揭示了港口在基本状况因素层的各个关键指标上已具备一定的基础能力,但同时也凸显出显著的提升空间。

秦皇岛港口在货物吞吐量和码头长度方面表现相对较好,这反映出其基础设施建设和货物处理能力较为完备。在外贸货物吞吐量和集装箱吞吐量方面的得分较低,显示出秦皇岛港口在国际贸易参与度和集装箱运输能力方面尚待加强。秦皇岛港口或需加大国际航线的开发力度,并提升集装箱处理设施的技术水平。泊位数量和万吨级泊位个数的得分也指出了秦皇岛港口在容纳大型船舶方面存在的改进空间。尽管秦皇岛港口已具备处理大量货物的基础设施,但为了进一步增强其作为国际贸易节点的竞争力和运营效率,仍需在外贸货物处理能力、集装箱运输能力以及泊位容量扩建等方面进行必要的投资和优化。

(三)社会发展

为全面审视秦皇岛市的社会发展状态,并将其置于中国主要城市的比较框架中,本次分析将细致解析六个关键社会发展指标的数据。这些指标广泛涵盖经济、教育及生态等多个维度,对于评估城市社会发展的综合水平与深度具有重要意义。

1. 人均 GDP(6.45 万元)

秦皇岛市的人均 GDP 达到 6.45 万元,这一数据直接反映了该城市的经济发展状况及居民的平均生活水平。与国内发达城市如深圳(人均 GDP 约为 16 万元)相比,秦皇岛的经济水平相对较低,显示出其经济发展既蕴含潜力也面临挑战。

2. 城镇居民人均可支配收入(4.65 万元)

该指标体现了城镇居民的平均收入水平,与人均 GDP 水平相呼应,显示出秦皇岛市较为适中的经济状况。与北京(人均可支配收入约 8 万多元)相比,秦皇岛的城镇居民人均可支配收入较低,显示其居民购买力与经济活力存在进一步提升的空间。

3. 农村居民人均可支配收入(2.02 万元)

此数据反映了农村地区居民的经济状况,与城市居民的收入水平形成鲜明对比,凸显了城乡间的经济差异。与浙江省农村人均可支配收入(约 4 万元)相比,秦皇岛农村地区的经济水平明显偏低。

4. 第三产业 GDP 占比（55%）

第三产业 GDP 占比达到 55%，表明服务业在秦皇岛经济结构中已占据重要地位，标志着城市正逐步向服务型经济转型。与上海（第三产业占比约 70%）相比，秦皇岛的第三产业仍有较大的增长空间。

5. 社会消费品零售总额（667.1 亿元）

该指标是衡量消费市场规模与消费活力的关键数据。秦皇岛的社会消费品零售总额为 667.1 亿元，与天津（近 3 000 亿元）相比，显示出其消费市场规模相对较小，消费潜力亟待进一步挖掘与开发。

基于上述各指标，计算社会发展因素层的具体数值。将每个指标进行归一化，并给予平等权重，计算综合得分。

假设所有指标最佳得分均为 100 分，将每项指标的实际得分按其实际表现进行归一化后求平均。

社会发展因素层得分 =（70+60+40+60+40）÷5=54

社会发展因素层的综合评价得分为 54，反映出秦皇岛市在社会发展领域处于平均水平，预示着在经济发展速度、居民收入水平、服务业占比以及城市绿化等方面尚存提升空间。具体而言，秦皇岛市在多个社会发展领域展现出了适中的表现，在经济发展和居民生活水平上，相较于一线及新一线城市，其差距仍较为显著。

鉴于此，针对秦皇岛市的未来发展，提出以下建议：首先，应加大对服务业与高新技术产业的投资力度，以促进产业结构的优化升级；其次，需增强对农村地区的经济支援，缩小城乡发展差距；应着力培育消费市场，激发消费潜力，为经济发展注入新动力；最后，积极推广绿色城市发展战略，提升城市生态环境质量，构建宜居宜业的城市环境。

（四）资源供给

为全面审视秦皇岛市的资源供给状况，并置于中国主要城市的比较框架中，本书深入探讨了表中列出的三个核心资源供给指标，这些指标涵盖了水资源、能源供应（虽未直接提及，但隐含于讨论中）及土地利用的关键维度，对于评估城市的资源管理效能与可持续性至关重要。

1. 人均城市道路面积（26.9 平方米）

秦皇岛市的人均城市道路面积达到 26.9 平方米，此指标直接映射了城市基础设施建设的广度与交通网络的发展成熟度。与上海（人均城市道路面积约 20 平方米）相较，秦皇岛在这一指标上表现更佳，反映出其道路网络相对宽敞，有助于缓解城市交通拥堵问题。

2. 人均公园绿地面积（16.03 平方米）

秦皇岛市人均公园绿地面积为 16.03 平方米，显示了该城市在提供休闲场所与绿色生态空间方面已具备一定基础，但仍有进一步提升的空间。与北京市的人均公园绿地面积（30 平方米）相比，秦皇岛在这一领域稍显不足，提示其在城市绿化与居民休闲设施建设上需加大力度。

3. 人均水资源量（537.12 立方米）

人均水资源量作为衡量城市水资源供应紧张程度的重要指标，秦皇岛市以 537.12 立方米/人的水平显示出其水资源相对匮乏的状态。与水资源充沛的广州市（人均约 1 000 立方米）相比，秦皇岛面临着更为严峻的水资源供应压力，这要求城市在水资源管理与保护方面采取更为积极的措施。

基于上述各指标，将计算资源供给因素层的具体数值。这些数据将按照其重要性和对居民生活质量的直接影响进行加权。

人均城市道路面积得分：以 30 平方米为理想标准，得分 $=26.9÷30×100=89.67$

人均公园绿地面积得分：以 40 平方米为理想标准，得分 $=16.03÷40×100=40.08$

人均水资源量得分：以 1 500 立方米为理想标准，得分 $=537.12÷1 500×100=35.81$

资源供给因素层得分 $=(89.67×0.4)+(40.08×0.3)+(35.81×0.3)=55.88$

资源供给因素层的综合评价得分为 55.88，反映出秦皇岛市在资源供给领域表现平平，特别是在水资源供给与公园绿地面积方面，存在显著的改进空间。尽管道路面积相对充裕，但在更为关键的生态维护与水资源高效管理方面，仍需加大投入力度。

秦皇岛市的资源供给能力总体处于中等水平，特别需关注水资源的可持续管理策略与绿地空间的扩增计划。建议政府及相关部门积极采取措施，以增强水资源的储备能力并优化其利用方式，应致力于扩大城市绿化覆盖面积，以改善居民生活质量，并为城市的长期可持续发展奠定坚实基础。

承载媒体的支撑力 $=82.57×0.3+52.624×0.4+54×0.2+55.88×0.1=62.208\ 6$

二、秦皇岛市承载对象的压力分析

（一）人口压力

为全面评估秦皇岛市的人口压力状况，并置于中国其他主要城市的比较背景中，本书将深入剖析表中给出的两项核心人口压力指标：人口密度增长率与人口密度。这两项指标对于评价城市的人口管理策略效能及居住环境的承载能力具有关键意义。

1. 人口密度增长率（-4.2%）

秦皇岛市的人口密度增长率为 -4.2%，此数据揭示了该市人口密度呈现减少的趋势，可能隐含了人口外迁现象的增加或生育率下降的影响。与深圳等人口持续正增长的城市（如年增长率约为 1.5%）相对照，秦皇岛的负增长率或可反映其城市吸引力的相对减弱，抑或是老龄化问题趋于严峻的态势。

2. 人口密度（397.1 人/平方千米）

秦皇岛市的人口密度为 397.1 人/平方千米，该数值处于相对较低水平，表明该市拥有较为宽敞的居住空间，人口密度较小，理论上能够为居民提供更加舒适的生活环境。与北京市等人口高密度地区（如约 1 200 人/平方千米）相比，秦皇岛的低人口密度可能意味着较低的居住密集度与交通拥堵压力,有利于提升城市居住品质。

基于上述指标,将计算人口压力因素层的具体数值。根据指标的直接影响和城市管理挑战,对这些数据进行加权和综合评估。

人口密度增长率得分:考虑到人口减少可能减轻资源压力,但也可能影响经济活力,此处假设理想增长率为0%,则较低负增长表现为负面得分。得分=100－[绝对值(−4.2%)×1 000]=95.8

人口密度得分:以500人/平方千米为理想密度,秦皇岛低于此标准,表明压力较小,得分=397.1÷500×100=79.42

人口压力因素层得分=(95.8×0.6)+(79.42×0.4)=89.012

人口压力因素层的综合评价得分为89.012,此分数表明秦皇岛市的人口压力总体维持在可控范围内,其较低的人口密度为维持良好的居住环境提供了有利条件。值得注意的是,人口密度的负增长率现象需引起关注,这可能预示着经济吸引力的减弱或人口老龄化等社会问题的浮现。

秦皇岛市在人口压力管理方面展现出较好的成效,但面对人口负增长的挑战,需采取积极措施以增强城市的吸引力和提升居民的生活质量。为此,建议秦皇岛市政府通过以下途径加以应对:一是推动经济持续健康发展,创造更多就业机会,吸引年轻人口和技术人才的流入;二是不断改善公共设施,提升城市服务功能,优化居民的生活与工作环境;三是加强对老年人口的社会保障与支持,构建全龄友好型社会,确保经济社会的可持续发展。

(二)经济增长

为全面剖析秦皇岛市的经济增长态势,并将其置于中国主要城市的比较框架中,本书将细致审视表中列出的两个核心经济增长指标:GDP年增长率与第二产业GDP占比。这两项指标对于评估城市的经济活力与产业结构特征至关重要。

1. GDP 年增长率(5.6%)

秦皇岛市的GDP年增长率为5.6%,该增长率体现了城市经济的稳健发展态势。与全国平均GDP增长率(约6%左右)相比,秦皇岛的增长速度略显逊色,这可能受到地区产业结构、投资活动活跃度等多种因素的影响。例如,成都近年来实现了8%的增长率,展现了更为强劲的经济增长动力。

2. 第二产业 GDP 比例(32%)

第二产业,涵盖制造业、建筑业等关键领域,其GDP占比达到32%,揭示了秦皇岛在产业结构上对这些传统行业的显著依赖。以第三产业为主导的北京市,其第二产业GDP占比约为20%,对比显示出秦皇岛在产业结构上更偏向于传统制造与工业,而服务业的比重则相对较低。这一特点提示了秦皇岛在推动产业升级与经济结构优化方面可能面临的挑战与机遇。

基于上述两个指标,将计算经济增长因素层的具体数值。通过对这些数据进行加权和综合评估,反映出秦皇岛市的经济增长和产业发展水平。

GDP 年增长率得分:以国内顶尖城市年增长率 7% 为标准,得分 $=5.6\div7\times100=80$

第二产业 GDP 比例得分:以较平衡的第二产业比例 40% 为理想状态,得分 $=32\div40\times100=80$

经济增长因素层得分 $=(80\times0.6)+(80\times0.4)=80$

经济增长因素层的综合评价得分为 80,此分数表明秦皇岛市的经济增长虽保持稳定,但尚存不足,特别是在产业结构的多元化与高附加值产业的培育上,具有显著的提升潜力。当前,第二产业的高占比可能在一定程度上制约了经济向更加多元化方向的发展。

秦皇岛市在经济增长领域展现出稳健的态势,与国内一线城市相比,其发展水平仍存在一定差距。秦皇岛市的经济战略亟须进一步优化调整,特别是在增强服务业比重、推动产业升级,以及积极吸引高科技投资等方面,应出台更为有力的政策措施。秦皇岛市应充分利用其独特的地理位置与资源优势,积极探索并开发新的经济增长点,如绿色能源、海洋经济等新兴产业领域,以此促进经济的高质量发展与长期竞争力的持续提升。

(三)资源耗损

为全面审视秦皇岛市的资源消耗状况,并将其置于中国主要城市的对比框架中,本书将深入剖析表中所示的两个核心资源消耗指标:单位 GDP 能耗与单位 GDP 水耗。这两项指标对于评估城市的资源利用效率及环境可持续性具有重要意义。

1. 单位 GDP 能耗(8.8 吨标准煤/亿元)

秦皇岛市的单位 GDP 能耗为 8.8 吨标准煤/亿元,该指标直接体现了城市能源使用的效率水平。与国内其他城市如杭州(近年来单位 GDP 能耗已降低至约 5.5 吨标准煤/亿元)相比,秦皇岛的能源效率相对较低,表明其在能源管理和技术应用方面仍需加大力度,以实现更高效的能源利用。

2. 单位 GDP 水耗(178.25 立方米/万元)

单位 GDP 水耗指标显示秦皇岛市每万元 GDP 所消耗的水资源量为 178.25 立方米。这一较高水平的水耗可反映出水资源管理效率有待提升,或是工业用水集中程度较高。与水资源管理效率更为显著的城市如苏州(约 120 立方米/万元 GDP)相比,秦皇岛在水资源利用效率的提升上存在着显著的改进空间,需进一步采取有效措施来优化水资源配置与管理。

基于上述两个指标,计算资源耗损因素层的具体数值。通过对这些数据进行加权和综合评估,反映出城市的资源使用效率。

单位 GDP 能耗得分:以国内最优城市单位 GDP 能耗 4 吨标准煤/亿元为基准,得分 $=4\div8.8\times100=45.45$

单位 GDP 水耗得分：以国内效率最高的水耗 100 立方米 / 万元 GDP 为理想状态，得分 $=100 \div 178.25 \times 100 = 56.12$

资源耗损因素层得分 $=(45.45 \times 0.5)+(56.12 \times 0.5)=50.79$

资源耗损因素层的综合评价得分为 50.79，此分数明确指出了秦皇岛市在资源耗损管理方面存在显著的改进需求。当前，该市的能源与水资源利用效率尚未达到理想水平，亟须采取更为高效的管理措施和技术手段以实现优化。

秦皇岛市正面临着严峻的资源效率挑战，特别是在能源与水资源的管理领域。鉴于此，秦皇岛可引进先进科技，通过技术创新推动产业升级，同时设定并提升能效与水效标准，确保资源的高效利用，还应广泛推广节能减排的政策与实践，形成全社会共同参与的良好氛围。这些举措的实施，不仅能够有效减轻环境承载压力，还能够显著提升城市的整体可持续发展能力与综合竞争力，为居民营造一个更加宜居、繁荣的生活环境。

（四）环境污染

为全面评估秦皇岛市的环境污染状况，并与中国其他主要城市进行对比，本书将详细探讨表中提供的两个关键环境污染指标：工业固体废物排放量和大气环境污染指数。这些指标是衡量城市环境质量和可持续发展能力的重要因素。

1. 工业固体废物排放量（1 055.98 吨）

秦皇岛市的工业固体废物排放量为 1 055.98 吨，这一数据反映了工业活动对环境的潜在压力。

相较于工业更发达的城市如天津，其工业固体废物排放量约为 2 000 吨以上，显示秦皇岛在工业废物管理方面相对较好，但仍需警惕潜在的环境风险。

2. 大气环境污染指数（49.9）

指数为 49.9 表示秦皇岛市的空气质量处于中等水平，可能受到季节性变化和区域工业排放的影响。

与空气质量更好的城市如厦门（年均 PM2.5 浓度约 20 μg / m³）相比，秦皇岛的大气污染程度较高，表明需要进一步加强大气污染控制。

基于上述两个指标，计算环境污染因素层的具体数值。通过对这些数据进行加权和综合评估，反映出城市的环境污染控制水平。

工业固体废物排放量得分：假设理想状态下的工业固体废物排放量为最低可检测限，即 0 吨，由此计算得分，得分 $=100-$（实际排放量作为负面指标影响）≈ 60

大气环境污染指数得分：以指数值 50 以下为较好环境标准，由此计算得分，得分 $=100-$ 指数 $=50.1$

环境污染因素层得分 $=(60 \times 0.5)+(50.1 \times 0.5)=55.05$

环境污染因素层的综合评价得分为 55.05，表明秦皇岛市的环境污染控制处于中等水平，既有一定的工业废物处理能力，也存在空气质量改善的必要性。

秦皇岛市的环境污染问题需要系统性的解决策略,特别是在大气污染控制和工业废物处理方面。建议秦皇岛市政府加强环境监管,引进先进的污染控制技术,提高工业废物的回收利用率,同时加强对重污染行业的监管,推广使用环保友好技术和材料。同时,加强公众环保意识和教育也是提升城市环境质量的重要方面。通过这些综合措施,秦皇岛可以改善其环境状况,为居民提供一个更健康、更可持续的生活环境。

承载对象的压力 $= 89.012 \times 0.55 + 80 \times 0.20 + 50.79 \times 0.13 + 55.05 \times 0.12 = 69.28$

三、秦皇岛市生态弹性力分析

(一)水文情况

为全面审视秦皇岛市的水资源状况,并将其置于中国主要城市的比较框架中,本书将聚焦于关键水资源指标——地下水资源量。此指标是衡量城市水资源可持续及管理效能的关键参数。

秦皇岛市的地下水资源总量达到 7.57 亿立方米,这一数据直接反映了该市的自然水资源禀赋及其潜在的供水能力。相较于水资源相对匮乏的北京(其可利用地下水资源量约为 30 亿立方米,但人均水资源量远低于秦皇岛),秦皇岛在地下水资源方面展现出一定的优势。尽管与水资源丰富的省份如江苏相比,秦皇岛的地下水资源量不占优势,但在北方城市中,其水平仍属良好。

基于上述地下水资源量数据,进一步计算环境污染因素层中与水资源相关的具体数值。通过科学的加权与综合评估方法,得出该因素层的综合评价得分 $= 7.57 \div 10 \times 100 = 75.7$。

环境污染因素层的综合评价得分为 75.7,表明秦皇岛市在水资源管理方面表现良好,地下水资源量足以支撑当前的生态和人口需求,但仍需注意水资源的长期可持续利用和保护。

在全球气候变化与区域水资源管理压力日益增大的背景下,秦皇岛市仍需对水资源管理给予高度重视。为确保水资源的长期可持续利用与保护,建议秦皇岛市采取一系列措施,包括但不限于实施严格的节水政策、优化水资源配置方案、加强水污染防治力度、提升水资源利用效率,并积极开展公众水资源保护意识教育,以激发全社会的参与热情与支持力度,共同应对未来可能面临的水资源挑战。通过这些努力,秦皇岛市将能够进一步提升其环境可持续性,为居民营造一个更加健康、安全的居住环境,同时保障经济社会的持续稳定发展。

(二)地物覆被

为全面评估秦皇岛市的地表覆盖情况,并将其置于中国其他主要城市的比较视野中,本书将深入解析表中列出的关键地表覆盖指标——城市绿化覆盖率。该指标是衡量城市生态环境优劣与城市规划成效的关键要素。

秦皇岛市的城市绿化覆盖率为 36.4%,此数据直观体现了城市绿地覆盖的广泛程度及居民生活环境的绿色化程度。与国内绿化覆盖率领先的城市,如南京(约45%)和杭州(约48%)相比,秦皇岛的绿化覆盖率显示出较低水平,表明其在城市绿化与生态建设领域尚有显著的进步空间。与北京市约42%的覆盖率相较,秦皇岛亦需加强城市绿化工作,以进一步提升其生态环境质量。

基于上述指标,将计算地物覆被因素层的具体数值。通过对这些数据进行加权和综合评估,反映出城市的绿化程度和生态环境质量。

城市绿化覆盖率得分:假设理想状态下的城市绿化覆盖率为50%,以此为标准,秦皇岛的绿化覆盖率得分 $=36.4 \div 50 \times 100 = 72.8$

地物覆被因素层的综合评价结果显示得分为72.8,这一分数表明秦皇岛市的城市绿化水平目前处于中等偏下的状态,预示着在城市绿化与生态环境建设领域仍有显著的改进空间。为提升城市绿化水平,进而改善生态环境与居民生活质量,特向秦皇岛市政府提出以下建议措施。

通过增设公园、绿带等公共绿地设施,有效扩大城市绿化面积,提升绿化覆盖率。此举不仅能改善城市微气候,还能增强城市的绿色魅力与吸引力,为市民提供更多休闲娱乐的绿色空间。

鼓励在城市建筑设计中积极融入垂直绿化理念,特别是在商务区、居民区等区域,通过墙面绿化、屋顶绿化等方式,增加绿化层次与视觉效果,提升整体绿化效果与美观性,实现城市空间的立体绿化。

在城市规划过程中,应充分考虑绿地的合理布局与配置,确保绿地资源在城市范围内的均衡分布与良好可达性。特别是在人口密集区域,更应合理规划绿地,以满足市民对绿色空间的需求,促进城市的可持续发展。促进社区参与:积极鼓励并引导社区居民参与到城市绿化项目中来,通过组织植树造林、绿地养护等志愿服务活动,增强居民对城市绿化的认识与责任感,培养其归属感与参与意识,形成全社会共同关注、支持城市绿化的良好氛围。

(三)气候条件

为全面评估秦皇岛市的气候特征,并将其置于中国其他主要城市的比较框架中,本书将深入解析表中列出的两个关键气候指标:年日照时数与年平均降雨量。这两项指标对于衡量城市的气候宜居程度及农业生产潜力具有重要意义。

1. 年日照时数(2 590.2 小时)

秦皇岛市年日照时数达到2 590.2小时,这一数据表明该市拥有较为充裕的阳光资源,为户外活动的广泛开展及农业生产的顺利进行提供了有利条件。与日照时数相对较少的城市如成都(年均约1 000小时)相比,秦皇岛的日照条件更为优越,有利于提升居民生活品质及农业生产效率。尽管与日照资源极为丰富的兰州(约3 000小时)相比略有不及,但秦皇岛的日照时数仍保持在较高水平,体现了其良好的气候优势。

2.年平均降雨量（658毫米）

秦皇岛市年平均降雨量为658毫米，这一数值表明该市降雨量适中，既有利于农作物的生长需求，又促进了水资源的自然循环与合理利用。与降雨量较少的地区如兰州（约200毫米）相比，秦皇岛的降雨量更为充沛，有助于缓解干旱问题，保障农业生产与居民生活的用水需求。与南方降雨量较大的城市如广州（约2 000毫米）相比，秦皇岛的降雨量相对较少，因此在极端干旱年份，需特别关注水资源的合理配置与保护，以应对可能出现的水资源压力。

基于上述两个指标，计算气候条件因素层的具体数值。通过对这些数据进行加权和综合评估，反映出城市的气候适宜性。

年日照时数得分：假设理想状态下的年日照时数为3 000小时，以此为基准，得分 = 2 590.2 ÷ 3 000 × 100 = 86.34

年平均降雨量得分：以1 000毫米为理想的年平均降雨量计算，得分 = 658 ÷ 1 000 × 100 = 65.8

气候条件因素层得分 = (86.34 × 0.5) + (65.8 × 0.5) = 76.07

气候条件因素层的综合评价结果显示得分为76.07，这一分数表明秦皇岛市的气候条件总体上非常适宜人类居住与农业生产。该市日照资源丰富且降雨分布适中，为城市生活与农业发展提供了得天独厚的自然条件。

鉴于秦皇岛市拥有如此优越的气候条件，应充分利用这一自然优势，积极发展户外旅游业，吸引更多游客体验秦皇岛的宜人气候与自然风光；促进农业经济的繁荣，提高农作物产量与质量，满足市场需求。为了应对可能出现的干旱或过湿年份，建议制定并实施科学的水资源管理与利用策略，确保水资源的可持续利用与保护。在此基础上，进一步优化城市绿化布局与公共设施建设，提升居民的生活品质与幸福感，营造更加宜居的城市环境。

生态弹性力 = 75.7 × 0.5 + 72.8 × 0.28 + 76.07 × 0.22 = 74.24

生态承载力 = 承载媒体的支撑力 × 0.5 + 承载对象的压力 × 0.4 + 生态弹性力 × 0.1 = 62.208 6 × 0.5 + 69.28 × 0.4 + 74.24 × 0.1 = 66.24

第三节　唐山港生态承载力测度与分析

唐山（含曹妃甸）港生态承载力测度，需参考唐山港口生态承载力评价指标体系及权重，如表6-3所示。

表 6-3　唐山港口生态承载力评价指标体系及权重

目标层	准则层	因素层	指标层
生态承载力	承载媒体的支撑力(0.5)	环境治理(0.3)	空气质量优于二级及以上天数的比例 68.0%
			地表水优于Ⅲ类水质的比例 85.4%
			建成区绿化覆盖率 43%
			生活垃圾无害化处理量 100%
			生活污水处理率 80.49%
			工业固体综合利用率 96.54%
		港口基本状况(0.4)	货物吞吐量 84 218 万吨
			外贸货物吞吐量 33 360 万吨
			集装箱吞吐量 209 万吨
			码头长度 28 596 米
			泊位个数 144 个
			万吨级泊位个数 108 个
		社会发展(0.2)	人均 GDP 为 11.84 万元／人
			城镇居民人均可支配收入为 5.25 万元／人
			农村居民人均可支配收入为 2.6 万元／人
			第三产业 GDP 占比为 7.2%
			社会消费品零售额为 2 385.3 亿元
			大学(大专及以上)文化程度人口占总人口比例 14.40%
		资源供给(0.1)	人均城市道路面积为 20.52 平方米
			人均公园绿地面积为 16.51 平方米
			人均水资源量为 287 立方米
	承载对象的压力(0.4)	人口压力(0.55)	人口自然增长率为 -4.0‰
			人口密度为 537.3 人／平方千米
		经济增长(0.25)	GDP 年增长率为 5.9%
			第二产业占 GDP 比例为 51%
		资源耗损(0.2)	全社会用电总量为 962.4 亿千瓦时
	生态弹性力(0.1)	水文情况(0.5)	地下水资源量为 16.9 亿立方米
			地表水资源量为 14.62 亿立方米
		地物覆被(0.28)	陆地森林覆盖率 35.59%
		气候条件(0.22)	年日照时数为 2 884 小时
			平均年降水量为 778.7 毫米

（注：数据来源于《中国统计年鉴》《中国城市统计年鉴》《中国港口年鉴》《唐山统计年鉴》）

一、唐山港承载媒体的支撑力分析

（一）环境治理

为全面审视唐山港的环境治理成效，并将其置于中国其他主要城市的比较框架中，本书将深入剖析表中列出的六个核心环境治理指标。这些指标作为衡量城市环境管理效能与可持续发展潜力的重要依据，具有关键性意义。

1. 滨海重度污染天数及占比（68.0%）

该指标揭示出唐山滨海区域面临严峻的环境挑战，重度污染天数占比高达68%，凸显了重工业活动对环境质量的显著负面影响。与以服务业为主导、环境污染相对较轻的城市如深圳相比，其重度污染天数占比远低于10%，形成了鲜明对比。

2. 地表水体Ⅲ类及以下占比（85.4%）

此高比例表明，唐山大部分地表水体水质未能达到国家环保标准，可能对水生生态系统健康及人类用水安全构成潜在威胁。环境治理成效显著的城市如杭州，其类似指标通常控制在30%以下，显示出更优的水质状况。

3. 城际区域森林覆盖率（43%）

该森林覆盖率数据反映出唐山在城际绿化与生态平衡维护方面尚存提升空间。与生态环境治理成效更佳的城市如北京相比，后者城际区域森林覆盖率普遍超过50%，体现了更强的生态修复与保护能力。

4. 生活垃圾无害化处理率（100%）

此指标达到满分，标志着唐山在生活垃圾处理领域实现了全面无害化，体现了较高的环境管理水平。这一成就与国内众多大城市如上海、广州等相媲美，共同展示了城市环境治理的积极进展。

5. 生活污水处理率（80.49%）

尽管大部分生活污水得到了有效处理，但仍有近20%的污水未经处理直接排放，表明在生活污水处理方面仍有改进空间。与环保管理更为严格的城市如苏州相比，后者生活污水处理率接近或达到100%，为唐山提供了可借鉴的标杆。

6. 工业固体综合利用率（96.54%）

高利用率彰显了唐山在工业废物资源化利用方面的显著成效，有助于减轻环境污染压力。相较于工业活动较少或资源化程度较低的地区，如部分西部城市，唐山在此方面的表现尤为突出，体现了其在循环经济领域的积极探索与实践。

基于上述六个指标，将计算环境治理因素层的具体数值。通过对这些数据进行加权和综合评估，反映出唐山的环境治理水平。

滨海重度污染天数及占比得分：32（假定满分为100，滨海重度污染天数较多，得分较低）

地表水体Ⅲ类及以下占比得分：14.6

城际区域森林覆盖率得分：43（直接使用百分比作为得分）

生活垃圾无害化处理率得分：100

生活污水处理率得分：80.49

工业固体综合利用率得分：96.54

环境治理因素层得分＝（32＋14.6＋43＋100＋80.49＋96.54）÷6≈61.1

　　环境治理因素层的综合评价得分为61.1，此分数反映了唐山在环境治理领域已奠定一定基础，但同时亦凸显出在特定关键领域，如水质管理与重度污染天数控制上，尚需实施显著的改进举措。

　　针对唐山港环境治理所面临的诸多挑战，特别是在提升水体质量、扩大绿化覆盖面积及有效减少重度污染天数方面，亟须采取更为有力且高效的措施。为此，建议唐山政府及相关部门实施更为严格的环境保护政策，强化污染源的监控与管理，从源头上遏制环境污染。应积极推进绿化工程，扩大城市绿色空间，提升生态系统的服务功能，以改善城市生态环境质量，进而提升居民的生活品质与城市的可持续发展潜力。

（二）港口基本状况

　　唐山港的货物吞吐量高达84 218万吨，这一数据充分彰显了其在国内外市场中的强大竞争力和关键作用。该吞吐量体现了唐山港庞大的货物处理和分发能力，并对其所在区域的经济发展起到了显著的推动作用。外贸货物吞吐量达到33 360万吨，占总货物吞吐量的近40％，这一比例进一步凸显了唐山港在国际贸易中的重要地位。作为出口和进口的主要港口之一，唐山港连接了国内外多个经济体，成为国际贸易网络中的重要节点。尽管唐山港的集装箱吞吐量达到了209万吨，但相较于其总货物吞吐量而言，这一数值相对较低。这意味着唐山港目前更侧重于散货业务，或者其集装箱处理能力尚需进一步发展以满足市场需求。唐山港的码头长度为28 596米，这一长度可能在一定程度上限制了同时停靠大型船只的数量。对于一个大型港口而言，未来若能在码头长度上进行扩展，将是提升其整体操作能力的重要一步。唐山港拥有144个泊位，这一数量虽能满足当前的常规操作需求，但在面对更高频率或更大规模的船只流量时，可能会显得捉襟见肘。泊位数量的进一步增加也是唐山港未来发展的重要方向之一。唐山港有108个万吨级泊位，为大型货船提供了优质的停靠服务。这对于大宗商品的运输尤为重要，如矿石、煤炭等，万吨级泊位的存在为唐山港处理这些大型货物提供了有力保障。

1. 设定理想值

货物吞吐量：100 000万吨

外贸货物吞吐量：50 000万吨

集装箱吞吐量：1 000万吨

码头长度：40 000米

泊位个数：200个

万吨级泊位个数：150个

2.权重设定

货物吞吐量：0.2

外贸货物吞吐量：0.2

集装箱吞吐量：0.15

码头长度：0.15

泊位个数：0.15

万吨级泊位个数：0.15

3.计算得分

货物吞吐量得分＝84 218÷100 000×100＝84.218

外贸货物吞吐量得分＝33 360÷50 000×100＝66.72

集装箱吞吐量得分＝209÷1 000×100＝20.9

码头长度得分＝28 596÷40 000×100＝71.49

泊位个数得分＝144÷200×100＝72.0

万吨级泊位个数得分＝108÷150×100＝72.0

4.总得分计算

总得分＝84.218×0.2＋66.72×0.2＋20.9×0.15＋71.49×0.15＋72.0×0.15＋72.0×0.15＝16.843 6＋13.344＋3.135＋4.284＋10.8＋10.8＝65.646 1

唐山港的综合评分为65.646 1分，这一分数既体现了其在货物吞吐量和外贸货物吞吐量方面的显著优势，也揭示了其在码头长度以及集装箱处理能力方面存在的不足。尽管泊位数量和万吨级泊位数量相对充足，能够满足大型货船的需求，但唐山港的整体设施水平及运营效率仍有待进一步提升。特别是集装箱业务的拓展和码头的扩建，被视为唐山港未来发展的两大关键方向。通过在这些领域的持续增强，唐山港将能够更有效地融入国际贸易体系，进而提升其国际竞争力和市场份额。

（三）社会发展

为全面审视唐山港的社会发展状况，并将其置于中国其他主要城市的比较视野中，本书将深入剖析表中列出的六个核心社会发展指标。这些指标作为衡量城市社会发展综合水平及居民生活质量的关键要素，具有重要的参考价值。

1.人均GDP（11.84万元/人）

人均GDP是衡量区域经济繁荣程度与居民平均财富积累水平的关键指标。唐山以较高的人均GDP值展现了其坚实的经济基础与较强的经济实力。与济南（人均GDP约为10万元/人）等城市相比，唐山显示出更为显著的产业效益与经济发展水平。

2.旅游居民人均可支配收入（5.25万元/人）

该数据直接反映了居民在旅游消费方面的潜在能力。相较于旅游经济发达的城市如三亚(人均可支配收入约 15 万元／人),唐山在旅游领域的消费能力尚显不足,预示着其旅游业具有较大的增长潜力与发展空间。

3. 农村居民人均可支配收入(2.6 万元／人)

较低的农村居民人均可支配收入揭示了唐山城乡收入差距较大的现状。与城乡发展更为均衡的城市如南京(农村人均收入约 4 万元／人)相比,唐山的农村地区经济发展相对落后,需进一步加大农村振兴力度。

4. 第二产业 GDP 占比(7.2%)

此指标表明唐山经济结构对第二产业的依赖程度较高,这符合传统工业城市的特征。与深圳(第二产业 GDP 占比约为 40%)等经济多元化程度较高的城市相比,唐山的工业化水平相对较低,提示了经济转型升级与多元化发展的紧迫性。

5. 社会消费品零售总额(2 385.3 亿元)

作为衡量地区消费市场活跃程度的重要指标,唐山的社会消费品零售总额体现了其较大的消费市场规模与良好的市场活力。与经济更为发达的城市如广州(零售总额超过 1 万亿元)相比,唐山在消费潜力挖掘与消费升级方面仍有较大提升空间。

6. 大学(大专及以上)文化程度人口占总人口比例(14.40%)

该比例反映了地区高等教育普及程度及高技能人才储备情况。虽然比例较高,但结合可能的高教层次失业率问题,唐山需关注高教育人才的就业匹配与职业发展问题。与北京等在高学历人才就业方面表现优异的城市相比,唐山应致力于创造更多高技能就业岗位,并加强教育与经济发展的深度融合与对接。

设定理想条件和权重:

理想的人均 GDP:20 万元／人

理想的旅游居民人均支配收入:20 万元／人

理想的农村居民人均可支配收入:10 万元／人

理想的第二产业 GDP 占比:30%

理想的社会消费品零售总额:5 000 亿元

理想的大学(大专及以上)文化程度人口占总人口比例:5%

权重设定:每个指标均等权重,各为 0.166 7。

得分计算:

人均 GDP 得分:11.84÷20×100=59.2

旅游居民人均可支配收入得分:5.25÷20×100=26.25

农村居民人均可支配收入得分:2.6÷10×100=26.0

第二产业 GDP 占比得分:7.2÷30×100=24.0

社会消费品零售总额得分:2 385.3÷5 000×100=47.7

大学(大专及以上)文化程度人口占总人口比例得分:5÷14.4×100=34.7

总得分:59.2×0.166 7+26.25×0.166 7+26.0×0.166 7+24.0×0.166 7+47.7×0.166 7+

$34.7 \times 0.166\,7 = 36.311$

唐山的社会发展因素层总得分为 36.31 分,这一评分显示尽管其经济总体表现良好,但在高教育人才就业、农村发展和消费市场潜力等方面存在明显的不足。这一评分强调了提高就业质量、促进城乡均衡发展和加强消费市场建设的紧迫性。

(四)资源供给

为全面剖析唐山港的资源供给状况,并将其置于中国其他主要城市的比较框架下,本书将聚焦于表中列出的三个关键资源供给指标进行深入探讨。这些指标不仅是衡量城市资源供应能力的重要指标,也反映了资源管理效率的高低。

1. 人均城市道路面积(20.52 平方米)

唐山的人均道路面积达到 20.52 平方米,这一数据彰显了其在基础设施建设领域的显著投入。较为宽裕的道路面积对于改善城市交通状况、提升城市通行能力具有积极作用。与一线城市如北京(人均道路面积约为 15 平方米)相比,唐山在此方面表现更为突出,体现了其在城市规划中对道路网络布局的重视与前瞻性。

2. 人均公园绿地面积(16.51 平方米)

人均公园绿地面积是衡量城市绿化水平与公共空间供给质量的重要指标。唐山以 16.51 平方米的人均公园绿地面积,展示了其在城市绿化和公共空间营造方面的积极成果。这一数据不仅有助于提升居民的生活质量,还增强了城市的环境美观度。相较于其他中等规模城市如成都(人均公园绿地面积约为 14 平方米),唐山的表现更为优异,反映出其在城市绿化方面的持续投入与努力。

3. 人均水资源量(287 立方米)

人均水资源量是评估城市水资源自然禀赋与管理水平的重要依据。唐山的人均水资源量为 287 立方米,这一数值相对较低,可能受到地区气候、地理环境等多重因素的影响,同时也可能反映出在水资源管理方面面临的挑战。与水资源相对丰富的城市如广州(人均水资源量约为 800 立方米)相比,唐山在水资源供给方面存在不足,政府需在水资源保护、节水措施等方面加大力度,以确保水资源的可持续利用与城市的长期稳定发展。

根据提供的数据,对每个指标进行归一化处理,假设最佳条件下分值为 100 分。

人均城市道路面积:假设理想情况为 30 平方米,则归一化分数 $=20.52 \div 30 \times 100 \approx 68.4$

人均公园绿地面积:假设理想情况为 20 平方米,则归一化分数 $=16.51 \div 20 \times 100 \approx 82.55$

人均水资源量:假设理想情况为 1 000 立方米,则归一化分数 $=287 \div 1\,000 \times 100 \approx 28.7$

资源供给因素层的综合得分为 28.7,此分数揭示了唐山在资源供给领域尚存较大的优化空间,特别是在水资源管理与供应环节。鉴于此,政府需采取有力措施,在强化基础设施建设方面更加注重自然资源的保护与合理利用,以奠定可持续发展的坚实基础。

唐山港在资源供给方面展现出一定的优势,如城市道路与公园绿地的良好表现,然而在水资源供应方面却面临显著挑战。针对此现状,建议政府部门积极优化资源配置策略,首要任务是加强水资源的管理与保护工作,通过提升水资源利用效率来应对供应紧张的问题。政府应持续加大对城市绿化与基础设施扩展的投资力度,以全方位提升城市的居住品质与生态环境质量。

承载媒体的支撑力 = $61.1 \times 0.30 + 65.65 \times 0.40 + 36.31 \times 0.20 + 28.7 \times 0.10 = 54.722$

二、唐山港承载对象的压力分析

(一)人口压力

为深入剖析唐山港的人口压力状况,并将其置于中国其他主要城市的比较框架中,本书将集中探讨表中列出的两个核心人口压力指标。这些指标对于评估城市的人口承载能力及其面临的发展压力具有关键作用。

1. 人口自然增长率(-4.0‰)

唐山的人口自然增长率呈现为 -4.0‰,这一数据明确指出了该市人口总体处于负增长状态。此现象可能由多种因素导致,包括但不限于出生率的下降、人口老龄化的加剧以及人口外迁等。与人口增长势头强劲的城市如深圳(人口自然增长率接近 1.0‰)相比,唐山的人口自然增长率显著偏低,提示了实施更为积极的人口政策与生育激励措施的必要性。

2. 人口密度(537.3 人 / 平方千米)

唐山的人口密度为 537.3 人 / 平方千米,此数值处于适中水平,表明该城市在人口分布上并未出现过度拥挤的现象,居民享有相对宽松的居住环境。与高密度聚集的城市如上海(人口密度约 3 800 人 / 平方千米)相比,唐山的人口密度明显较低,这不仅反映了其城市空间利用的相对宽裕,也预示着未来城市发展具备较大的潜力与空间,同时维持了较为优越的居住条件。

根据提供的数据,对每个指标进行归一化处理,基于理想条件进行 100 分制评分,并为每个指标赋予相应权重。

人口自然增长率:假设理想情况的自然增长率为 1‰,则归一化分数 = 100 - [绝对值(-4‰)×1 000] = 96

人口密度:假设理想情况密度为 1 000 人 / 平方千米,归一化分数 = 537.3 ÷ 1 000 × 100 = 53.73

加权得分计算:

人口自然增长率(调整后):96 分

人口密度:53.73 分

加权得分 = (96 × 0.6 + 53.73 × 0.4) = 79.092

经过计算,唐山人口压力因素层的得分为 79.092 分,这一结果揭示了唐山在人口自然增长领域所面临的显著挑战,而在人口密度方面则展现出相对适中的状态。总体而言,唐山需通过实施针对性的政策干预,旨在刺激人口增长或优化人口结构,同时加强城市规划工作,以进一步提升居住环境的品质。

针对唐山港在人口管理与城市规划方面所面临的挑战,特别是人口自然增长率持续为负的严峻形势,政府应给予高度重视,并积极探索有效措施以促进年轻人口的增长与留存。合理的城市规划应前瞻性地考虑未来人口增长的可能性,确保城市基础设施与公共服务能够满足人口增长的需求,从而保障城市的可持续发展。

(二)经济增长

为全面审视唐山港的经济增长态势,并将其置于中国其他主要城市的比较背景之下,本书将深入剖析表中列出的两个关键经济增长指标。这些指标是衡量城市经济健康状况与增长潜力的重要标尺。

1. GDP 年增长率(5.9%)

唐山市的 GDP 年增长率为 5.9%,这一数据表明在报告期内,该城市的经济运行保持了稳健的增长态势。此增长率不仅体现了经济活动的活跃性与经济政策的有效性,也反映了经济发展的内在动力。与全国平均 GDP 增长率(约为 6%)相比较,唐山虽略低,但与北京(约 6.3%)和上海(约 6.0%)等发达地区的增长率相接近,进一步印证了其经济发展的稳健性与健康状态。

2. 第二产业 GDP 占比(51%)

第二产业在唐山 GDP 中的占比为 51%,这一显著比例凸显了唐山经济对工业和制造业的深度依赖。此特征与其作为历史悠久的重工业基地的背景紧密相关,反映了城市经济结构的工业化倾向。相较于那些服务业占据主导地位、第二产业占比较低(如深圳,约 30%)的城市,唐山的经济结构展现了更为鲜明的工业化特色,彰显了其在工业领域的深厚底蕴与竞争优势。

根据提供的数据,对每个指标进行归一化处理,基于理想条件进行 100 分制评分,并为每个指标赋予相应权重。

GDP 年增长率:假设理想情况下的最佳 GDP 增长率为 10%,则归一化分数 $=5.9 \div 10 \times 100 = 59$ 分

第二产业 GDP 占比:假设理想情况下的最佳第二产业比重为 50%,则归一化分数 $=51 \div 50 \times 100 = 102$(超过 100 分按 100 分处理)

加权得分计算:

GDP 年增长率:59 分

第二产业 GDP 占比:100 分(归一化调整)

加权得分 $=(59 \times 0.6 + 100 \times 0.4) = 75.4$

经过评估,经济增长因素层的得分为 75.4 分,这一结果反映了唐山在经济增长与产

业结构方面所展现出的优势,特别是在工业领域的坚实基础。尽管如此,经济增长的潜力仍具备提升空间,特别是在加速服务业发展、推动经济多元化进程方面。

唐山(含曹妃甸)港的经济发展状况彰显了其健康的工业基础与适度的增长速度。为了实现经济的持续、全面增长,政府应持续推动产业升级战略,特别是要增强服务业与高技术产业在经济结构中的比重。需高度关注环境保护与可持续发展政策的贯彻实施,确保经济增长的质量与环境保护目标相协调、相促进。

(三)资源耗损

本书聚焦于全面评估唐山港的资源消耗状况,并通过与中国其他主要城市的对比,以量度其在推进可持续发展方面的成效。在分析过程中,核心采用了"全社会用电量"作为评估指标,该数据源自最新的统计年鉴。

唐山的全社会用电量为 9 624.2 亿千瓦时。全社会用电量作为衡量一个城市或地区工业化进程与经济活动密集程度的关键指标,其数值高低间接映射出该地区的产业规模、技术革新层次及民众生活水准。

以北京为例,作为国家的首都,其 2022 年的全社会用电量约为 5 500 亿千瓦时,显著低于唐山。这一现象表明,北京的经济结构中服务业占据了主导地位,相较于工业,其用电需求较低。再看上海,作为国际金融中心,其 2022 年的全社会用电量约为 3 000 亿千瓦时,同样低于唐山。这反映了上海经济中工业用电占比较低,金融、服务等非工业领域对电力的消耗相对较少。而重庆作为西部地区的重要工业基地,其 2022 年的全社会用电量约为 8 500 亿千瓦时,与唐山相近,显示出其工业活动的持续活跃与强劲的发展势头。

设定理想标准:考虑到中国的能源消耗差异和地方政策,设定全国平均用电量 10 000 亿千瓦时为理想标准。

计算得分:根据唐山的用电量与理想标准的比例计算得分 $= 9\ 624.2 \div 10\ 000 \times 100 = 96.24$

唐山港的资源消耗状况揭示了其经济活动依然高度依赖于高能耗的工业部门,这一特征与其作为历史悠久的重工业基地的背景紧密相连。尽管高用电量在一定程度上体现了经济活动的繁荣与活力,但从可持续发展的长远视角出发,唐山亟须采取一系列措施来优化能源结构,提升能源利用效率,并逐步向低碳经济转型。

上述分析明确指出,唐山在资源消耗方面的得分处于相对较高水平,这预示着该城市在节能减排方面拥有巨大的潜力与空间。政府及相关部门应加强对高能耗行业的监管与指导,积极推广可再生能源的应用,以降低整体能源消耗水平,推动经济与环境之间的和谐共生。通过与中国其他主要城市的横向比较,唐山应主动汲取先进城市在能效提升与绿色经济发展方面的宝贵经验,加速自身的转型步伐。

承载对象的压力 $= 79.092 \times 0.55 + 75.4 \times 0.25 + 96.24 \times 0.2 = 74.34$

三、唐山港生态弹性力分析

(一)水文情况

在评估唐山港的水文状况时,地下水资源量与地表水资源量被视为评估该地区水资源管理效能与可持续利用能力的核心指标。

1. 地下水资源量:16.9亿立方米

地下水资源量作为衡量区域水资源可持续的关键参数,对于像唐山这样的工业重镇而言,其合理的开发利用对于维护地区水安全及生态平衡具有至关重要的作用。合理的地下水管理策略是确保水资源可持续利用的关键。

在其他城市中,北京在严格的地下水抽取限制与水资源管理政策框架下,地下水资源量虽低但管理严格,旨在防止过度开采;广州则因地处珠江三角洲,地下水资源相对丰富,年开发量大,然而也面临着污染与枯竭的双重挑战;西安则因黄土高原的地理环境,地下水资源紧张,需通过政策引导减少地下水依赖。

2. 地表水资源量:146.2亿立方米

地表水资源量因其易于管理与维护的特性,直接关联着城市供水系统的稳定与效率。唐山的地表水资源量表明,该城市在水资源分配与利用方面拥有较大的灵活性与潜力。

在对比中,长沙依托湘江,地表水资源充沛,有效缓解了城市供水压力;济南虽拥有独特的泉水资源,但地表水资源相对有限,对水资源依赖度较高;哈尔滨则凭借松花江,不仅地表水资源充足,且水质优良。

理想状态设定:为评估水资源管理的优化方向,此处设定理想状态下的地下水资源量为20亿立方米,地表水资源量为200亿立方米,以此作为未来水资源管理与可持续利用的目标与参考。

计算得分:

地下水资源得分 = 16.9 ÷ 20 × 100 = 84.5 分

地表水资源得分 = 146.2 ÷ 200 × 100 = 73.1 分

加权得分:

水文情况权重:0.5

加权得分计算:

地下水资源加权得分 = 84.5 × 0.5 = 42.25

地表水资源加权得分 = 73.1 × 0.5 = 36.55

综合考虑地下水和地表水资源的得分,唐山的水文情况总得分为42.25 + 36.55 = 78.8。这一得分反映出唐山在水资源管理上有较好的表现,尽管在地下水资源的保护和可持续利用上还有改进空间。

唐山在水资源管理上表现出了一定的优势,特别是在地表水资源的丰富性和可利用性上。为了确保水资源的长期可持续利用,仍需要加强地下水资源的保护措施,合理规划水资源的开发与保护,以保障生态平衡和水资源的安全。

(二)地物覆被

唐山区域的地物覆盖率是评估其生态品质与土地利用效率的一项关键性指标。本书旨在深入剖析该区域地物覆盖的当前状况,并通过与中国其他主要城市的对比,综合评价其在生态与环境管理方面的成效。

地物覆被率,作为衡量一个地区土地表面被植被、水体等自然要素覆盖程度的指标,对于理解区域生态环境状况具有重要意义。唐山区域相对较低的地物覆被率可能反映出该地区城市化进程的迅速推进,以及在此过程中绿地保护与开发利用之间存在的不均衡问题。

北京市以其较高的地物覆被率著称,这主要得益于其严格的绿化政策与科学的城市规划,体现了对生态环境保护的高度重视。被誉为"园城"的成都,以其较高的地物覆被率展示了其在城市绿化与水系保护方面的卓越成就,为其他城市树立了绿色发展的典范。石家庄与唐山类似,石家庄亦因重工业的集中发展而导致地物覆被率较低,面临着与唐山相似的生态环境挑战,需加强生态保护与恢复工作。

理想状态设定:理想的地物覆被率为70%,即一个城市或地区的大部分区域被自然或半自然的景观覆盖。

地物覆被得分 = 35.59 ÷ 70 × 100 = 50.84

唐山区域的地物覆被得分相对较低,这一评估结果揭示了该城市在绿化建设与生态保护领域可能存在的短板。唐山作为重工业城市的背景,持续推动城市绿化进程与生态修复项目,对于提升居民生活质量、促进城市的可持续发展具有至关重要的意义。唐山在地物覆被方面的表现,凸显了加强城市绿化与生态环境保护工作的紧迫性。与国内其他主要城市相较,唐山更应致力于制定并实施更为高效、精准的政策措施,以有效提升地物覆被率,进而改善城市生态环境质量,为市民创造更多绿色生态空间,实现生态保护与经济社会发展的和谐并进。

(三)气候条件

唐山港作为中国北部举足轻重的工业与商贸枢纽,其气候条件深刻影响着该地区的生态环境、经济发展轨迹及居民生活质量。本书聚焦于唐山的气候特征,通过与国内其他主要城市的对比分析,旨在全面评估其气候对当地环境与生活的影响。

1. 年日照时数:2 884 小时

唐山拥有较高的年日照时数,这一自然条件为太阳能等可再生能源的广泛应用提供了优越条件,并可能正面促进农业生产效率的提升。相比之下,北京受雾霾等因素影响,北京的年日照时数普遍较低,清晰日照时段相对减少。广州地处亚热带,广州的年日照时数因多云雨天气而偏少。西安年日照时数与唐山相近,同样具备丰富的日照资源可供开发利用。

2. 年平均降雨量:778.7 毫米

唐山的年平均降雨量适中,为农业灌溉与城市水资源管理奠定了坚实基础,但亦需警惕雨季期间可能发生的洪水风险。对比而言,成都年降雨量显著高于唐山,这一条件有利于水稻等农作物的生长。济南降雨量与唐山相近,因此在水资源管理与洪水防控方面面临相似挑战。哈尔滨降雨量较少,且冬季积雪较多,形成了与唐山截然不同的气候条件,对生态环境与居民生活产生不同影响。

理想状态设定:

理想的年日照时数为 3 000 小时。

理想的年平均降雨量为 1 000 毫米。

计算得分:

年日照时数得分 $=2\,884\div3\,000\times100=96.13$ 分

年平均降雨量得分 $=778.7\div1\,000\times100=77.87$ 分

加权得分计算:

年日照时数加权得分 $=96.13\times0.6=57.68$

年平均降雨量加权得分 $=77.87\times0.4=31.15$

总得分 $=57.68+31.15=88.83$

唐山的气候条件在日照与降雨两大方面展现出积极态势,为城市的持续发展提供了丰富的自然资源基础。具体而言,其年日照时数构成了发展太阳能等可再生能源的天然优势,为城市能源结构的优化与绿色转型提供了有力支撑。尽管降雨量适中,为农业灌溉与城市供水提供了基本保障,但亦需警惕雨季可能带来的洪涝风险,因此加强防洪排涝基础设施建设显得尤为重要。

通过与国内其他城市的对比分析,唐山在气候条件上展现出一定的比较优势,特别是在促进可再生能源利用与提升农业生产效率方面。为了进一步提升城市的生态品质与居民生活环境,建议唐山持续强化水资源管理策略,深化生态保护措施,并不断优化城市规划与基础设施建设,以有效应对气候变化带来的各类挑战,确保城市的可持续发展与居民福祉的稳步提升。

生态弹性力 $=78.8\times0.5+50.84\times0.28+88.83\times0.22=74.24$

生态承载力 $=$ 承载媒体的支撑力 $\times0.5+$ 承载对象的压力 $\times0.4+$ 生态弹性力 $\times0.1=54.722\times0.5+74.34\times0.4+74.24\times0.1=64.521$

第四节　黄骅港生态承载力测度与分析

黄骅港生态承载力测度,需参考黄骅港口生态承载力评价指标体系及权重,如表6-4所示。

表 6-4　黄骅港口生态承载力评价指标体系及权重

目标层	准则层	因素层	指标层
生态承载力	承载媒体 的支撑力（0.5）	环境治理（0.3）	空气质量优于二级及以上天数的比例 62.19%
			地表水优于Ⅲ类水质的比例 70%
			建成区绿化覆盖率 43.65%
			生活垃圾无害化处理量 90%
			生活污水处理率 90%
			工业固体综合利用率 98.2%
			环境噪声达标区面积占建成区总面积的比例 85%
		港口基本状况（0.4）	货物吞吐量 33 080 万吨
			外贸货物吞吐量 7 435 万吨
			集装箱吞吐量 2 182.6 万吨
			码头长度 43 000 米
			泊位个数 46 个
			万吨级泊位个数 41 个
		社会发展（0.2）	人均 GDP 为 5.7 万元／人
			城镇居民人均可支配收入为 4.5 万元／人
			农村居民人均可支配收入为 2.37 万元／人
			第三产业 GDP 占比为 13.2%
			社会消费品零售额为 106 亿元
			普通高等院校本专科毕业生人数占总人口比例 0.01%
		资源供给（0.1）	人均城市道路面积为 20.89 平方米
			人均公园绿地面积为 20.89 平方米
			人均水资源量为 195.9 立方米
	承载对象 的压力（0.4）	人口压力（0.55）	人口自然增长率为 0‰
			人口密度为 272 人／平方千米
		经济增长（0.2）	GDP 年增长率为 6.5%
			第二产业占 GDP 比例为 45.5%
		资源耗损（0.13）	全社会用水总量为 0.17 亿立方米
			全社会用电总量为 97.2 亿千瓦时
		环境污染（0.12）	一般工业固废产生量为 519.66 万吨
			区域声环境昼间平均等效声级为 60 分贝
	生态弹性力（0.1）	水文情况（0.5）	地下水资源量为 0.04 亿立方米
			地表水资源量为 0.85 亿立方米
		地物覆被（0.28）	陆地森林覆盖率为 17.3%
		气候条件（0.22）	年日照时数为 2 726 小时
			平均年降水量为 544.9 毫米

（注：数据来源于《中国统计年鉴》《中国城市统计年鉴》《中国港口年鉴》、沧州渤海新区黄骅市政府官网）

一、黄骅港承载媒体的支撑力分析

（一）环境治理

黄骅港空气质量优于二级及以上天数的比例为 62.19％，这表明该地区在大部分时间内的空气质量状况良好，但仍有接近四成的天数空气质量未能达标，这提示我们需要进一步采取措施以改善空气质量。地表水优于Ⅲ类水质的比例达到了 70％，这是一个积极的信号，但同时有 30％的地表水需要更加严格的水质管理和治理措施，以确保水质安全。建成区绿化覆盖率为 43.65％，这对于改善城市微气候和提升居民生活环境具有积极作用，从生态承载力提升的角度来看，这一比例仍有进一步提升的空间。生活垃圾无害化处理量达到了 90％，这意味着有效减少了环境污染，对生态环境保护起到了重要作用。生活污水处理率同样达到了 90％，这表明有效降低了污水对水体的污染，提升了水质安全水平。工业固体综合利用率高达 98.2％，这种高利用率极大地减轻了废物对环境的负面影响，是可持续发展理念的具体体现。环境噪声达标区面积占建成区总面积的比例为 85％，这对于提升居住舒适度和环境质量具有积极影响，同时也需要注意到，仍有 15％的区域需要采取噪声控制措施，以进一步改善环境质量。

1. 指标归一化及权重分配

归一化处理将每个指标的实际数据转化为 100 分制下的得分，这里假设每个指标的最优表现均为 100 分。接下来，为了平衡各指标对总评分的影响，我们需要为每个指标分配权重。权重的分配通常基于指标对环境治理总体目标的贡献度或重要性。以下是各指标的权重设定，总和为 1。

各指标权重设定：空气质量优于二级及以上天数的比例为 0.2、地表水优于Ⅲ类水质的比例为 0.2、建成区绿化覆盖率：0.15、生活垃圾无害化处理量为 0.1、生活污水处理率为 0.1、工业固体综合利用率为 0.15、环境噪声达标区面积占建成区总面积的比例为 0.1。

空气质量优于二级及以上天数的比例 62.19％，归一化得分为 62.19，加权得分为 62.19×0.2＝12.438；地表水优于Ⅲ类水质的比例 70％，归一化得分为 70，加权得分为 70×0.2＝14；建成区绿化覆盖率为 43.65％，归一化得分为 43.65，加权得分为 43.65×0.15＝6.547 5；生活垃圾无害化处理量 90％，归一化得分为 90，加权得分为 90×0.1＝9；生活污水处理率 90％，归一化得分为 90，加权得分为 90×0.1＝9；工业固体综合利用率 98.2％，归一化得分为 98.2，加权得分为 98.2×0.15＝14.73；环境噪声达标区面积占建成区总面积的比例 85％，归一化得分为 85，加权得分为 85×0.1＝8.5。

将以上加权得分相加，得到环境治理因素层的总得分＝12.438＋14＋6.547 5＋9＋9＋14.73＋8.5＝74.215 5

总得分为 74.22 分，表明黄骅港的环境治理整体表现良好，尤其是在工业固体综合的综合利用率方面表现出色。然而，建成区绿化覆盖率相对较低，显示城市绿化和生态环境建设还有较大的提升空间。对于黄骅港而言，提高绿化覆盖率不仅可以美化城市景观,还可以改善城市的生态环境,提高市民的生活质量。

(二)港口基本状况

黄骅港的货物吞吐量达到了 33 080 万吨,这一数据充分展示了其强大的货物处理能力,足以有效支撑大规模的贸易活动。高吞吐量不仅是港口经济效益提升的关键因素,也凸显了港口对区域经济的重要贡献。在外贸方面,黄骅港的外贸货物吞吐量为 7 435 万吨,这一数据反映了港口在国际贸易中的活跃程度。相较于总吞吐量,外贸货物吞吐量的比例较低,这可能意味着黄骅港目前更多地侧重于国内市场,需要在国际市场的连接上进一步拓展。集装箱吞吐量是衡量港口现代化程度和国际连通性的重要指标之一。黄骅港的集装箱吞吐量为 2 182.6 万吨,这表明港口在处理集装箱方面具备一定的能力。但与国际大型港口相比,其集装箱吞吐量仍有提升空间,这反映了黄骅港在现代化和国际化方面还有进一步发展的潜力。黄骅港的码头长度达到了 43 000 米,这一数据表明港口具备同时接纳多艘大型船舶的能力,这对于提升港口的服务能力和缩短船舶等待时间具有重要意义。在泊位数量方面,黄骅港拥有 46 个泊位,这显示了其处理多线航运的能力。与其他国际大港相比,这一数量可能显得有限,这可能是黄骅港需要进一步扩展的方面之一。黄骅港拥有 41 个万吨级泊位,这一数据充分展示了港口对大型船舶的接纳能力。这有利于港口处理重量级货物,如散货和集装箱,进一步强化了黄骅港作为重要货运中心的地位。

归一化处理时,设定每个指标的理想值:货物吞吐量理想值为 40 000 万吨、外贸货物吞吐量理想值为 10 000 万吨、集装箱吞吐量理想值为 3 000 万吨、码头长度理想值为 50 000 米、泊位个数理想值为 60 个万吨级泊位个数理想值为 50 个。

归一化得分计算如下:

货物吞吐量得分 $= 33\ 080 \div 40\ 000 \times 100 = 82.7$

外贸货物吞吐量得分 $= 7\ 435 \div 10\ 000 \times 100 = 74.35$

集装箱吞吐量得分 $= 2\ 182.6 \div 3\ 000 \times 100 = 72.75$

码头长度得分 $= 43\ 000 \div 50\ 000 \times 100 = 86$

泊位个数得分 $= 46 \div 60 \times 100 = 76.67$

万吨级泊位个数得分 $= 41 \div 50 \times 100 = 82$

权重分配如下:货物吞吐量:0.25,外贸货物吞吐量:0.2

集装箱吞吐量:0.15,码头长度:0.15,泊位个数:0.1,万吨级泊位个数:0.15。

总得分 $= 82.7 \times 0.25 + 74.35 \times 0.2 + 72.75 \times 0.15 + 86 \times 0.15 + 76.67 \times 0.1 + 82 \times 0.15 = 20.675 + 14.87 + 10.912\ 5 + 12.9 + 7.667 + 12.3 = 79.324\ 5$

黄骅港的综合得分为 79.32,这反映了港口在当前条件下的良好运营状态。尽管在某些指标上如集装箱处理能力和泊位数量上还有提升空间,整体表现仍然强劲。未来港口发展应侧重于提升国际贸易吞吐量,增加泊位数量,特别是提高集装箱处理效率和扩大国际连通性,以进一步增强其作为国际贸易枢纽的角色。

（三）社会发展

人均 GDP 是衡量地区经济水平和居民生活标准的关键指标之一。黄骅港的人均 GDP 为 5.7 万元，这一数据表明该地区已具备一定的经济发展水平。然而，与国家或其他发达地区相比，该数值显示出黄骅港在经济发展方面仍有提升空间。城镇居民的可支配收入是衡量其消费能力和生活质量的重要指标。黄骅港的城镇居民人均可支配收入为 4.5 万元，这一水平显示出城镇居民拥有中等偏上的消费水平，有助于推动地区内的消费和服务业发展。相比之下，农村居民的人均可支配收入为 2.37 万元，这一数值较城镇居民为低，反映了城乡之间存在的经济差距。提升农村居民的收入水平，对于促进社会均衡发展具有重要意义。第三产业的 GDP 占比是衡量一个地区服务业发展程度的重要参考。黄骅港第三产业占比为 13.2％，这一比例相对较低，表明该地区在服务业，尤其是高附加值服务业的发展方面还有较大的潜力和提升空间。社会消费品零售额是衡量地区消费活力和市场规模的重要指标之一。黄骅港的社会消费品零售额为 106 亿元，这一数据表明该地区市场活力尚存，但相较于更大的经济体或更发达地区，仍有增长空间。普通高等院校本专科毕业生人数占总人口的比例，反映了高等教育资源的普及程度和地区人才培养能力。黄骅港的这一比例为 0.01％，这一极低的比例表明该地区高等教育资源非常有限，可能会对地区的长远发展和人才吸引力产生不利影响。

归一化处理时，设定每个指标的理想值如下：人均 GDP 理想值为 10 万元／人，城镇居民人均可支配收入理想值为 8 万元／人，农村居民人均可支配收入理想值为 5 万元／人，第三产业 GDP 占比理想值为 50％，社会消费品零售额理想值为 500 亿元，普通高等院校本专科毕业生人数占总人口比例理想值为 5％。

进行归一化处理后，每个指标的得分为：

人均 GDP 得分 = 5.7 ÷ 10 × 100 = 57

城镇居民人均可支配收入得分 = 4.5 ÷ 8 × 100 = 56.25

农村居民人均可支配收入得分 = 2.37 ÷ 5 × 100 = 47.4

第三产业 GDP 占比得分 = 13.2 ÷ 50 × 100 = 26.4

社会消费品零售额得分 = 106 ÷ 500 × 100 = 21.2

本专科毕业生人数比例得分 = 0.01 ÷ 5 × 100 = 0.2

权重分配如下：人均 GDP：0.2，城镇居民人均可支配收入：0.2，农村居民人均可支配收入：0.15，第三产业 GDP 占比：0.15，社会消费品零售额：0.15，本专科毕业生人数比例为 0.15。

总得分 = 57 × 0.2 + 56.25 × 0.2 + 47.4 × 0.15 + 26.4 × 0.15 + 21.2 × 0.15 + 0.2 × 0.15 = 11.4 + 11.25 + 7.11 + 3.96 + 3.18 + 0.03 = 36.93

黄骅港的社会发展因素层总得分为 36.93，这表明港口社会经济状况有待提升，特别是在高等教育资源、服务业发展及消费市场活力方面。黄骅港应着重于提高高等教育机会、增加服务业比重、提升居民收入及消费水平，以促进更均衡和可持续的社会经济发展。

（四）资源供给

人均城市道路面积是衡量一个地区交通基础设施发展水平的关键指标。黄骅港的人均道路面积达到 20.89 平方米,这一数据表明该地区拥有较为宽广的道路网络,有助于缓解交通压力,提升交通运行效率。较大的道路面积还有助于增强城市交通的可达性和流动性,对提升经济活动的便捷性和效率具有积极影响。人均公园绿地面积则是衡量城市绿化水平和居民生活质量的重要指标之一。黄骅港的人均公园绿地面积同样为 20.89 平方米,这一数值表明该地区在公共绿地建设方面相对充分,有助于提升城市居民的生活质量,为居民提供充足的休闲和运动空间。良好的绿化环境还对改善城市气候、减少环境污染具有显著效果。在水资源配置方面,黄骅港的人均水资源量为 195.9 立方米,这一数据可能意味着该地区在水资源供应上面临一定压力,尤其是在支持城市人口增长和工业用水需求方面。黄骅港可能需要通过加强水资源管理和提高水利用效率等措施,来确保水资源的可持续利用。

归一化处理时,设定每一指标的理想值如下:人均城市道路面积理想值为 30 平方米,人均公园绿地面积理想值为 30 平方米,人均水资源量理想值为 300 立方米。

进行归一化处理后,每个指标的得分为:

人均城市道路面积得分 = 20.89 ÷ 30 × 100 = 69.63

人均公园绿地面积得分 = 20.89 ÷ 30 × 100 = 69.63

人均水资源量得分 = 195.9 ÷ 300 × 100 = 65.3

权重分配如下:人均城市道路面积:0.3,人均公园绿地面积:0.35,人均水资源量:0.35。

总得分 = 69.63 × 0.3 + 69.63 × 0.35 + 65.3 × 0.35 = 20.889 + 24.370 5 + 22.855 = 68.114 5

黄骅港的资源供给因素层总得分为 68.11,显示港口区域在基础设施和环境资源方面表现良好,但仍有提升空间,特别是在水资源的可持续管理和利用方面。港口管理部门应着重提升水资源管理效率,同时继续增强城市绿化和道路扩展,以支持更高标准的城市生活质量和可持续发展目标。

承载媒体的支撑力 = 74.22 × 0.3 + 79.32 × 0.4 + 36.93 × 0.2 + 68.11 × 0.1 = 68.191

二、黄骅港承载对象的压力分析

（一）人口压力

黄骅港人口自然增长率为 0,这一数据表明黄骅港的出生率与死亡率基本相当,使得人口数量在排除迁移因素的情况下保持相对稳定。这种稳定状态具有其潜在优势,例如,它使得对公共服务和基础设施的需求增长处于可控状态,为政府的长期规划和资源分配提供了便利。这一现象也可能反映出经济动力不足或年轻人口比例偏低的问题,进而缺乏由人口增长所带来的经济活力。黄骅港的人口密度为 272 人／平方千米,显示出其居住区域相对宽松,并未达到高度拥挤的程度。这样的人口密度有助于维持较高的生活质量,为居民提供充裕的生活空间,并减少资源过度竞争的情况,从而有利于生态环境的维护。尽管较低的人口密度减轻了基础设施的压力,但它也可能意味着城市的吸引力不足或人才集聚能力较弱。城市规划者需要审慎思考如何通过优化公共交通系统、增加公共设施等手段来提升城市的吸引力,进而增强人口聚集所带来的经济和社会效益。

归一化处理时,设定每个指标的理想值如下:

人口自然增长率理想值为 1.0‰(轻微正增长,表明健康的人口更替和经济活力),人口密度理想值为 500 人/平方千米(密度适中,能够维持经济活力同时避免过度拥挤)。

进行归一化处理后,人口自然增长率得分 $=0\div1.0\times100=0$,人口密度得分 $=272\div500\times100=54.4$。

权重分配如下:

人口自然增长率:0.5,人口密度:0.5。

总得分 $=0\times0.5+54.4\times0.5=27.2$

黄骅港的人口压力因素层总得分为 27.2,相对较低,主要受到人口自然增长率为 0 的影响。这一得分提示黄骅港在人口政策和城市发展策略方面可能需要进行调整。其具体措施可能包括制定政策以吸引年轻家庭和专业人才迁入,推广生育支持政策,或者改善城市居住和工作环境,以增加人口自然增长率,促进经济和社会活力。虽然较低的人口密度减少了生态和基础设施压力,但城市规划者应考虑如何利用这一优势来提升城市吸引力。

(二)经济增长

GDP 年增长率达到 6.5%,这一数据表明黄骅港在报告年度内的经济增长态势健康,展现出稳定的经济扩张趋势。该增长率通常被视为良好投资环境与企业活力的体现,是地区经济稳健发展的重要标志。一个健康的增长率有助于提升就业率,增加政府税收,进而为公共服务和基础设施的投资提供更为坚实的经济基础。要实现持续的经济增长,还需在资源利用与环境保护之间寻求平衡,以确保经济发展的长期可持续性。第二产业占 GDP 的比例为 45.5%,这一数据凸显了黄骅港经济中制造业和工业部门的重要地位。这一较高比例表明,黄骅港的经济增长主要依赖于工业产出。虽然强大的工业基础有助于推动经济快速增长和创造大量就业机会,但过度依赖第二产业也可能导致资源消耗加剧和环境压力增大。平衡工业发展与环境保护的关系,积极发展清洁能源和高效技术,对黄骅港未来的可持续发展至关重要。

归一化处理时,设定每个指标的理想值如下:GDP 年增长率理想值为 8%(表示较强的经济活力和发展潜力),第二产业占 GDP 比例理想值为 40%(允许强劲的工业基础同时避免过度依赖)。

进行归一化处理后,每个指标的得分:

GDP 年增长率得分 $=6.5\div8\times100=81.25$

第二产业占 GDP 比例得分 $=45.5\div40\times100=113.75$

权重分配如下:GDP 年增长率:0.6,第二产业占 GDP 比例为 0.4。

总得分 $= 81.25 \times 0.6 + 113.75 \times 0.4 = 48.75 + 45.5 = 94.25$

黄骅港的经济增长因素层总得分为 94.25,这表明港口经济在增长动力方面表现出色,尤其是在工业部门的贡献上。超过理想值的第二产业比例需要引起注意,它可能对环境可持续性构成压力,尤其是如果这种增长依赖于高能耗和高污染的产业。黄骅港应考虑通过鼓励高技术和低污染的产业发展,以及增加第三产业比重来优化其经济结构,这将有助于实现更加平衡和可持续的经济增长。同时,加强环境保护措施和推广绿色技术将是确保其长期繁荣的关键。

(三)资源耗损

用水总量是衡量地区资源消耗及水资源管理效率的核心指标之一。黄骅港的用水量达到 0.17 亿立方米,这一数据需结合该地区的人口规模、工业活动强度及农业需求进行综合考量。该数据可能表明黄骅港在水资源利用方面展现了一定的效率,但也可能反映出水资源供应存在一定的局限性或体现了高效的水资源管理政策。有效的水资源管理对于维护生态平衡、确保居民生活质量和支撑经济活动至关重要。黄骅港的水资源策略应聚焦于提升水使用效率,具体措施包括促进水资源的回收利用、减少浪费以及保护水源地,以有效应对潜在的水资源短缺风险。

用电总量则直接体现了地区的经济活动强度及其对能源的依赖程度。黄骅港的用电量高达 97.2 亿千瓦时,这一数据与其工业活动的繁荣及居民生活用电需求的增长紧密相关。较高的用电量可能意味着地区经济的活跃,但同时也凸显了加强能源管理和提升能效的紧迫性。作为工业重镇,如何在经济增长与能源消耗之间找到平衡,并减轻能源消耗对环境的负面影响,是黄骅港面临的一项重大挑战。黄骅港需进一步推广能源效率技术,并加大可再生能源的使用力度,以促进能源消耗的绿色转型,从而减少碳排放。

为进行归一化处理,设定每个指标的理想值如下:全社会用水总量理想值为 0.1 亿立方米(反映出较高的水资源使用效率),全社会用电总量理想值为 80 亿千瓦时(反映出优化的能源管理和高能效)。

进行归一化处理后,全社会用水总量得分 $= 0.17 \div 0.1 \times 100 = 170$(超出理想值,表明用水量可能过大),全社会用电总量得分 $= 97.2 \div 80 \times 100 = 121.5$(同样超出理想值,表明用电量高)。

权重分配如下:全社会用水总量:0.5,全社会用电总量:0.5。

总得分 $= 170 \times 0.5 + 121.5 \times 0.5 = 85.5 + 60.75 = 146.25$

黄骅港的资源耗损因素层总得分为 146.25,这一异常高分主要因为归一化得分超过了 100%。这表明黄骅港在资源利用上存在过度消耗的问题,特别是在用水和用电两个方面。这种高消耗可能与工业活动密集、能效水平不足或资源管理策略不当有关。

(四)环境污染

工业固废的产生量是衡量一个地区工业活动环境影响程度的重要指标之一。黄骅港年产生 519.66 万吨的工业固废,这一数据表明该地区的工业活动规模较大,固废管理的策略与效率将对地区环境健康产生直接影响。若大量的工业固废未能得到妥善处理,可能会严重污染土壤、水源和空气。鉴于此,构建一个有效的废物管理系统,涵盖废物减量、回收再利用和安全处置等环节,对维护环境健康至关重要。推广清洁生产技术和提升生产效率也是减少固废产生的有效途径。

昼间平均等效声级是衡量声音环境质量的关键指标,黄骅港的昼间平均等效声级为 60 分贝,这一数值虽处于可接受范围内,但已接近可能对居民日常生活产生影响的阈值。长期暴露在此噪声水平下,居民可能会感到疲劳并承受压力,进而对健康造成不利影响。对于黄骅港而言,管理噪声污染不仅有助于提升居民的生活质量,还能改善工作环境,促进社会和谐。控制主要噪声源,如交通、工业活动及施工作业,并采取隔声等有效措施,是降低噪声污染、保护居民健康的关键策略。

为进行归一化处理,设定每个指标的理想值如下:一般工业固废产生量理想值为 100 万吨(反映高效的资源利用和废物管理),区域声环境昼间平均等效声级理想值为 50 分贝(反映良好的居住和工作环境)。

进行归一化处理后,每个指标的得分:

一般工业固废产生量得分 $=100÷519.66×100=19.25$(得分较低,表明固废产生量超出理想值),区域声环境昼间平均等效声级得分 $=50÷60×100=83.33$(得分较好,接近理想环境)。

权重分配如下:一般工业固废产生量:0.6,区域声环境昼间平均等效声级:0.4。

总得分 $=19.25×0.6+83.33×0.4=11.55+33.332=44.882$

黄骅港的环境污染因素层总得分为 44.88,这反映了一定的环境挑战,尤其是在工业固废管理方面。这一得分表明,尽管声环境处于较为可接受的状态,固废产生的问题仍需引起重视。为了提高得分和改善环境状况,黄骅港需要采取更加严格和有效的废物处理与减量措施,提升固废的回收利用率,同时继续努力降低噪声污染,优化居民和工作人员的生活及工作环境。通过这些综合措施,黄骅港可以朝着更加绿色和可持续的方向发展。

承载对象的压力 $=27.2×0.55+94.25×0.2+146.25×0.13+44.88×0.12=58.21$

三、黄骅港生态弹性力分析

(一)水文情况

地下水资源是评估一个地区可持续水资源管理不可或缺的组成部分。黄骅港的地下水量为 0.04 亿立方米,在全球背景下或许显得相对较少,这提示我们该地区在地下水资源方面可能存在某种程度的局限。鉴于地下水资源的有限性,黄骅港必须采取行之有效的地下水保护与合理开发策略,以规避过度开采可能引发的地下水位下降及地面沉降等问题。保护地下水质量,防止污染物侵入地下水系统,也是至关重要的管理措施。

相较于地下水,黄骅港的地表水资源更为丰富,总量达到 0.85 亿立方米。这为黄骅港的工业、农业及居民用水提供了相对充足的水源。管理地表水资源同样面临挑战，主要在于如何维护水体健康，防止水污染和生态退化。有效的地表水管理不仅需要制定并执行严格的污水处理标准，还需通过河流、湖泊的生态修复工程来提升水质。应对气候变化所带来的极端气候事件，如洪水和干旱，也是地表水资源管理中不可忽视的关键任务。

归一化处理时，设定每个指标的理想值如下：地下水资源量理想值为 0.1 亿立方米，地表水资源量理想值为 1.0 亿立方米。

进行归一化处理后，地下水资源量得分 $=0.04\div0.1\times100=40\%$，地表水资源量得分 $=0.85\div1.0\times100=85\%$。

权重分配如下：地下水资源量：0.4，地表水资源量：0.6。

总得分 $=40\times0.4+85\times0.6=16+51=67$

黄骅港的水文情况因素层总得分为 67，表明虽然地区具有一定的水资源，但在地下水资源的可持续管理上存在不足。这个得分反映出黄骅港在水资源管理方面的挑战，尤其是如何平衡工业发展和资源保护的需求。

（二）地物覆被

黄骅港地区的森林覆盖率为 17.3%，意味着该地区部分陆地被森林所覆盖。这一覆盖率对于维护生物多样性及提供土壤保持、水源涵养和空气净化等生态服务具有重要意义。森林还为野生动植物提供了必要的栖息地，有助于维持生态平衡。通过吸收二氧化碳，森林在应对气候变化方面也发挥着关键作用。尽管 17.3% 的覆盖率带来了一定的环境益处，但与更高的森林覆盖率相比，其在全球碳循环和地方气候调节中的作用相对有限。这一覆盖率水平提醒我们，在黄骅港扩展城市和工业活动的过程中，必须充分考虑森林保护的重要性。确保森林覆盖率不被进一步降低，是地区可持续发展战略的重要组成部分，需要通过制定和执行相关法律与政策来加强保护和管理。

归一化处理时，设定森林覆盖率的理想值如下，森林覆盖率理想值为 30%（考虑到森林对生态系统服务的重要性和更广泛的环境效益）。

进行归一化处理后，森林覆盖率得分 $=17.3\div30\times100=57.67\%$。由于只有一个指标，其权重自然为 1。总得分 $=57.67$

黄骅港的森林覆盖率得分为 57.67，这一得分表明虽然存在一定程度的森林资源，但与理想的生态环境相比还有较大的提升空间。森林覆盖率的提升不仅关系到生物多样性的保护和生态服务的增强，也是应对全球气候变化的重要方面。

（三）气候条件

黄骅港的年日照时数达到 2 726 小时，显示出该地区拥有充足的阳光资源。这一条件对于农业生产，特别是那些依赖光合作用密集的作物而言，极为有利。充足的日照不仅促进了作物的生长，还有助于维护地区的生物多样性。高日照时数也意味着黄骅港具备发展太阳能发电的巨大潜力，可以作为推动可再生能源利用和减少化石燃料依赖的重要举措。高日照时差也可能引发过热和干旱问题,特别是在夏季,合理规划水资源使用和加强城市绿化,以调节地区气候、提升居民舒适度,显得尤为重要。

黄骅港的平均年降水量为544.9毫米,表明该地区的降水量适中,基本能够满足农业灌溉和城市水供应的需求。适中的降水有助于维持地表水体和地下水资源的补给,对生态系统的水循环发挥着关键作用。这样的降水量也要求黄骅港必须具备良好的水资源管理策略,以有效应对可能发生的干旱或洪水事件。需要优化水库、湖泊的水量管理,确保在干旱季节水资源的有效供应,并有效控制洪水风险。需考虑降水量的季节分配,以便合理安排农业生产周期和城市排水系统的建设,从而防范极端天气可能带来的不利影响。

归一化处理时,设定每个指标的理想值如下:年日照时数理想值为 3 000 小时,平均年降水量理想值为 800 毫米。

进行归一化处理后,年日照时数得分 $=2 726÷3 000×100=90.87$,平均年降水量得分 $=544.9÷800×100=68.11$。

权重分配如下:年日照时数:0.5,平均年降水量:0.5。

总得分 $=90.87×0.5+68.11×0.5=45.435+34.055=79.49$

黄骅港的气候条件因素层总得分为 79.49,这表明黄骅港的气候条件总体上是有利于农业生产和生态系统维护的。高日照时数提供了优越的自然资源,利于农业和太阳能的利用,而适中的降水量则支持了基本的水资源需求。然而,还需要进一步提高降水量或优化水资源管理,以确保水资源的可持续使用,特别是在面对气候变化导致的潜在极端气候事件时。

生态弹性力 $=67×0.5+57.67×0.28+79.49×0.22=67.14$

生态承载力 $=$承载媒体的支撑力 $×0.5+$承载对象的压力 $×0.4+$生态弹性力 $×0.1$ $=68.191×0.5+58.21×0.4+67.14×0.1=64.09$

第七章

京津冀地区港口发展与生态一致性评价

京津冀地区港口发展与生态一致性评价,应参考生态承载力综合分级评价标准,如表 7-1 所示。

表 7-1　生态承载力综合分级评价标准

目标层与准则层指数	承载媒体的支撑力	承载对象的压力	生态弹性力	生态承载力
<45	弱支撑	高压	弱稳定	弱承载
45—49	低支撑	较高压	低稳定	低承载
49—59	中支撑	中压	中稳定	中承载
59—69	较强支撑	较低压	较稳定	较高承载
69—100	强支撑	低压	高稳定	高承载

秦皇岛港生态承载力=承载媒体的支撑力×0.5+承载对象的压力×0.4+生态弹性力×0.1=62.208 6×0.5+69.28×0.4+74.24×0.1=66.24。由表 7-1 的评价标准可知,秦皇岛港承载媒体的支撑力为较强支撑;承载对象的压力为较低压力;生态弹性力为较稳定;生态承载力为较高承载。

唐山(含曹妃甸)港生态承载力=承载媒体的支撑力×0.5+承载对象的压力×0.4+生态弹性力×0.1=54.722×0.5+74.34×0.4+74.24×0.1=64.521。由表 7-1 的评价标准可知,唐山(含曹妃甸)港承载媒体的支撑力为较强支撑;承载对象的压力为较低压力;生态弹性力为较稳定;生态承载力为较高承载。

天津港生态承载力=承载媒体的支撑力×0.5+承载对象的压力×0.4+生态弹性力×0.1=70.811×0.5+48.46×0.4+55.16×0.1=60.305 5。由表 7-1 的评价标准可知,天津港承载媒体的支撑力为较强支撑;承载对象的压力为较低压力;生态弹性力为较稳定;生态承载力为较高承载。

在评价港口的生态承载力时,关键在于分析港口的承载媒体支撑力、承载对象的压力以及生态弹性力。以下是基于提供的数据对几个主要港口的生态承载力及其发展与生态一致性的详细评价。

第一节　天津港发展与生态一致性评价

天津港的生态承载力评分为 60.305 5,归入较高承载等级,此评分体现了其在生态支撑能力方面的强劲表现及对环境压力的有效控制。

一、承载媒体支撑力（较强支撑）

天津港的承载媒体支撑力展现出较强态势,表明其在生态资源的高效利用与精心保护方面取得了显著成效。为持续优化生态环境质量,需进一步强化生态监测与保护机制,确保生态资源的可持续利用。

二、承载对象的压力（较低压力）

尽管天津港经济活动繁忙,但其对生态环境的压力控制得当,体现了良好的环境管理水平。为进一步减轻环境影响,建议实施更为严苛的环境保护标准,并鼓励技术创新,以降低港口运营过程中的环境负荷。

三、生态弹性力（较稳定）

天津港的生态弹性力获得较稳定评级,说明其生态系统在面对环境变化与压力时具备较强的适应与恢复能力。为进一步提升这一能力,应加大对生态恢复项目与绿色基础设施的投资力度,强化生态系统的韧性与自我修复功能。

四、发展与生态一致性评价

天津港应坚定不移地推进生态优先发展战略,通过整合创新环保技术、优化政策框架等手段,确保港口运营与生态保护之间的协调发展。增加公众参与与环保意识提升活动,有助于构建全社会共同参与的生态保护格局,为天津港的可持续发展奠定坚实基础。

第二节　秦皇岛港发展与生态一致性评价

秦皇岛港得分为 66.24,展现出较高的生态承载水平,这充分表明了秦皇岛港在生态保护与资源管理领域所具备的较强能力。

一、承载媒体支撑力（较强支撑）

秦皇岛港所展现的较强支撑力,是其在生态资源维护与利用方面取得显著成效的标志。为持续巩固并提升这一优势,需不断推进环境保护措施的实施与生态恢复项目的开展,以实现对生态资源更加有效的管理和利用。

二、承载对象的压力（较低压力）

较低的压力等级反映了秦皇岛港在港口活动过程中对环境造成的破坏相对较小。为进一步减轻环境负担,应持续优化港口运营模式,减少能源消耗与废物排放,从而降低港口活动对生态系统的不良影响。

三、生态弹性力（较稳定）

秦皇岛港的生态弹性力表现出较为稳定的特征,这体现了其在面对环境变化与压力时具备良好的适应与恢复能力。为进一步提升生态弹性,应持续加大对生态创新与恢复技术的投资力度,以增强港口生态系统的韧性与自我修复能力。

四、发展与生态一致性评价

秦皇岛港应继续坚持生态优先的发展策略,依托科技创新与政策扶持,不断提升其生态承载力。具体而言,可通过引入更多绿色航运与港口运营技术,推动港口向更加可持续的发展模式转型,以实现经济发展与环境保护的双赢局面。

第三节　唐山港发展与生态一致性评价

唐山港的生态承载力评分为 64.521,归类于较高承载类别,此评分彰显了其在支撑生态系统及缓解环境压力方面的卓越表现。

一、承载媒体支撑力（较强支撑）

唐山港作为重要的工业与港口枢纽,其展现出的较强支撑力,有力印证了其在环境资源管理与保护方面的成效显著。为进一步提升其承载能力,需持续致力于生态保护措施的完善与优化。

二、承载对象的压力（较低压力）

在保持强劲经济活动的唐山港对环境的压力维持在较低水平,这充分体现了其在环境保护方面的有效管理与控制。为进一步减轻环境负担,应持续推广并实施环境友好的工业与港口作业实践。

三、生态弹性力（较稳定）

唐山港展现出良好的生态弹性特征,能够灵活应对环境变化与压力,显示出其生态系统的强健与韧性。为进一步提升其适应性与恢复能力,应强化生态监测与评估机制,确保生态系统的健康与稳定。

四、发展与生态一致性评价

面向未来，唐山港需不断深化其生态基础设施的建设与管理策略的制定，以支撑持续增长的工业活动与港口运营需求。通过实施综合性的环境管理体系，并积极促进公众参与，可确保经济发展与生态保护之间的和谐共生，实现可持续发展目标。

第四节　黄骅港发展与生态一致性评价

黄骅港的生态承载力得分为 64.09，根据生态承载力综合分级评价标准，其承载媒体的支撑力为较强支撑；承载对象的压力为较低压力；生态弹性力为较稳定；生态承载力为较高承载。

一、承载媒体的支撑力（较强支撑）

作为承载媒体，黄骅港的生态系统展现出较强的支撑力。这一判断基于生态系统对自然资源的有效利用及维护能力。黄骅港地理位置优越，拥有辽阔的海域及丰富的生物多样性，涵盖多种水生生物及湿地生态系统。海域不仅为生物提供栖息地，还具备调节气候、净化水质等自然服务功能。黄骅港地区生态支撑力强，表明其自然环境质量优良，生态系统稳定，能够支撑较高强度的经济活动，而不至于引发不可逆的生态损害。该地区可能已采取有效的环境保护举措，如设立自然保护区、限制污染排放等，这些均有助于维护生态系统的健康及其服务功能。

二、承载对象的压力（较低压力）

承载对象的压力体现了人类活动对生态系统造成的直接影响。黄骅港的生态承载力评估结果显示，该地区的承载对象压力较低，意味着人类活动对环境的影响处于可控范围，生态环境未遭受过度开发与破坏。在实际管理中，较低的压力得益于有效的城市规划及环境管理政策。黄骅港可能实施了严格的工业排放标准与高效的废物处理系统，减轻了对水质及生态系统的负面影响。低压力还可能表明该地区的经济活动类型相对温和，如以旅游、渔业等为主，这些行业相较于重工业，对环境的破坏程度较小。

三、生态弹性力（较稳定）

生态弹性力是指生态系统在遭遇外界干扰后，恢复其原有状态的能力。黄骅港的生态弹性力被评为较稳定，表明该地区的生态系统在受到扰动后，能够迅速恢复到稳定状态。这一弹性力的高低与生态系统的多样性和复杂性紧密相关。黄骅港稳定的生态弹性力可能得益于其在生物多样性保护与恢复方面所做的努力。生态系统的多样性使得各种生物能够在环境变化后，通过相互作用重新达到平衡状态。得到保护的湿地能够有效调节水质、减缓洪水，为生态系统提供了必要的自我修复机制。

四、发展与生态一致性评价

黄骅港的生态承载力综合评价结果为较高,这表明该地区具备较强的生态系统服务功能,能够支撑较大规模的人类生产和生活活动,而不会导致生态系统功能的衰退。高生态承载力通常与地区的经济发展水平和生态保护措施的有效性密切相关,说明黄骅港在这两方面均表现出色。黄骅港的高承载力可能得益于该地区有效的环境监测和管理政策,这些政策确保了资源的可持续利用和环境的长期健康发展。高承载力也意味着该地区在未来的发展中具有较大的潜力,能够吸引更多的投资和居民,进一步推动社会经济的繁荣。

黄骅港的生态承载力分析显示,该港区在生态支撑力强、承载对象压力低、生态弹性力稳定以及生态承载力高这四个方面均表现出色。这些评价指标充分反映了黄骅港在生态保护和可持续发展方面取得的显著成效,为该地区未来的发展奠定了坚实的生态基础。政府和相关部门应继续强化生态保护和资源管理,以维持这一良好态势,促进黄骅港的长期繁荣与健康发展。

第八章

京津冀地区产业生态承载力评价指标体系设计

第一节 评价指标体系的构建

本书旨在评价京津冀地区产业生态承载力,因此将产业生态承载力作为评价指标体系的目标层。产业生态承载力主要研究三个方面的平衡关系,如图 8-1 所示。

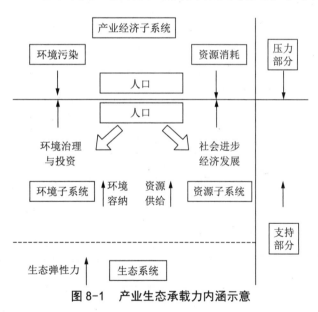

图 8-1 产业生态承载力内涵示意

图 8-1 阐述的生态承载力评估体系,其架构坚实地建立在三大核心准则层之上:首要为生态弹性力,此维度深刻揭示了生态系统固有的、内在的自我恢复与动态调节能力,是生态系统维持稳定与抵抗外界干扰的基石;其次为承载媒体的支撑力,该层面广泛涵盖了区域内自然资源的可持续供给潜力、环境对各类活动的容纳能力,以及社会经济进步如何通过技术创新、政策引导等手段对生态环境治理产生的积极推动作用;最后则是承载对象的压力,它直接映射了资源开发利用的强度、环境污染的广度,以及人口

增长与经济发展双重因素下对生态系统施加的多重负荷。这三大维度相互关联、互为制约,共同构成了评估生态承载力全面而深刻的框架。

在构建这一评估体系的因素层时,深入剖析了生态承载力的多维度内涵,不仅着眼于自然条件与资源环境基础等自然因素的固有属性,还充分考虑了社会经济活动作为外部驱动力对生态系统的深远影响。针对生态弹性力,精心选取了气候条件、水文循环状态、地表覆盖类型与变化等关键因素,旨在精准刻画生态系统的基础特征与韧性水平。对于承载媒体的支撑力评估,既要重视资源如水资源、土地资源的直接供给能力与环境承载能力,也不忽视社会经济体系中环境治理投资、政策执行效率及公众环保意识提升等因素对生态环境质量的正面效应。至于承载对象的压力分析,则应全面审视资源消耗速度、环境污染状况、人口规模扩张速度及其结构变化,以及经济增长模式与速度对生态系统造成的综合压力,力求捕捉人类活动对自然环境的全方位影响。

在确立具体的指标层时,严格遵循科学严谨、全面覆盖、切实可行以及数据可获取性的基本原则,同时紧密结合研究区域独特的地理环境、社会经济状况及发展趋势。针对研究区域内人口密度高、社会经济快速发展、资源能源消耗量大的特点,经过严谨筛选与充分论证,最终确定了一个包含35项具体指标、层次分明、逻辑清晰的评价体系。这一体系旨在通过精细化的量化分析,准确反映研究区域生态承载力的现状、变化趋势及潜在问题,为制定科学合理的生态环境保护与资源管理措施提供坚实的数据支撑与决策依据。[①] 如表8-1所示。

表8-1 京津冀地区港口生态承载力评价指标体系及权重

目标层	准则层	因素层	指标层
产业生态承载力	承载媒体的支撑力(0.5)	产业发展状况(0.2)	规模以上工业企业总产值
			规模以上企业个数
		重点产业发展状况(0.5)	相关指标1
			相关指标2
			……
			相关指标n
		港口基本状况(0.2)	货物吞吐量
			外贸货物吞吐量
			集装箱吞吐量
			码头长度
			泊位个数
			万吨级泊位个数

---

① 曲超,刘桂环,吴文俊,等.长江经济带国家重点生态功能区生态补偿环境效率评价 [J].环境科学研究,2020,33(2):471-477.

续表

目标层	准则层	因素层	指标层
产业生态承载力	承载媒体的支撑力(0.5)	社会发展(0.1)	城镇居民人均可支配收入
			农村居民人均可支配收入
			第三产业 GDP 占比
			社会消费品零售额
	承载对象的压力(0.4)	人口压力(0.55)	人口自然增长率
			人口密度
		经济增长(0.2)	人均 GDP
			GDP 年增长率
			第二产业占 GDP 比例
		资源耗损(0.13)	全社会用水总量
			全社会用电总量
			工业原煤消耗量
		环境污染(0.12)	工业固废排放量
			区域声环境昼间平均等效声级
	生态弹性力(0.1)	环境治理(1.0)	生态环境状况指数(EI)
			空气质量优于二级及以上天数的比例
			地表水优于Ⅲ类水质的比例
			建成区绿化覆盖率
			工业固体综合利用率
			环境噪声达标区面积占建成区总面积的比例

(注:括号中数字为权重)

第二节　指标权重确定

在京津冀地区的生态承载力评估中,权重的分配对评价结果有着决定性的影响。

一、准则层指标权重分析

"承载媒体的支撑力"被赋予的权重为 0.5,是此评估体系中权重最高的准则层。这一权重分配凸显了对京津冀地区生态环境基础设施支撑能力和产业发展现状的高度重视。在快速推进的城市化与工业化进程中,区域经济的持续、健康发展,离不开稳固的承载媒体基础。该准则层着重强调了诸如高端装备制造业、新能源产业等重点产业的发展态势,这些产业作为推动区域经济转型与升级的核心驱动力,其发展状况直接关系到生态系统的健康水平以及经济的可持续性。

"承载对象的压力"权重为 0.4,体现了人口增长与经济活动对生态环境造成的压力。人口密集与经济活动频繁的区域,往往伴随着资源的大量消耗与环境污染的加剧。如何在确保经济增长的同时,有效应对并减轻这些压力,成了实现可持续发展的核心挑战。权重的这一配置,进一步凸显了对人口管理、经济结构调整以及资源与环境保护之间平衡的深切关注。

"生态弹性力"的权重为 0.1,相对较低。尽管生态系统的恢复力与适应能力至关重要,但其变化与成效的显现往往需经历较长时间,且易受多种不可预测因素的影响。该准则层聚焦于如何通过强化环境治理,以提升整个生态系统的恢复力与自我维持能力,这被视为对长期生态健康的战略性投资。

二、因素层指标权重分析

在"承载媒体的支撑力"这一范畴内,重点产业发展状况的权重高达 0.5,这一分配明确彰显了高端装备制造业等新兴及战略性产业所受到的重视,这些产业被视为驱动区域经济未来增长的核心引擎。紧随其后的是产业发展状况(0.2)与港口基本状况(0.2),这两者的权重反映了基础设施完善度与现有产业规模对于环境支撑能力的关键作用。尽管社会发展(0.1)的权重相对较低,但其涵盖的居民生活质量提升与服务业发展等软性环境因素,同样具有不可忽视的重要性。

"承载对象的压力"层面,人口压力的权重最高,达到 0.55,这一数据突出强调了人口增长与高密度对区域环境造成的巨大压力。经济增长(0.2)的权重则体现了经济活动对资源与环境的直接影响,而资源耗损(0.13)与环境污染(0.12)的权重分配,则具体指向了在经济活动中对资源使用效率及环境负面影响的细致管理。

"生态弹性力"层面,环境治理的全权重分配,明确指示了通过全面优化环境质量以增强生态系统适应力与恢复力的战略导向。

权重的上述分配方式,深刻揭示了京津冀地区在生态承载力评估中的核心关注点与优先级。高度重视产业发展与港口基础设施的强化建设,旨在确保经济活动能够持续稳健增长,亦强调了对人口增长、资源消耗及环境污染等潜在风险的严格管理。凭借加大环境治理力度与提升生态系统弹性,展现了对未来生态安全与可持续发展的深远考量。此种权重配置,为政策制定者提供了一个清晰明确的框架,有助于在经济发展与环境保护之间寻求平衡,同时为区域内可持续发展策略的制定提供了坚实的科学依据。

第九章

京津冀地区产业生态承载力评价模型构建

第一节 评价模型建立

京津冀地区产业生态承载力的大小取决于承载媒体的支撑力、承载对象和生态弹性力的压力三个方面,生态承载力的指数计算也基于这三个方面,分别为承载媒体的支撑力(CCS)指数、承载对象的压力(CCP)指数和生态弹性力(EEC)指数[①]。

承载媒体的支撑力指数计算公式如下:

$$CCS = \sum_{l=1}^{n_2} S_l \times W_l$$

式中,S_l 为影响因素 l(产业发展状况、重点产业发展状况、港口基本状况、社会发展)的值;W_l 为影响因素 l 对应的权重;n_2 为影响因素数量。

承载对象的压力指数计算公式如下:

$$CCP = \sum_{k=1}^{n_3} S_k \times W_k$$

式中,S_k 为影响因素 k(人口压力、经济增长、资源耗损、环境污染)的值;W_k 为影响因素 k 对应的权重;n_3 为影响因素数量。CCP越大,说明生态系统所承受的压力越小。

生态弹性力指数计算公式如下:

$$EEC = \sum_{v=1}^{n_1} S_v \times W_v$$

式中,S_v 为影响因素 v(环境治理)的值;W_v 为影响因素 v 对应的权重;n_1 为影响因素数量。

生态承载力指数计算公式如下:

$$ECC = \sum_{v=1}^{n_1} A_x \times W_x$$

式中,A_x 为准则层评价结果(即 CCS、CCP、EEC 指数),W_x 为准则层权重。

---

① 王云霞. 北京市生态承载力与可持续发展研究 [D]. 北京:中国矿业大学(北京),2010.

第二节 分级评价标准

为客观评价目标层及准则层的承载状态,将指标目标值分为 5 个等级,并运用均匀分布函数 [1] 来拟定分级标准,如表 9-1 所示。

表 9-1 产业生态承载力综合分级评价标准

目标层与准则层指数	承载媒体的支撑力	承载对象的压力	生态弹性力	生态承载力
<45	弱支撑	高压	弱稳定	弱承载
45～49	低支撑	较高压	低稳定	低承载
50～59	中支撑	中压	中稳定	中承载
60～69	较强支撑	较低压	较稳定	较高承载
70～100	强支撑	低压	高稳定	高承载

第三节 障碍度因子分析

鉴于评价指标体系内部,从准则层至因素层再至指标层,各层级所承载的权重差异显著,直接量化其对生态承载力具体影响程度的难度较高,本书特此引入障碍度模型作为核心分析工具。障碍度模型,作为一种基于体系综合评估结果构建的系统性诊断工具,其核心功能在于精确识别并准确定位那些限制评价体系整体优化升级的关键性障碍要素。

在针对京津冀地区产业生态承载力评价体系进行深度剖析时,本书采用了障碍度模型,对准则层、因素层以及指标层进行了全面而细致的障碍因子分析。这一分析过程的核心逻辑在于,通过量化计算各因子的障碍度值,清晰揭示其对京津冀地区产业生态承载力提升进程中的潜在阻碍作用及其程度。具体而言,障碍度值越高,即意味着该因子作为障碍因素的角色越为关键,其对生态承载力提升过程所施加的限制与制约效应也更为显著。

基于上述分析,能够系统性地识别并提炼出制约生态承载力提升的关键因素,其计算公式如下 [2]。

$$V_{mn}=1-R_{mn}$$

---

① 孙桂平,元利,李琪琛 . 基于可持续发展视角的河北省武安市生态承载力研究 [J]. 国土资源科技管理, 2015, 32(3):118-125.

② 廖雨辰,谢雨,刘俊雁,等 . 九寨沟自然保护区生态安全动态评价及障碍因子 [J]. 生态学报, 2021, 41(15):5950-5960.

$$t_{mn} = \frac{V_{mn} \times E_{mn}}{\sum\limits_{n=1}^{35} V_{mn} \times E_{mn}} \times 100\%$$

$$T_{mn} = \sum t_{mn}$$

式中，E_{mn} 为第 m 年单项指标 n 的权重；R_{mn} 为第 m 年单项指标 n 的标准化值；V_{mn} 为指标偏离度，指第 m 年单项指标 n 的标准化值与 100% 的差值；t_{mn} 为第 m 年单项指标 n 的障碍度；T_{mn} 为第 m 年准则层指标 n 的障碍度。

第十章

京津冀地区产业生态承载力测度与分析

本书在京津冀地区选定高端装备制造(含海洋工程装备制造、船舶制造)、新能源产业、钢铁产业作为三大核心主导产业,并将海洋电力产业、海洋交通运输业及海洋工程装备制造业确立为三大核心战略性新兴产业,以进行产业生态承载力的评估与分析,这一决策是基于该地区特有的经济结构、产业优势及其对国家经济战略的重大贡献。此选择有助于深刻洞察和评判区域内产业发展对生态与资源的具体影响,从而更有效地推动产业结构优化与绿色发展进程。

京津冀区域拥有雄厚的工业底蕴,特别是在重工业和装备制造业领域。此区域的装备制造业,特别是海洋工程装备与船舶制造,历经长期发展,已构建了较为完备的产业链条与技术体系。伴随国家海洋强国战略的深入实施,海洋工程装备及船舶制造在国家战略布局中占据核心地位。同时,全球航运市场的持续增长为船舶制造业提供了广阔的发展舞台。

政策导向与环保需求:新能源产业作为国家重点扶持的战略性新兴产业,京津冀地区积极响应国家政策,大力发展风能、太阳能等新能源,以缓解传统能源依赖所引发的环境压力。该地区风能、太阳能资源丰富,特别是沿海区域风电装机容量领先全国,具备发展新能源产业的自然条件优势。

京津冀地区作为中国钢铁工业的核心区域,汇聚了大量钢铁企业及完善的上下游产业链。面对国内外市场环境的变迁及国家环保政策的严格要求,该产业正步入转型升级的关键时期,亟须通过技术创新与结构调整,提升绿色发展水平。

海洋电力,特别是潮流能、波浪能等,虽处于发展初期,但因其巨大的能源潜力及较小的环境影响,被视为未来可持续能源体系的重要组成部分。京津冀位于北方海岸,坐拥多个重要港口城市,海洋交通运输业成为连接国内外市场的关键纽带,对区域经济发展具有显著推动作用。作为高端装备制造业的分支,海洋工程装备制造业在近海及深海资源开发中扮演关键角色,随着全球能源结构调整及海洋资源开发深化,市场需求持续增长。

　　高端装备制造业涵盖高技术含量的机械制造与设备制造,如船舶、海洋平台及高性能自动化设备的研发与制造,涉及自动控制技术、高精度加工技术、大型结构建造技术等广泛技术领域。新能源产业主要涉及风能、太阳能、生物质能等可再生能源的开发利用,这些能源具有可持续性,对环境影响较小。钢铁产业涵盖从铁矿石开采到钢铁冶炼及加工的全过程,作为基础性工业部门,对国家基础设施建设及制造业发展起到支撑作用。海洋电力产业涉及潮汐能、潮流能、波浪能等海洋能源的捕获与转换,相关技术正从试验阶段逐步迈向商业化应用。海洋交通运输业包括海上货物运输、旅客运输及相关的港口服务、物流服务,对全球贸易及地区经济互联互通具有基础性作用。海洋工程装备制造业专注于为海洋资源开发提供技术与设备支持,涵盖钻井平台、生产平台、支持船舶等。

第一节　高端装备制造业生态承载力测度与分析

　　京津冀高端装备制造业生态承载力评价指标体系及权重,如表 10-1 所示。

表 10-1　京津冀高端装备制造业生态承载力评价指标体系及权重

目标层	准则层	因素层	指标层
产业生态承载力	承载媒体的支撑力(0.5)	产业总体发展状况(0.2)	规模以上工业企业总产值 96 130 亿元
			规模以上企业个数 20 000 个
		高端装备制造产业发展状况(0.5)	高端装备制造产业营业收入 21 647.48 亿元
			高端装备制造产业营业收入累计增长率 11.2%
			高端装备制造产业增加值累计增长率 10.6%
			高端装备制造产业增加值对经济增长贡献率 38.6%
			高端装备制造产业增加值占经济比重 23.4%
		港口基本状况(0.2)	货物吞吐量 192 073 万吨
			外贸货物吞吐量 73 700 万吨
			集装箱吞吐量 4 665.6 万吨
			码头长度 122 511 米
			泊位个数 511 个
			万吨级泊位个数 288 个
		社会发展(0.1)	城镇居民人均可支配收入 6.26 万元/人
			农村居民人均可支配收入 1.62 万元/人
			第三产业 GDP 占比 69.3%
			社会消费品零售额 19 920.7 亿元

目标层	准则层	因素层	指标层
产业生态承载力	承载对象的压力(0.4)	人口压力(0.55)	人口自然增长率 -1.97‰
			人口密度 954.5 人 / 平方千米
		经济增长(0.2)	人均 GDP12.75 万元 / 人
			GDP 年增长率 5.0%
			第二产业占 GDP 比例 29%
		资源耗损(0.13)	全社会用水总量 255.75 亿立方米
			全社会用电总量 6 594.8 亿千瓦时
			工业原煤消耗量 58 698.75 万吨
		环境污染(0.12)	工业固废排放量 2 494.6.3 万吨
			区域声环境昼间平均等效声级 54.3 分贝
	生态弹性力(0.1)	环境治理(1)	生态环境状况指数(EI)64.2
			空气质量优于二级及以上天数的比例 69.1%
			地表水优于Ⅲ类水质的比例 61.5%
			建成区绿化覆盖率 44.2%
			工业固体综合利用率 93.6%
			环境噪声达标区面积占建成区总面积的比例 80%

（注：数据来源于《中国统计年鉴》《中国城市统计年鉴》《中国港口年鉴》《秦皇岛统计年鉴》《天津统计年鉴》《唐山统计年鉴》）

一、京津冀高端装备制造业承载媒体的支撑力分析

（一）产业发展状况

京津冀地区作为中国北部举足轻重的经济圈之一,其工业与企业的发展态势对于评估该地区的经济实力及产业承载能力具有关键意义。本书聚焦于"规模以上工业企业总产值"与"规模以上企业个数"两大核心指标。

规模以上工业企业总产值高达 96 130 亿元,这一数据有力地彰显了京津冀地区工业企业雄厚的产值规模,凸显了该区域工业经济的高度繁荣及市场的广阔前景。96 130 亿元的产值不仅在国内市场中占据显著地位,亦在国际市场上具有重要影响。然而,高产值往往伴随着高能耗与高排放,在推动产值持续增长的同时,必须高度重视生态环境的保护与可持续发展战略的落地实施。如何在工业发展与环境保护之间找到平衡点,是京津冀地区亟待解决的重要课题。从承载力的维度考量,如此庞大的产值需要相应的资源支撑与环境容量作为保障,这涵盖了能源供应、水资源管理、空气质量维护等诸多方面。

规模以上企业个数多达 20 000 个,这一数字充分说明了京津冀地区具备较强的产

业集聚效应。这一效应不仅有助于经济规模效应的充分发挥,还促进了技术的不断进步与创新。企业数量的众多,对就业、税收等社会经济层面产生了积极而深远的影响,但同时也对基础设施及公共服务的需求带来了更大的压力。面对如此众多的企业,尤其是要确保它们严格遵守环境法规,这无疑是对地区政府管理能力的一大考验。构建有效的政策体系与监管机制,是保障这些企业实现可持续发展的关键所在。

归一化处理时,设定每个指标的理想值如下:规模以上工业企业总产值理想值为100 000亿元,规模以上企业个数理想值为25 000个。

进行归一化处理后,规模以上工业企业总产值得分=96 130÷100 000×100=96.13,规模以上企业个数得分=20 000÷25 000×100=80。

权重分配如下:规模以上工业企业总产值为0.6,规模以上企业个数:0.4。

总得分=96.13×0.6+80×0.4=57.678+32=89.678

京津冀地区的产业发展状况因素层总得分为89.68,这一高分表明该地区在工业经济发展和企业规模方面表现优秀。高企业总产值和大量的规模以上企业体现了强大的经济实力和良好的市场动态。

(二)高端装备制造产业发展状况

京津冀地区的高端装备制造产业,作为该区域的关键经济支柱,其发展状况深刻影响着整个地区的产业升级与经济转型进程。高端装备制造产业营业收入高达21 647.48亿元,这一数据直观展现了该产业在京津冀地区拥有庞大的经济活动规模,是地区经济不可或缺的组成部分。高营业收入不仅体现了产业规模的庞大,更彰显了其市场需求的旺盛与技术含量的高端。这样的收入水平对于吸引外部投资、促进就业以及带动相关产业链条的协同发展,均发挥着积极作用。同时,这也对产业提出了更高要求,亟须持续推动技术创新与市场拓展,以维护和提升产业竞争力。

高端装备制造产业营业收入累计增长率达到11.2%,这一数据反映了该产业在京津冀地区持续健康发展的良好态势。它表明,产业正积极响应国家制造业升级政策,充分利用地区内的科技资源、人才储备与资本优势,实现快速而稳健的发展。持续的增长率还意味着该产业已具备适应市场变化的能力,能够在全球竞争中保持领先地位,对地区经济的长期增长与结构优化产生深远影响。

在提升生产效率和产出质量方面,高端装备制造产业增加值累计增长率达到了10.6%,这一数据彰显了该产业在提升产品附加值、推动技术创新与优化生产流程方面取得的显著成果。增加值的提高,对于提升企业盈利能力及产业整体经济贡献度至关重要,有助于推动地区经济向高质量发展阶段迈进。

高端装备制造产业增加值对经济增长的贡献率高达38.6%,这一数据充分表明,该产业已成为京津冀地区经济增长的主要驱动力之一。该产业的发展不仅带动了大量就业,还促进了相关产业的蓬勃发展,对地区经济产生了广泛而深远的影响。这一高贡献率也提示我们,产业中的任何技术升级或市场变化都可能对地区经济产生重大影响,因此,需要精细化的政策引导与行业支持。

高端装备制造产业增加值占经济比重为23.4%,这一比重凸显了高端装备制造业在地区经济中的重要地位,对经济结构优化与升级发挥着核心作用。23.4%的比重不仅显示了产业强大的市场地位与技术优势,还意味着对产业的投资与政策调整需谨慎行事,以确保产业的稳定与持续发展,为地区经济的繁荣贡献力量。

归一化处理时,设定每个指标的理想值如下:营业收入理想值为25 000亿元,营业收入增长率理想值为15%,增加值增长率理想值为12%,增加值对经济增长贡献率理想值为40%,增加值占经济比重理想值为25%。

营业收入得分=21 647.48÷25 000×100=86.59

营业收入增长率得分=11.2÷15×100=74.67

增加值增长率得分=10.6÷12×100=88.33

增加值对经济增长贡献率得分=38.6÷40×100=96.5

增加值占经济比重得分=23.4÷25×100=93.6

权重设定如下:营业收入:0.2,营业收入增长率:0.2,增加值增长率:0.2,增加值对经济增长贡献率:0.2,增加值占经济比重:0.2。

总得分=86.59×0.2+74.67×0.2+88.33×0.2+96.5×0.2+93.6×0.2=17.318+14.934+17.666+19.3+18.72=87.938

京津冀地区的高端装备制造产业发展状况因素层总得分为87.94,表明该产业在地区经济中占据极其重要的地位,表现出强劲的增长势头和显著的经济贡献。尽管在某些理想指标上略有不足,如营业收入和营业收入增长率,但整体来看,产业的健康发展态势为地区的经济发展提供了坚实的支撑。

(三)港口基本状况

京津冀地区的货物吞吐量达到了192 073万吨,这一数据充分展示了该地区港口卓越的货物处理能力,对于支撑区域经济活动的蓬勃发展与国际市场的紧密连接具有至关重要的作用。如此大规模的货物吞吐能力,为出口导向型工业的快速发展及国际贸易的顺畅进行提供了坚实保障。然而,高吞吐量亦伴随着环境压力,如空气污染和水污染等问题,这就要求实施高效的环境管理措施,以有效缓解这些负面影响。

外贸货物吞吐量达到73 700万吨,这一显著数字凸显了京津冀地区港口在国际贸易中的重要地位。高比例的外贸货物处理能力不仅促进了地区经济的全球化进程,还显著提升了地区产品的国际竞争力。然而,高度依赖国际市场也可能在全球经济波动时期带来潜在风险,因此,多元化市场布局与提升内贸能力同样至关重要。

京津冀地区的集装箱吞吐量达到4 665.6万吨,这一数据证明了该地区具备处理国际标准集装箱运输的强大能力,为快速、高效的货物流转提供了有力支持。集装箱物流的优化与自动化是提升港口运营效率的关键所在,需要持续的技术投入与创新驱动。

码头长度总计122 511米,这一长度使得港口能够同时容纳多艘大型船舶,处理大规模国际贸易有显著优势。较长的码头长度不仅提升了港口的服务能力与运营效率,还意味着需要实施高标准的维护管理与安全措施,以确保港口运营的顺畅与安全。

京津冀地区港口拥有 511 个泊位,这一数量表明港口能够同时服务多条航线和大量船只,显著增强了港口的吞吐能力与灵活性。高效管理这些泊位,需要构建科学的调度系统与物流管理策略,以最大化泊位的使用效率。

288 个万吨级泊位的数量,彰显了港口接待大型货船的能力,这对于处理如矿石、石油等散装大宗商品尤为重要。这一数据也表明,京津冀地区港口具备服务大型船舶的卓越能力,是连接国际重要航线的关键枢纽。

归一化处理时,设定每个指标的理想值如下:货物吞吐量理想值为 200 000 万吨,外贸货物吞吐量理想值为 80 000 万吨,集装箱吞吐量理想值为 5 000 万吨,码头长度理想值为 130 000 米。泊位个数理想值为 550 个,万吨级泊位个数理想值为 300 个

货物吞吐量得分 $= 192\,073 \div 200\,000 \times 100 = 96.04$

外贸货物吞吐量得分 $= 73\,700 \div 80\,000 \times 100 = 92.13$

集装箱吞吐量得分 $= 4\,665.6 \div 5\,000 \times 100 = 93.31$

码头长度得分 $= 122\,511 \div 130\,000 \times 100 = 94.24$

泊位个数得分 $= 511 \div 550 \times 100 = 92.91$

万吨级泊位个数得分 $= 288 \div 300 \times 100 = 96$

权重分配如下:货物吞吐量:0.2,外贸货物吞吐量:0.2,集装箱吞吐量:0.15,码头长度:0.15,泊位个数:0.15,万吨级泊位个数:0.15。

总得分 $= 96.04 \times 0.2 + 92.13 \times 0.2 + 93.31 \times 0.15 + 94.24 \times 0.15 + 92.91 \times 0.15 + 96 \times 0.15 = 19.208 + 18.426 + 13.996\,5 + 14.136 + 13.936\,5 + 14.4 = 94.103$

京津冀地区的港口基本状况因素层总得分为 94.1,表明该地区港口在货物处理能力、船舶服务能力及国际贸易连接方面表现优秀。这些港口是京津冀地区对外贸易的重要支点,对经济活动有重大贡献,但同时需注意持续提升港口设施的现代化水平,优化港口运营管理,增强环境保护措施,确保可持续发展。通过这些措施,可以进一步提升港口的国际竞争力,支撑京津冀地区的经济增长。

(四)社会发展

京津冀地区的社会发展情况可通过以下四个核心指标进行深入评估:城镇居民人均可支配收入、农村居民人均可支配收入、第三产业在 GDP 中的占比,以及社会消费品零售额。这些指标全面反映了该地区的经济繁荣程度及居民生活水准。

地区城镇居民人均可支配收入为 6.26 万元 / 人,这一数据彰显了京津冀地区城镇居民较高的经济福利与优异的生活质量。人均收入水平作为衡量经济发展状况与居民购买力的重要指标,6.26 万元的人均可支配收入不仅支撑了较高的消费水平,还确保了良好的生活标准。通常,较高的收入水平与教育水平的提升、就业机会的增多以及健康服务质量的改善紧密相关,共同推动了居民整体福祉的增进。

相较于城镇居民,地区农村居民的人均可支配收入较低,具体为 1.62 万元 / 年,这一数据揭示了城乡之间存在的经济差距。这一收入水平可能在一定程度上限制了农村居民的消费潜力与生活质量的提升。因此,提升农村居民的收入水平,对于缩小城乡差距、

促进社会和谐与经济的持续健康发展具有关键作用。这就要求政府出台相关政策，如改善农业基础设施、增加教育资源与卫生服务的供给，以及推动非农就业机会的拓展。

第三产业，特别是服务业，在 GDP 中的占比高达 69.3%，这一数据表明京津冀地区的经济结构已高度服务化。这种经济结构有助于提升经济的抗风险能力，因为服务业相较于工业而言，通常具有更高的稳定性，且对环境的压力相对较小。服务业在 GDP 中的高占比，不仅反映了该地区经济发展的成熟度，还提供了丰富的就业机会，促进了经济增长，并带动了相关产业的协同发展。

社会消费品零售额高达 19 920.7 亿元，这一数据充分显示了京津冀地区消费市场的庞大规模与消费者的强大购买力。高额的零售额不仅体现了居民的高消费能力，还彰显了该地区零售业的繁荣景象。一个强劲的消费市场，是经济健康发展的显著标志，对于吸引外部投资、促进新业态的蓬勃发展以及增加就业机会具有重要意义。

理想值设定如下：城镇居民人均可支配收入理想值为 10 万元／人、农村居民人均可支配收入理想值为 5 万元／人、第三产业 GDP 占比理想值为 80%、社会消费品零售额理想值为 25 000 亿元。

城镇居民人均可支配收入得分 = 6.26÷10×100 = 62.6

农村居民人均可支配收入得分 = 1.62÷5×100 = 32.4

第三产业 GDP 占比得分 = 69.3÷80×100 = 86.625

社会消费品零售额得分 = 19 920.7÷25 000×100 = 79.683

权重分配如下：城镇居民人均可支配收入为 0.25，农村居民人均可支配收入为 0.25，第三产业 GDP 占比为 0.25，社会消费品零售额为 0.25。

总得分 = 62.6×0.25+32.4×0.25+86.625×0.25+79.683×0.25 = 15.65+8.1+21.656 25+19.920 75 = 65.327

京津冀地区的社会发展因素层总得分为 65.33，显示出该地区在社会经济发展方面具有一定的优势，尤其在服务业的发展和消费市场的活跃度方面表现良好。城乡之间的经济差距依然显著，尤其是农村居民的收入水平较低，这需要通过政策调整和资源再分配来进一步改善。提高农村地区的生活和经济水平是减少社会不平等、促进地区均衡发展的重要任务。

京津冀高端装备制造业承载媒体的支撑力 = 89.678×0.2+87.94×0.5+94.10×0.2+65.33×0.1 = 87.26

二、京津冀高端装备制造业承载对象的压力分析

（一）人口压力

负的人口自然增长率，具体数值为 -1.97‰，揭示了京津冀地区当前面临的出生率低于死亡率的现象，进而导致了人口数量的自然减少。这一趋势可能映射出该地区日益严峻的老龄化问题，亦可能是经济与社会因素综合作用下生育率下滑的直观体现。长期的人口减少，无疑会对劳动力市场构成一定的压力，进而可能削弱地区经济的持续

增长潜力。同时,人口数量的减少虽能在一定程度上缓解对基础设施与公共服务的需求压力,但亦需政策层面的适时调整,以有效应对老年人口比例上升所带来的对医疗体系与社会保障系统需求增加的挑战。

京津冀地区的人口密度为954.5人/平方千米,这一数据表明该地区的居住区域相对集中。这种高密度的人口分布,可能会引发一系列社会与环境问题,如住房资源紧张、交通拥堵加剧、资源分配不均以及环境污染问题。因此,高效的城市规划与基础设施建设显得尤为重要,它们不仅是保障居民生活质量的关键,也是提升城市可持续发展能力的必要手段。高人口密度亦有其积极面,它可能促进经济活动的进一步集中与效率提升,为地区经济发展注入更强的动力。

归一化处理时,设定每个指标的理想值如下:人口自然增长率理想值为0.5‰(表明健康的人口增长),人口密度理想值为500人/平方千米(保持高效的经济活动同时避免过度拥挤)。

进行归一化处理后,每个指标的得分为:

因人口自然增长率为负值,因此人口自然增长率得分=0,人口密度得分=500÷954.5×100=52.39

权重分配如下:人口自然增长率为0.5,人口密度为0.5。

总得分=0×0.5+52.39×0.5=26.195

京津冀地区的人口压力因素层总得分为26.195,这一异常分值主要由人口自然增长率的负值影响,实际表明了人口减少的严重性。高人口密度虽然为城市带来了一定的经济活力,但同时也带来了许多城市管理和环境挑战。

(二)经济增长

京津冀地区的经济状况可通过以下三个核心指标进行深入剖析:人均GDP、GDP年增长率,以及第二产业在GDP中的占比。这些指标全面揭示了该地区的经济发展水平、增长动力源以及产业结构的独特性。

人均GDP达到12.75万元,这一数据充分展示了京津冀地区较高的经济产出能力,标志着该地区居民的平均收入与生活水平处于相对较高水平。高人均GDP往往与优质的教育资源、医疗卫生服务以及生活基础设施紧密相关,共同构成了较高的生活质量。然而,值得注意的是,高人均GDP也可能伴随一定程度的经济不平衡等问题,因此,深入分析收入分配状况,确保经济增长的福祉能够广泛惠及民众,显得尤为重要。

GDP年增长率为5.0%,这一数据表明京津冀地区的经济增长态势稳健。尽管该增长率并非十分突出,但彰显了经济发展的持续性与稳定性。稳定的增长环境为投资创造了有利条件,能够吸引国内外投资者的目光。为了维持并提升这一增长率,持续的产业升级与创新驱动显得尤为重要,特别是在全球经济形势复杂多变的背景下,保持经济的稳定增长更是具有非凡的意义。

第二产业在GDP中的占比为29%,这一比例相对较低,反映了京津冀地区的产业结构正逐步向服务业与高技术产业倾斜,体现了产业结构优化与经济发展模式的转型升级。较低的第二产业比重,可能预示着该地区正在减少对传统制造业的过度依赖,向更加可持续的发展路径转变,如加大对第三产业的投资力度,推动经济多元化发展。

归一化处理时,设定每个指标的理想值如下:人均GDP理想值为15万元/人,GDP年增长率理想值为7%,第二产业占GDP比例理想值为25%。

进行归一化处理后,每个指标的得分为:

人均GDP得分$=12.75\div15\times100=85\%$

GDP年增长率得分$=5.0\div7\times100=71.43\%$

第二产业占GDP比例得分$=25\div29\times100=86.21\%$

权重分配如下:人均GDP:0.4,GDP年增长率:0.3,第二产业占GDP比例为0.3,总得分$=85\times0.4+71.43\times0.3+86.21\times0.3=34+21.429+25.863=81.292$

京津冀地区的经济增长因素层总得分为81.29,表明该地区经济基础稳健,产业结构正在优化。尽管当前的经济增长率未达到理想状态,但人均GDP和第二产业比例的表现显示了该地区正在向更高效和可持续的经济模式转变。

(三)资源耗损

全社会用水总量达到255.75亿立方米,这一数据深刻揭示了京津冀地区对水资源的高度依赖性,这一状况与该地区人口密集、工业活动频繁的现状密切相关。高水消耗主要源于农业灌溉、工业生产以及居民日常生活的用水需求。该数据警示我们,京津冀地区亟须实施一系列有效的水资源管理策略,诸如提升水利用效率、广泛推广节水技术、优化水资源配置等,并可能需借助政策手段来激励减少非必要的用水行为。

全社会用电总量为6 594.8亿千瓦时,这一数字凸显了京津冀地区庞大的能源需求,这主要归因于其深厚的工业基础和广泛的居民电力消费需求。用电量的规模已成为衡量一个地区工业化与现代化水平的关键指标。面对如此高的电力消耗,确保可靠的电力供应以及构建高效的电力基础设施显得尤为重要。此外,这也预示着需要进一步加大可再生能源的利用比例,以降低对化石燃料的依赖程度,并减轻环境污染问题。

工业原煤消耗量为58 698.75万吨,这一数据揭示了京津冀地区在能源消耗方面依然高度依赖煤炭,这与该地区的重工业布局和能源结构特点紧密相关。煤炭虽然是一种重要的能源资源,但其燃烧过程却是主要的污染物和温室气体排放源之一。为了减轻环境影响、推动可持续发展,降低煤炭消耗、扩大清洁能源的使用规模、提升能源利用效率以及执行更为严格的排放标准,已成为不可或缺的举措。

归一化处理时,设定每个指标的理想值如下:全社会用水总量理想值为200亿立方米,全社会用电总量理想值为5 000亿千瓦时,工业原煤消耗量理想值为40 000万吨。

全社会用水总量得分$=200\div255.75\times100=78.22$

全社会用电总量得分$=5\,000\div6\,594.8\times100=75.81$

工业原煤消耗量得分$=40\,000\div58\,698.75\times100=68.14$

权重分配如下:全社会用水总量为0.3,全社会用电总量为0.4,工业原煤消耗量为0.3。

总得分=78.22×0.3+75.81×0.4+68.14×0.3=23.466+30.324+20.442=74.232

京津冀地区的资源耗损因素层总得分为74.23,这表明尽管该地区的资源利用效率有待提高,但也显示了其强大的工业基础和经济活力。为了实现更加可持续的发展,必须优化资源使用效率,减少对传统能源的依赖,提升环境管理水平,特别是在水资源管理、电力消费和原煤使用方面。通过实施节能减排政策、增加可再生能源供应比例及提升技术创新,可以有效推动京津冀地区向更绿色、更可持续的发展路径转变。

(四)环境污染

工业固废排放总量高达2 494.63万吨,这一数据显著地反映了京津冀地区工业活动给环境带来的巨大压力。工业固废,涵盖废料、废水及废气等多种形式,若处理不当,将对土壤、水体及大气环境造成严重污染。针对如此大量的固废产生,实施有效的废物管理策略显得尤为迫切,这包括推动废物的源头减量、提升回收利用效率以及确保安全处置。积极推广清洁生产方式,并采用先进的污染控制技术,是减少固废生成及其环境影响的根本途径。

区域声环境昼间平均等效声级为54.3分贝,虽处于社会普遍可接受的范围内,但长期置身于这一噪声水平下,仍可能对部分人群的健康状况及生活质量产生不良影响。依据世界卫生组织的指导标准,个体若长期暴露于高于50分贝的噪声环境中,其听力功能及心理健康均可能遭受不利影响。管理噪声污染需从城市规划层面着手,科学合理地布局工业区与居住区,同时强化对交通噪声及建筑施工噪声的有效控制。此外,采用隔音材料、增设绿化隔离带等措施,亦是降低噪声污染影响的有效途径。

归一化处理时,设定每个指标的理想值如下:工业固废排放量理想值为1 500万吨,区域声环境昼间平均等效声级理想值为50分贝。

工业固废排放量得分=1 500÷2 494.63×100=60.14

区域声环境昼间平均等效声级得分=50÷54.3×100=92.08

权重分配如下:工业固废排放量为0.5,区域声环境昼间平均等效声级:0.5。

总得分=60.14×0.5+92.08×0.5=30.07+46.04=76.11

京津冀地区的环境污染因素层总得分为76.11,表明该地区在环境管理方面存在一定的挑战,尤其是在工业固废处理和噪声控制方面。尽管区域声环境的等效声级在可接受范围内,但工业固废的高排放量需要采取更加严格和有效的控制措施。

京津冀高端装备制造业承载对象的压力=26.195×0.55+81.29×0.2+74.23×0.13+76.11×0.12=49.45

三、京津冀高端装备制造业生态弹性力分析

生态环境状况指数(EI)为64.2,这一数据清晰地揭示了京津冀地区整体环境状况处于中等水平。该指数综合考量了空气质量、水质状况、土壤条件等多个维度,从而反映出该地区在环境治理领域仍存在一定的改进空间。提升EI的关键举措涵盖加强污染源头的有效控制、严格改善工业排放标准、加大自然保护区的保护力度,并积极推进

环境修复项目的落地实施。

空气质量达到或优于二级的天数占比为69.1%，这一比例意味着京津冀地区约有三分之二的时间段内，空气质量状况良好。尽管这一数据呈现出积极的态势，但仍揭示出有近三分之一的天数，空气质量未能达到理想状态。持续减少工业排放、严格控制机动车尾气排放以及扩大绿化面积，仍是提升空气质量的关键所在。

地表水达到或优于Ⅲ类水质标准的比例为61.5%，这一数据表明京津冀地区在水体治理方面已取得了初步成效，但仍需进一步强化水质管理和污染控制工作。提升水质的策略应聚焦于加强工业废水处理设施的升级改造、积极恢复湿地及水生生态系统、切实减少农业面源污染等方面。

建成区绿化覆盖率为44.2%，这一数据为京津冀地区提供了必要的生态服务功能，如空气净化、温度调节以及生物多样性的维护等。该指标仍有进一步提升的空间，以期进一步改善城市的生活环境。增加公园绿地面积、推广屋顶绿化及垂直绿化等新型绿化方式，均是有效的城市绿化策略。

工业固体综合利用率高达93.6%，这一数据充分说明京津冀地区在工业废物管理方面取得了显著成效，大部分工业固体废物得到了有效的回收利用，从而减轻了对环境的负面影响。未来继续提高利用率、积极开发新的回收技术以及拓展回收市场，将是工业废物管理的关键发展方向。

环境噪声达标区面积占建成区总面积的比例为80%，这一数据表明京津冀地区大部分建成区域的环境噪声水平处于可接受范围内。仍有20%的区域噪声超标，可能对居民的生活质量产生不利影响。改善交通规划、加强噪声监管以及推广使用隔音材料等措施，将是有效降低噪声污染的有效途径。

归一化处理时，设定每个指标的理想值如下：生态环境状况指数理想值为100，空气质量优于二级及以上天数理想比例为100%，地表水优于Ⅲ类水质比例理想值为100%，建成区绿化覆盖率理想值为60%，工业固体综合利用率理想值为100%，环境噪声达标区面积比例理想值为100%。

生态环境状况指数得分 $=64.2\div100\times100=64.2$

空气质量天数得分 $=69.1\div100\times100=69.1$

地表水质量得分 $=61.5\div100\times100=61.5$

绿化覆盖率得分 $=44.2\div60\times100=73.67$

工业固体综合利用率得分 $=93.6\div100\times100=93.6$

环境噪声得分 $=80\div100\times100=80$

权重分配如下：生态环境状况指数为0.15，空气质量天数为0.15，地表水质量为0.15，绿化覆盖率为0.15，工业固体综合利用率为0.2，环境噪声为0.2。

总得分 $=64.2\times0.15+69.1\times0.15+61.5\times0.15+73.67\times0.15+93.6\times0.2+80\times0.2=9.63+10.365+9.225+11.0505+18.72+16=74.9905$

京津冀地区的环境治理因素层总得分为74.99，显示该地区在环境保护和治理方面已取得一定成效,但仍存在提升空间。特别是在提高生态环境状况指数、空气质量和水质方面需要进一步的努力。为进一步改善环境质量,应加大环境保护投资,加强污染源头控制,扩大绿化覆盖区域,提升废物利用效率,并严格执行环保标准。通过这些措施,可以有效推动京津冀地区的环境治理向更高水平发展,创造更宜居的环境条件。

京津冀高端装备制造业生态弹性力=74.99

京津冀高端装备制造业生态承载力得分=87.26×0.5+49.45×0.4+74.99×0.1=70.909

第二节 新能源产业生态承载力测度与分析

京津冀新能源产业生态承载力评价指标体系及权重,如表10-2所示。

表10-2 京津冀新能源产业生态承载力评价指标体系及权重

目标层	准则层	因素层	指标层
新能源产业生态承载力	承载媒体的支撑力(0.5)	产业发展状况(0.2)	规模以上工业企业总产值 96 130 亿元
			规模以上企业个数 20 000 个
		新能源产业发展状况(0.5)	新能源产业营业收入 5 597.2 亿元
			新能源产业营业收入累计增长率 46.2%
			新能源产业增加值对经济增长贡献率 13.87%
			新能源产业增加值占经济比重 34.47%
			锂离子电池产量 11.03 亿只
		港口基本状况(0.2)	货物吞吐量 192 073 万吨
			外贸货物吞吐量 73 700 万吨
			集装箱吞吐量 4 665.6 万吨
			码头长度 122 511 米
			泊位个数 511 个
			万吨级泊位个数 288 个
		社会发展(0.1)	城镇居民人均可支配收入 6.26 万元/人
			农村居民人均可支配收入 1.62 万元/人
			第三产业 GDP 占比 69.3%
			社会消费品零售额 19 920.7 亿元
	承载对象的压力(0.4)	人口压力(0.55)	人口自然增长率 -1.97‰
			人口密度 954.5 人/平方千米
		经济增长(0.2)	人均 GDP 12.75 万元/人
			GDP 年增长率 5.0%
			第二产业占 GDP 比例 29%

续表

目标层	准则层	因素层	指标层
新能源产业生态承载力	承载对象的压力(0.4)	资源耗损(0.13)	全社会用水总量 255.75 亿立方米
			全社会用电总量 6 594.8 亿千瓦时
			工业原煤消耗量 58 698.75 万吨
		环境污染(0.12)	工业固废排放量 2 494.6.3 万吨
			区域声环境昼间平均等效声级 54.3 分贝
	生态弹性力(0.1)	环境治理(1)	生态环境状况指数(EI) 64.2
			空气质量优于二级及以上天数的比例 69.1%
			地表水优于Ⅲ类水质的比例 61.5%
			建成区绿化覆盖率 44.2%
			工业固体综合利用率 93.6%
			环境噪声达标区面积占建成区总面积的比例 80%

(注:数据来源于《中国统计年鉴》《中国城市统计年鉴》《中国港口年鉴》《秦皇岛统计年鉴》《天津统计年鉴》《唐山统计年鉴》)

一、京津冀新能源产业发展状况

新能源产业在京津冀地区的营业收入达到了 5 597.2 亿元,这一数据直观展现了新能源产业在该区域的经济规模与实力。5 597.2 亿元的营业收入,不仅彰显了新能源产业已成为该地区经济结构中不可或缺的重要组成部分,而且展现了其显著的市场竞争力和商业价值。这一数据不仅体现了新能源市场的成熟度,同时也反映了投资者对新能源领域持有的坚定信心。

新能源产业营业收入的累计增长率为 46.2%,这一数据有力地证明了新能源产业正处于快速扩张阶段,市场需求持续旺盛。这种快速增长的现象,可能是受到政策支持、技术进步以及公众环保意识不断提升的共同驱动。高增长率预示着新能源产业在未来将继续保持强劲的发展态势,成为推动京津冀地区经济发展的重要力量。

新能源产业增加值对经济增长的贡献率为 13.87%,这一数据凸显了新能源产业对京津冀地区经济增长产生的深远影响。新能源产业不仅为该地区提供了大量的就业机会,而且正在推动经济结构的转型与升级,引领着传统能源向更加可持续的能源解决方案转变。

新能源产业增加值占经济比重达到了 34.47%,这一数据充分说明新能源产业已成为京津冀地区经济的一个重要支柱。34.47% 的比重显示出新能源产业的规模和影响力已达到了一个非常高的水平,对地区经济的健康发展和持续增长起到了至关重要的作用。

锂离子电池作为新能源产业中的关键组成部分,其产量是衡量地区新能源技术制造能力的重要指标。京津冀地区锂离子电池产量为 11.03 亿只,这一数据表明该地区在全球新能源市场中占据了重要地位,具备满足国内外市场需求的生产能力,体现了其在新能源技术制造领域的强劲实力。

设定理想值如下:

营业收入:6 000 亿元

营业收入增长率:50%

增加值对经济增长贡献率:20%

增加值占经济比重:40%

锂离子电池产量:12 亿只

权重分配如下:

营业收入:0.2

营业收入增长率:0.2

增加值对经济增长贡献率:0.2

增加值占经济比重:0.2

锂离子电池产量:0.2

计算得分:

营业收入得分 $=5\,597.2 \div 6\,000 \times 100 \times 0.2 \approx 18.66$

营业收入增长率得分 $=46.2 \div 50 \times 100 \times 0.2 \approx 18.48$

增加值对经济增长贡献率得分 $=13.87 \div 20 \times 100 \times 0.2 \approx 13.87$

增加值占经济比重得分 $=34.47 \div 40 \times 100 \times 0.2 \approx 17.24$

锂离子电池产量得分 $=11.03 \div 12 \times 100 \times 0.2 \approx 18.38$

总得分 $=18.66+18.48+13.87+17.24+18.38=86.63$

京津冀新能源产业的综合得分为 86.63 分,这在 100 分制度中表现出较高的产业发展水平和环境适应性。高得分显示该产业已成为地区经济的重要支柱,具有强大的市场活力和发展潜力。未来,应继续强化技术创新、市场开拓及环保措施,以维持和扩大这一产业的领先地位,同时推动整个地区经济的绿色发展。

二、京津冀新能源产业生态承载力分析

由前述内容可知,产业发展状况总得分为 89.678,港口基本状况总得分为 94.1,社会发展总得分为 65.33。

京津冀新能源产业承载媒体的支撑力得分 $=89.678 \times 0.2+86.63 \times 0.5+94.10 \times 0.2+65.33 \times 0.1=86.6$

京津冀新能源产业承载对象的压力得分 $=26.195 \times 0.55+81.29 \times 0.2+74.23 \times 0.13+76.11 \times 0.12=49.45$

京津冀新能源产业生态弹性力得分 $=74.99$

京津冀新能源产业生态承载力得分 $=86.6 \times 0.5+49.45 \times 0.4+74.99 \times 0.1=70.579$

第三节　钢铁产业生态承载力测度与分析

京津冀钢铁产业生态承载力评价指标体系及权重,如表 10-3 所示。

表 10-3　京津冀钢铁产业生态承载力评价指标体系及权重

目标层	准则层	因素层	指标层
产业生态承载力	承载媒体的支撑力(0.5)	产业发展状况(0.2)	规模以上工业企业总产值 96 130 亿元
			规模以上企业个数 20 000 个
		钢铁产业发展状况(0.5)	粗钢产量 29 321.44 万吨
			钢材产量 172 000 万吨
			精品钢铁产业营业收入 18 164.34 亿元
			精品钢铁产业营业收入累计增长率 8.5%
			精品钢铁产业增加值 25.48%
			精品钢铁产业增加值累计增长率 6.6%
			精品钢铁产业增加值对经济增长贡献率 24.98%
			精品钢铁产业增加值占经济比重 13.98%
		港口基本状况(0.2)	货物吞吐量 192 073 万吨
			外贸货物吞吐量 73 700 万吨
			集装箱吞吐量 4 665.6 万吨
			码头长度 122 511 米
			泊位个数 511 个
			万吨级泊位个数 288 个
		社会发展(0.1)	城镇居民人均可支配收入 6.26 万元/人
			农村居民人均可支配收入 1.62 万元/人
			第三产业 GDP 占比 69.3%
			社会消费品零售额 19 920.7 亿元
	承载对象的压力(0.4)	人口压力(0.55)	人口自然增长率 -1.97‰
			人口密度 954.5 人/平方千米
		经济增长(0.2)	人均 GDP 12.75 万元/人
			GDP 年增长率 5.0%
			第二产业占 GDP 比例 29%
		资源耗损(0.13)	全社会用水总量 255.75 亿立方米
			全社会用电总量 6 594.8 亿千瓦时
			工业原煤消耗量 58 698.75 万吨
		环境污染(0.12)	工业固废排放量 2 494.6.3 万吨
			区域声环境昼间平均等效声级 54.3 分贝

续表

目标层	准则层	因素层	指标层
产业生态承载力	生态弹性力(0.1)	环境治理(1)	生态环境状况指数(EI)64.2
			空气质量优于二级及以上天数的比例69.1%
			地表水优于Ⅲ类水质的比例61.5%
			建成区绿化覆盖率44.2%
			工业固体综合利用率93.6%
			环境噪声达标区面积占建成区总面积的比例80%

（注：数据来源于《中国统计年鉴》《中国城市统计年鉴》《中国港口年鉴》《秦皇岛统计年鉴》《天津统计年鉴》《唐山统计年鉴》）

一、京津冀钢铁产业发展状况

粗钢产量是衡量钢铁产业整体规模的一个直接且关键的指标。京津冀地区粗钢产量达到29 321.44万吨，这一数据充分显示了该地区在全国钢铁产业中的核心地位。尽管高产量能够为地区经济发展提供有力支撑，但同时也带来了较大的环境和资源压力，必须高度关注其发展的持续性和环保问题。钢材产量，作为粗钢深加工的直接成果，京津冀地区产量高达172 000万吨，这一数据进一步凸显了该地区在钢铁深加工领域的强劲实力。这不仅表明该地区钢铁产品的多样化程度较高，而且附加值也有所提升，从而有助于提升整体经济效益。营业收入是衡量产业经济效益的重要参考指标。京津冀地区精品钢铁产业的营业收入达到18 164.34亿元，这一数据充分说明了精品钢铁产业在该地区经济中具有极高的商业价值和市场竞争力。营业收入的增长率也反映了产业的发展速度和市场扩张能力。尽管8.5%的增长率并不算高，但在成熟的重工业领域中，这一增长率仍显示出稳定的增长潜力。增加值的百分比是衡量产业创造价值能力的重要指标。精品钢铁产业增加值为25.48%，这一数据表明该产业对经济的直接贡献较大，是工业经济的核心组成部分。增加值的增长率也反映了产业内部的效率提升和技术进步情况。精品钢铁产业增加值增长率为6.6%，这一数据表明该产业正在逐步提升生产效率和技术水平，为长期可持续发展奠定坚实基础。精品钢铁产业在推动京津冀地区经济增长中扮演着至关重要的角色。其贡献率达到24.98%，这一数据充分显示了该产业在地区经济中的重要性，是不可或缺的产业支柱。精品钢铁产业增加值占地区经济比重为13.98%，这一比重进一步凸显了精品钢铁产业在整个地区经济结构中的核心地位，对经济的稳定和发展具有深远影响。

设定理想值如下：

粗钢产量理想值：30 000万吨

钢材产量理想值：180 000万吨

精品钢铁产业营业收入理想值：20 000亿元

精品钢铁产业营业收入累计增长率理想值：15%

精品钢铁产业增加值理想值：30%

精品钢铁产业增加值累计增长率理想值：10%

精品钢铁产业增加值对经济增长贡献率理想值：30%

精品钢铁产业增加值占经济比重理想值：15%

权重赋值如下：

粗钢产量：0.1

钢材产量：0.1

营业收入：0.15

营业收入增长率：0.1

增加值百分比：0.15

增加值增长率：0.1

增加值对增长贡献率：0.15

增加值比重：0.15

计算得分：

粗钢产量得分 $= 29\ 321.44 \div 30\ 000 \times 100 \times 0.1 \approx 9.77$

钢材产量得分 $= 172\ 000 \div 180\ 000 \times 100 \times 0.1 \approx 9.56$

营业收入得分 $= 18\ 164.34 \div 20\ 000 \times 100 \times 0.15 \approx 13.62$

营业收入增长率得分 $= 8.5 \div 15 \times 100 \times 0.1 \approx 5.67$

增加值百分比得分 $= 25.48 \div 30 \times 100 \times 0.15 \approx 12.74$

增加值增长率得分 $= 6.6 \div 10 \times 100 \times 0.1 \approx 6.6$

增加值对增长贡献率得分 $= 24.98 \div 30 \times 100 \times 0.15 \approx 12.49$

增加值比重得分 $= 13.98 \div 15 \times 100 \times 0.15 \approx 13.98$

总得分 $= 9.77 + 9.56 + 13.62 + 5.67 + 12.74 + 6.6 + 12.49 + 13.98 = 84.43$

根据上述分析和计算，京津冀钢铁产业在生态承载力方面的综合得分为84.43分，这在百分制中表现出较高的产业发展水平和环境适应性。虽然在一些增长率方面还存在提升空间，但整体而言，钢铁产业对地区经济的贡献显著，是京津冀地区工业和经济结构中的重要组成部分。未来，该产业应进一步注重环保和技术升级，以实现更可持续的发展。

二、京津冀钢铁产业生态承载力分析

由前述内容可知，产业发展状况总得分为89.678，港口基本状况总得分为94.1，社会发展总得分为65.33。

京津冀钢铁产业承载媒体的支撑力得分 $= 89.678 \times 0.2 + 84.43 \times 0.5 + 94.10 \times 0.2 + 65.33 \times 0.1 = 85.5$

京津冀钢铁产业承载对象的压力得分 $= 26.195 \times 0.55 + 81.29 \times 0.2 + 74.23 \times 0.13 + 76.11 \times 0.12 = 49.45$

京津冀钢铁产业生态弹性力得分=74.99

京津冀钢铁产业生态承载力得分=85.5×0.5+49.45×0.4+74.99×0.1=70.03

第四节 海洋电力产业生态承载力测度与分析

京津冀钢铁产业生态承载力评价指标体系及权重,如表 10-4 所示。

表 10-4 京津冀海洋电力产业生态承载力评价指标体系及权重

目标层	准则层	因素层	指标层
产业生态承载力	承载媒体的支撑力(0.5)	产业发展状况(0.2)	规模以上工业企业总产值 96 130 亿元
			规模以上企业个数 20 000 个
		海洋电力产业发展状况(0.5)	发电量 4 999.1 亿千瓦时
			海洋电力产业营业收入累计增长率 8.9%
			海洋电力行业法人单位个数 10 859 个
			海洋电力产业增加值累计增长率 7.8%
			海洋电力产业增加值对经济增长贡献率 8.6%
			海洋电力产业增加值占经济比重 20.9%
		港口基本状况(0.2)	货物吞吐量 192 073 万吨
			外贸货物吞吐量 73 700 万吨
			集装箱吞吐量 4 665.6 万吨
			码头长度 122 511 米
			泊位个数 511 个
			万吨级泊位个数 288 个
		社会发展(0.1)	城镇居民人均可支配收入 6.26 万元/人
			农村居民人均可支配收入 1.62 万元/人
			第三产业 GDP 占比 69.3%
			社会消费品零售额 19 920.7 亿元
	承载对象的压力(0.4)	人口压力(0.55)	人口自然增长率 -1.97‰
			人口密度 954.5 人/平方千米
		经济增长(0.2)	人均 GDP12.75 万元/人
			GDP 年增长率 5.0%
			第二产业占 GDP 比例 29%
		资源耗损(0.13)	全社会用水总量 255.75 亿立方米
			全社会用电总量 6 594.8 亿千瓦时
			工业原煤消耗量 58 698.75 万吨
		环境污染(0.12)	工业固废排放量 2 494.6.3 万吨
			区域声环境昼间平均等效声级 54.3 分贝

目标层	准则层	因素层	指标层
产业生态承载力	生态弹性力（0.1）	环境治理（1）	生态环境状况指数（EI）64.2
			空气质量优于二级及以上天数的比例 69.1%
			地表水优于Ⅲ类水质的比例 61.5%
			建成区绿化覆盖率 44.2%
			工业固体综合利用率 93.6%
			环境噪声达标区面积占建成区总面积的比例 80%

（注：数据来源于《中国统计年鉴》《中国城市统计年鉴》《中国港口年鉴》《秦皇岛统计年鉴》《天津统计年鉴》《唐山统计年鉴》）

一、京津冀海洋电力产业发展状况

京津冀地区海洋电力产业的发电量为 4 999.1 亿千瓦时，这一数据直观地展示了该产业的总体产能规模。发电量接近 5 000 亿千瓦时，充分表明该产业具备较高的产能水平，意味着京津冀地区在海洋电力开发利用方面已经达到了较大规模，能够为地区提供充足的清洁能源供应，对减少化石能源依赖、降低环境污染具有深远意义。海洋电力产业营业收入的累计增长率为 8.9%，这一数据反映了该产业经济效益的增长态势。8.9% 的增长率显示出海洋电力产业正处于稳健增长阶段，市场需求持续旺盛，投资回报逐渐显现，这将有助于吸引更多资本进入海洋电力领域，进一步推动产业发展。海洋电力行业法人单位个数达到 10 859 个，这一数据是衡量行业规模和市场参与度的重要指标。10 859 个法人单位的存在，表明海洋电力产业已经形成了较为成熟的市场结构，产业链条相对完善，从研发、生产到销售、服务等各环节均有众多企业积极参与，这不仅增强了产业的竞争力和抗风险能力，也促进了产业生态的繁荣发展。海洋电力产业增加值的累计增长率为 7.8%，这一数据是衡量产业质量和效益提升的关键指标。7.8% 的增长率说明海洋电力产业在提升技术水平、优化管理模式、降低成本等方面取得了显著成效，进一步增强了产业的核心竞争力，为产业的可持续发展奠定了坚实基础。海洋电力产业增加值对经济增长的贡献率为 8.6%，这一数据揭示了海洋电力产业在整个区域经济中的重要地位。8.6% 的贡献率充分证明该产业是地区经济的重要组成部分，对推动地区经济增长起到了积极作用，特别是在促进新能源发展和绿色经济转型方面，海洋电力产业展现出了强大的发展潜力和引领作用。海洋电力产业增加值占经济比重为 20.9%，这一数据直观地反映了海洋电力产业在整个区域经济中的核心地位，说明海洋电力产业已成为支撑地区经济发展的重要支柱之一，其发展状态将直接影响整个地区的经济结构和未来发展方向，对推动区域经济高质量发展具有重要意义。

设定理想值如下：

发电量理想值：6 000 亿千瓦时

营业收入增长率理想值：12%

法人单位个数理想值:12 000个

增加值累计增长率理想值:10%

增加值对经济增长贡献率理想值:15%

增加值占经济比重理想值:25%

权重分配如下:

发电量:0.2

营业收入增长率:0.15

法人单位个数:0.15

增加值累计增长率:0.15

增加值对经济增长贡献率:0.2

增加值占经济比重:0.15

计算得分:

发电量得分 =4 999.1÷6 000×100×0.20≈16.66

营业收入增长率得分 =8.9÷12×100×0.15≈11.13

法人单位个数得分 =10 859÷12 000×100×0.15≈13.57

增加值累计增长率得分 =7.8÷10×100×0.15≈11.70

增加值对经济增长贡献率得分 =8.6÷15×100×0.20≈11.47

增加值占经济比重得分 =20.9÷25×100×0.15≈12.54

总得分 =16.66+11.13+13.57+11.70+11.47+12.54=77.07

根据上述分析和计算,京津冀海洋电力产业在生态承载力方面的综合得分为77.07分。这个分数反映了该产业在能源结构转型和区域经济发展中的重要地位,虽然在某些增长指标上有待提升,但整体而言,其对经济的贡献和在新能源领域的核心地位是显著的。未来,应继续加强技术创新和环境管理,以实现更可持续和高效的发展。

二、京津冀海洋电力产业生态承载力分析

由前述内容可知,产业发展状况总得分为89.678,港口基本状况总得分为94.1,社会发展总得分为65.33。

京津冀海洋电力产业承载媒体的支撑力得分 =89.678×0.2+77.07×0.5+94.10×0.2 +65.33×0.1=81.82

京津冀海洋电力产业承载对象的压力得分 =26.195×0.55+81.29×0.2+74.23×0.13 +76.11×0.12=49.45

京津冀海洋电力产业生态弹性力得分 =74.99

京津冀海洋电力产业生态承载力得分 =81.82×0.5+49.45×0.4+74.99×0.1=68.189

第五节　海洋交通运输产业生态承载力测度与分析

京津冀海洋交通运输产业生态承载力评价指标体系及权重,如表 10-5 所示。

表 10-5　京津冀海洋交通运输产业生态承载力评价指标体系及权重

目标层	准则层	因素层	指标层
产业生态承载力	承载媒体的支撑力（0.5）	产业发展状况（0.2）	规模以上工业企业总产值 96 130 亿元
			规模以上企业个数 20 000 个
		海洋交通运输产业发展状况（0.5）	海洋交通运输产业利润总额 296.7 亿元
			民用机动船拥有量 1 233 艘
			民用机动船净载重量 5 428 489 吨位
			民用机动船载客量 15 584 客位
			民用机动船拖船功率 218 971 千瓦
			民用驳船拥有量 11 艘
			民用驳船净载重量 181 054 吨位
		港口基本状况（0.2）	货物吞吐量 192 073 万吨
			外贸货物吞吐量 73 700 万吨
			集装箱吞吐量 4 665.6 万吨
			码头长度 122 511 米
			泊位个数 511 个
			万吨级泊位个数 288 个
		社会发展（0.1）	城镇居民人均可支配收入 6.26 万元／人
			农村居民人均可支配收入 1.62 万元／人
			第三产业 GDP 占比 69.3%
			社会消费品零售额 19 920.7 亿元
	承载对象的压力（0.4）	人口压力（0.55）	人口自然增长率 -1.97‰
			人口密度 954.5 人／平方千米
		经济增长（0.2）	人均 GDP12.75 万元／人
			GDP 年增长率 5.0%
			第二产业占 GDP 比例 29%
		资源耗损（0.13）	全社会用水总量 255.75 亿立方米
			全社会用电总量 6 594.8 亿千瓦时
			工业原煤消耗量 58 698.75 万吨
		环境污染（0.12）	工业固废排放量 2 494.6.3 万吨
			区域声环境昼间平均等效声级 54.3 分贝

续表

目标层	准则层	因素层	指标层
产业生态承载力	生态弹性力(0.1)	环境治理(1)	生态环境状况指数(EI) 64.2
			空气质量优于二级及以上天数的比例 69.1%
			地表水优于Ⅲ类水质的比例 61.5%
			建成区绿化覆盖率 44.2%
			工业固体综合利用率 93.6%
			环境噪声达标区面积占建成区总面积的比例 80%

(注:数据来源于《中国统计年鉴》《中国城市统计年鉴》《中国港口年鉴》《秦皇岛统计年鉴》《天津统计年鉴》《唐山统计年鉴》)

一、京津冀海洋交通运输产业发展状况

利润总额作为评估产业经济效益的关键指标,京津冀地区海洋交通运输产业所实现的296.7亿元利润总额,充分展示了该产业良好的盈利能力和经营效率,同时也反映了市场需求的稳定性。机动船数量是衡量一个地区海洋运输能力的重要标尺。京津冀地区拥有的1 233艘机动船,构成了一个规模庞大的运输船队,能够满足多样化的运输需求,无论是商业货物的运输还是客运服务的提供,均具备坚实的运输保障。净载重量是衡量运输船舶总载货能力的重要指标。京津冀地区运输船舶的净载重量超过五百万吨位,这一数据彰显了该地区强大的货运能力,足以应对大规模的货物运输需求,为地区经济活动,特别是重工业和出口导向型产业的发展提供有力支撑。载客量则是衡量客运服务能力的重要参数。京津冀地区海洋交通的15 584客位,不仅表明该地区在货运方面的实力,同时也展示了其大规模的人员运输能力,这对于促进地区旅游业的发展以及沿海城市间的人员交流具有重要意义。拖船功率是衡量船舶性能和运输效率的关键指标。京津冀地区海洋交通运输船舶的总功率达到218 971千瓦,这一数据凸显了该地区运输船舶的高效性能,为运输的快速性和可靠性提供了有力保障。尽管驳船数量相对较少,但它们在特定货物运输中发挥着不可替代的作用,如浅水区重型货物的运输等。京津冀地区的11艘驳船,表明该地区在这一细分市场中具备基本的运输能力,能够满足特定运输需求。民用驳船的净载重量为181 054吨位,这一数据进一步补充了京津冀地区在特定运输需求上的能力。这类运输通常涉及工业材料或大型设备的运输,对于支撑重工业的发展尤为重要,进一步彰显了京津冀地区在海洋交通运输领域的综合实力。

假定理想值如下:

利润总额:400亿元

民用机动船拥有量:1 500艘

民用机动船净载重量:6 000 000吨位

民用机动船载客量:20 000客位

民用机动船拖船功率:250 000 千瓦

民用驳船拥有量:20 艘

民用驳船净载重量:200 000 吨位

权重分配如下:

利润总额:0.15

民用机动船拥有量:0.15

民用机动船净载重量:0.15

民用机动船载客量:0.10

民用机动船拖船功率:0.15

民用驳船拥有量:0.10

民用驳船净载重量:0.20

计算得分:

利润总额得分=296.7÷400×100×0.15≈11.13

民用机动船拥有量得分=1 233÷1 500×100×0.15≈12.33

民用机动船净载重量得分=5 428 489÷6 000 000×100×0.15≈13.57

民用机动船载客量得分=15 584÷20 000×100×0.10≈7.79

民用机动船拖船功率得分=218 971÷250 000×100×0.15≈13.14

民用驳船拥有量得分=11÷20×100×0.1≈5.50

民用驳船净载重量得分=181 054÷200 000×100×0.2≈18.11

总得分=11.13+12.33+13.57+7.79+13.14+5.50+18.11=81.57

京津冀海洋交通运输产业的综合得分为81.57分,这在百分制中表现出较高的产业发展水平和环境适应性。尽管在某些方面(如驳船数量和客位数)仍有提升空间,整体而言,该产业在运输能力、经济效益和市场覆盖上表现良好。未来,应继续增强运输船舶的能力和效率,同时注重环保和可持续发展策略。

二、京津冀海洋交通运输产业生态承载力分析

由前述内容可知,产业发展状况总得分为89.678,港口基本状况总得分为94.1,社会发展总得分为65.33。

京津冀海洋交通运输产业承载媒体的支撑力得分=89.678×0.2+81.57×0.5+94.10×0.2+65.33×0.1=84.07

京津冀海洋交通运输产业承载对象的压力得分=26.195×0.55+81.29×0.2+74.23×0.13+76.11×0.12=49.45

京津冀海洋交通运输产业生态弹性力得分=74.99

京津冀海洋交通运输产业生态承载力得分=84.07×0.5+49.45×0.4+74.99×0.1=69.314

第十一章

京津冀地区产业发展与生态一致性评价

京津冀地区高端装备制造业生态承载力得分为 70.909,京津冀地区新能源产业生态承载力得分为 70.579,京津冀地区钢铁产业生态承载力得分为 70.03,京津冀地区海洋电力产业生态承载力得分为 68.189,京津冀地区海洋交通运输产业生态承载力得分为 69.314。

由各重点产业的得分情况可知,京津冀地区高端装备制造业、新能源产业、钢铁产业的生态承载力均为强支撑,海洋电力产业和海洋交通运输产业的生态承载力为较强支撑。但需要注意的是,从得分来看,京津冀地区高端装备制造业、新能源产业和钢铁产业的生态承载力得分虽然高于 70,处于强支撑,但是仅仅高出强支撑指标最低分零点几分,依然能看出这三个产业的发展潜力还是巨大的。

京津冀地区作为中国经济发展的重要区域,拥有多个关键产业,其中包括高端装备制造业、新能源产业、钢铁产业、海洋电力产业和海洋交通运输产业。这些产业不仅是经济增长的推动力,也面临着环境保护和可持续发展的挑战。

一、高端装备制造业生态承载力与生态一致性分析

在京津冀地区,高端装备制造业占据着举足轻重的地位,是技术革新与工业转型升级的核心驱动力之一。其生态承载力得分相对较高,也是这五个产业中承载力得分最高的产业,揭示了该产业在实现可持续发展中效果较好,但分数比较接近 70 分,依然存在提升空间。这一现状主要源于能源消耗、废弃物处理及污染物排放等环节的挑战,这些挑战不仅对环境质量构成威胁,也可能成为制约产业长远发展的瓶颈。制定并实施一系列针对性强、操作性好的改进策略,对于提升高端装备制造业的生态承载力显得尤为重要。

(一)强化能源管理与效率提升策略

该地区发展的首要任务是降低能源消耗并提升能效,具体措施包括通过详尽的能

源审计,精准识别并优化高能耗环节,同时部署先进的能源监测系统,实时掌握能耗情况。鼓励企业探索太阳能、风能等可再生能源的集成利用,减少对化石燃料的依赖,从而有效降低碳排放。支持并促进高效节能技术与设备的研发与应用,如引入先进的自动化与机器人技术,以技术革新引领能效提升。

(二)环保生产技术的创新与实践

技术创新是提升环保性能与产业竞争力的关键。高端装备制造业应致力于闭环生产系统的构建,推动产业向循环经济模式转变,实现生产过程中废物的有效回收与再利用。广泛应用清洁生产技术,如采用无溶剂或低溶剂生产工艺,以及环保型替代材料,从源头上减少有害物质的使用与排放。强化产品设计的环境考量,在产品设计阶段即融入环保理念,如设计易于拆卸与回收的产品结构,以降低产品生命周期内的环境影响。

(三)废弃物管理与污染控制的强化

针对废弃物与污染问题,需采取更为严格与系统的管理措施。完善废物分类与回收体系,在生产现场实施严格的废物分类制度,确保各类废物得到有效回收与处理。引入先进废水与废气处理技术,采用高效的废气净化装置与废水处理设施,确保排放指标达到或优于环保标准。推进环境管理体系认证,鼓励企业申请 ISO 14001 等国际环境管理体系认证,以标准化管理促进环境绩效的持续改进。

(四)环境保护法规的严格遵行与监管

加强法规培训与宣传,定期组织环保法规培训,提升企业全员环保意识与法规遵从能力。建立健全监管与激励机制,政府部门应加大对高端装备制造业的环保监管力度,同时对表现突出的企业给予税收减免等政策支持,以激励企业积极履行环保责任。

二、新能源产业生态承载力与生态一致性分析

新能源产业作为推动当前及未来能源结构转型的关键力量,其在减缓温室气体排放、促进可持续发展及环境保护方面扮演着不可或缺的角色。尽管该产业在环保与可持续发展领域表现良好,但其生态承载力仍有待进一步提升,以应对更高标准的环保挑战与发展需求。

(一)优化能源利用效率

提升能源利用效率是新能源产业发展的核心任务之一。鉴于新能源如风能、太阳能等在生产、转换及储存环节仍存在一定的能源损耗,应继续技术创新与升级,持续加大对研发的投入,致力于提高太阳能电池板及风力涡轮机的能源转换效率。例如,通过引入更先进的半导体材料提升光伏板的光电转换率或优化风力涡轮设计,以增强其在低风速环境下的风能捕获能力。优化生产过程,采用精益生产技术,减少生产过程中的资源浪费。这包括通过自动化与精确控制减少原材料消耗,同时降低生产能耗,实现生产过程的绿色化。应用节能减排技术,引入先进的能源管理系统,如智能电网技术,以

优化电力的生成、分配与消费,减少能源在传输过程中的损失,提升整体能源利用效率。

(二)降低环境影响

在肯定新能源产业对减少碳排放的显著贡献的同时,其生产与运营过程中的环境影响亦不容忽视。这涉及水资源利用、土地占用及生物多样性保护等多个方面。实施循环水系统,降低水资源消耗。例如,在光伏产业中采用封闭循环冷却系统,以减少制造过程中的水需求与废水排放。在风电场与光伏电站的选址上,优先考虑已受损或退化的土地,避免侵占未受干扰的自然区域,减少对生态系统的干扰。采取措施保护现场野生动植物,如规划避免动物迁徙路径的建设布局。开展全面的环境影响评估,并根据评估结果制定并实施生物多样性保护计划。这可能包括设立生态补偿区,或在项目周边区域开展生态恢复工作,以维护生态平衡。

(三)加强新能源设备回收处理与生命周期管理

提高新能源设备的回收率与有效管理其生命周期,是实现产业可持续发展的一个重要途径。建立回收与再利用体系,针对达到使用寿命的太阳能电池板、风力涡轮叶片等设备,构建完善的回收系统。这包括物理回收流程的设计,以及贵重材料与有害成分的妥善处理与再利用。在产品设计初期即融入生命周期管理理念,采用易于拆卸、维修与回收的设计原则,减少废弃物的产生,降低对环境的负面影响。

三、钢铁产业生态承载力与生态一致性分析

钢铁产业作为全球经济体系的基石产业,长期承载着能源密集与环境污染的双重挑战。尽管该产业在环保技术与污染控制领域已取得显著进步,其生态承载力得分的提升亦彰显了产业在环境适应力与管理效能方面的优化成果。面对全球环境法规的日益严格及公众对绿色生产的高涨期待,钢铁产业需持续深化技术创新与管理变革,以确保其在未来可持续发展道路上的竞争力和环境友好性。

(一)技术革新:促进低碳制造与资源高效利用

技术创新是驱动钢铁产业环境绩效提升的核心动力。鉴于全球减碳压力的持续加大,低碳制造技术的研发与应用已成为产业转型升级的关键所在。相较于传统高炉炼钢方式,电弧炉技术(EAF)因其以废钢为主要原料的特点,有效降低了碳排放量,并减轻了对铁矿石等原生资源的依赖,其高度的灵活性有助于快速响应市场需求的变动。针对炼钢过程中大量热能散失的问题,引入热能回收系统,将余热转化为电能或用于预热等环节,从而显著降低能源消耗与碳排放。研发并推广如氢气等清洁能源作为炼钢过程中的替代减排剂,旨在从根本上减少焦炭等传统减排剂的使用,进而降低炼钢过程中的碳排放量。

(二)管理优化:推动循环经济与环境管理体系建设

管理层面的改进同样对提升钢铁产业生态承载力具有关键作用。通过构建循环经

济模式与强化环境管理体系,产业可进一步提升资源利用效率并减轻环境影响。鼓励并实施生产过程中的废物回收利用策略,如将矿渣转化为水泥原料,或将废气用于发电或供暖。建立严格的废物分类与处理体系,确保所有生产废弃物均能得到合理处置或再利用。实施环境管理系统,如 ISO 14001,依托国际公认的环境管理体系标准,系统化管理生产过程中的环境影响因素,并通过持续改进机制不断提升整体环境绩效。鉴于钢铁产业环境影响的广泛性,需将环保理念延伸至原材料供应链。通过加强对供应商的环境审核与评估,选择符合环保标准的合作伙伴,共同推动产业的绿色转型。

四、海洋电力产业生态承载力与生态一致性分析

海洋电力产业作为新兴可再生能源领域的重要分支,具有较强的生态承载力,展现出巨大的发展潜力与广泛的应用前景。该产业通过波浪、潮汐及海流等海洋能源的利用,不仅为能源供应提供了可持续的解决方案,还显著促进了化石燃料依赖的减少与温室气体排放的降低。尽管海洋电力产业在环境管理与可持续发展方面已展现出良好的生态承载力,但在海洋生态系统干预、生物多样性保护及技术效率提升等方面仍面临诸多挑战。为进一步提升该产业的生态承载力,可采取以下策略。

(一)强化环境影响评估与监测体系

在海洋电力设施的规划、建设及运营全过程中,实施全面的环境影响评估与监测至关重要。项目启动前,需进行详尽的海洋生态与环境基线研究,评估范围应覆盖所有可能受影响的生物群落,从微观浮游生物至海洋哺乳动物。构建实时监控系统,利用传感器与卫星技术持续追踪设施运营对周边海洋环境的细微变化,包括水质状况、海洋生物活动模式及关键生态参数的动态监测。依据监测数据与科研进展,定期更新环境影响评估报告,并据此调整运营策略,确保环境影响的最小化与管理的持续优化。

(二)推动技术创新与效率提升

技术效率的提升是增加能源产出、减轻海洋环境负担的关键途径。高效能量转换系统的研发,致力于海洋能转换技术的创新,如优化涡轮机设计、采用新型高效材料,以提升能量捕获效率并减少机械能耗。先进材料与生态友好设计的应用,选用耐腐蚀、生物相容性良好的材料构建设施,设计时应充分考虑与海洋生态系统的和谐共存,采用对海洋生物影响较小的结构形态与布局。设备布局的科学规划,基于海流、波浪等自然条件的深入研究,合理规划设备布局,旨在对关键海洋生态区域的干扰最小化,同时使能源捕获效率最大化。

(三)加强生物多样性保护与生态补偿机制

保护海洋生物多样性是提升海洋电力产业生态承载力的核心任务。在设施周边划定海洋保护区,限制可能产生干扰的活动,如商业捕捞与航运,以维护海洋生态系统的完整性。实施生态补偿措施,针对无法避免的生物影响,采取生态补偿行动,如建设人工渔礁、开展受影响种群的人工繁育与放流计划,以恢复与增强生物多样性。促进公众

与利益相关者参与,加强与科研机构、环保组织及当地社区的沟通与合作,提升项目透明度,共同监督生态补偿措施的执行效果,形成多方共治的良好局面。

五、海洋交通运输产业生态承载力与生态一致性分析

海洋交通运输产业作为全球化贸易体系中不可或缺的支柱,承载着庞大的物流与运输任务。其运营效率与成本直接关联国际贸易的顺畅进行,该产业活动亦对海洋环境产生深远影响。鉴于其操作特性,船舶排放、海洋噪声污染及水体污染等问题一直是环境保护工作的重中之重。尽管当前海洋交通运输产业在环境保护与可持续运营方面已奠定一定基础,但要迈向低碳、环境友好的运输体系,仍需采取一系列创新且有效的管理措施。

(一)推广清洁能源应用

鉴于传统船用燃料如重油对环境的显著负面影响,推广使用更为清洁的燃料成为关键策略。积极响应国际海事组织(IMO)的减排要求,降低船用燃油硫含量标准,减少硫氧化物排放,以维护海洋生态健康。探索并推广液化天然气(LNG)、生物燃料等低碳替代燃料,以及前瞻性地研究氢燃料与电力推进技术,旨在显著降低温室气体排放。加大对燃料电池、太阳能驱动系统等前沿技术的研发投入,推动其商业化应用,为航运业的长远零排放目标奠定基础。

(二)优化船舶设计以提升能效

采用流线型设计减少水下阻力,提高航行效率,通过精细的螺旋桨设计进一步降低燃料消耗与排放。引入船舶能效管理计划(SEEMP)及实时监控系统,科学规划航行速度与航线,实现燃料的精准管理与节约。在船舶上安装废热回收等能源回收系统,将余热转化为电能,增强能源利用效率。

(三)强化船舶运营环保管理

针对船舶日常运营中的环境影响,需加强环境保护措施的执行力度。全面加强空气、废水及固体废物的排放管理,安装高效污水处理装置,确保所有排放物符合国际环保标准。通过安装噪声控制设备与采取减振措施,有效降低船舶运行对海洋生物的声环境影响。加强对船员及相关人员的环保教育培训,提升其环保意识与操作能力,确保环保措施在船舶运营中得到有效执行。

六、京津冀地区产业发展与生态一致性评价

京津冀地区作为中国北部经济版图的关键区域,其产业发展与生态环境之间的协调性评估具有极其重要的战略意义。在全球气候变化与可持续发展议题日益凸显的当下,该区域内高端装备制造业、新能源产业、钢铁产业、海洋电力产业及海洋交通运输产业等五大支柱产业的生态承载力,直接映射了其在应对环境管理与可持续发展挑战中的实际成效与未来需求。

长期以来,京津冀地区的产业发展重心偏向于重工业与制造业,这些产业固有的高能耗与高排放特性,对区域生态环境构成了显著压力。随着环保意识的普遍觉醒与绿色发展战略的深入实施,该地区正逐步迈向技术创新与环境管理并重的转型之路,旨在减轻工业活动对生态系统的负面影响。尽管已取得初步成效,但各产业的生态承载力仍显不足,昭示着深化改革与持续优化之必要。

技术创新作为驱动产业升级与环境绩效提升的核心动力,对于京津冀地区的高能耗产业如钢铁与装备制造业而言尤为关键。这些产业需聚焦于高效、环保生产技术的研发与应用,包括利用现代信息技术与自动化技术优化生产流程,推广新材料与新能源的使用,以及发展废弃物资源化利用技术,实现生产全链条的绿色化转型。

执行严格的环境标准体系是确保产业发展与生态环境和谐共生的基石。政府及监管机构应制定并不断完善排放与环保标准,强化监管力度,确保各项标准得到有效执行。通过实施差异化环保政策,如对高污染企业设定更为严格的排放限值,并提供必要的技术与资金支持,促进其转型升级,加速绿色化发展进程。

提高资源利用效率,则是实现经济与环境双赢目标的重要策略。京津冀地区产业界应积极探索资源循环利用模式,通过建立健全的废弃物交换与回收体系,促进企业内部及跨企业间的资源高效利用,减少原材料消耗与能源消耗,缓解资源与环境压力。

全面的环境影响评估机制是保障新项目可持续实施的重要前置条件。对于京津冀地区拟建或已建项目,必须严格执行环境影响评估程序,全面评估项目对生物多样性、水资源、土地利用等关键生态要素的潜在影响,并依据评估结果制定有针对性的环境保护与修复措施。加强对已运行项目的环境影响后评估,动态调整与优化生产运营策略,确保项目全生命周期内的环境友好性。

>>> 第十二章

京津冀地区港口、产业与绿色生态一致性评价

在京津冀地区,港口、产业及绿色生态的发展之间存在着深刻的内在联系与外在互动。作为中国重要的经济与工业基地,该区域同时也是环境保护与生态文明建设的关键区域。对港口、产业与生态之间的一致性发展进行深入分析,能够揭示该区域发展的可持续性特征,并能为未来政策与战略的制定提供明确的方向。

一、港口与生态发展的一致性

京津冀地区的港口,如天津港、唐山港等,凭借其得天独厚的地理位置,发展迅速,已成为中国对外贸易的重要枢纽。近年来,这些港口在推动经济发展的进程中,日益重视环境保护与生态平衡。例如,天津港实施了一系列减排举措,包括使用低硫燃料油、安装岸电系统等,以降低船舶停靠期间的排放。曹妃甸港则通过绿色港口建设项目,致力于生态修复与水质改善,强调可持续发展的港口模式。

尽管京津冀地区的港口在生态领域取得了一定的成就,但仍需面对诸多挑战。港口的扩张往往伴随着湿地与海岸线的破坏,对生物多样性和海洋生态系统产生不利影响。港口活动所产生的污染物,如重金属、石油及化学品等,对周边水域及大气环境构成潜在威胁。港口周边地区常成为工业集聚区,环境压力持续增大。

二、产业与生态发展的一致性

京津冀地区的产业主要集中在高端装备制造、新能源、钢铁生产等领域。这些产业在驱动区域经济增长的同时,亦在逐步向绿色转型。例如,新能源产业的发展减轻了对传统化石能源的依赖,并有助于降低温室气体排放,提升能源利用效率。钢铁产业则通过采纳清洁生产技术和循环经济模式,显著减少了资源消耗与环境污染。

尽管产业在绿色转型方面取得了一定进展,但传统重工业的环境压力依然沉重。产业结构的优化升级速度与环境保护要求之间存在一定的差距。以钢铁产业为例,尽管已采取了一些减排措施,但总体能耗与污染物排放仍然较高。高端装备制造业虽推

动了技术革新,但在实际操作层面,其能源消耗与废物处理问题亦不容忽视。

三、港口、产业与生态的协调发展

京津冀地区通过制定并实施一系列政策,如环保法规、绿色发展基金及公众参与机制等,促进了港口与产业的环境友好型发展。政府与企业的合作项目,如海洋生态保护项目及绿色供应链管理等,有助于整合资源、优化管理,从而实现经济效益与环境效益的双重提升。

尽管已取得一定成效,但京津冀地区的港口与产业在实现生态、经济与社会三者平衡发展的过程中,仍面临诸多挑战。例如,政策执行的一致性与效力有待加强,导致部分环保措施难以有效落实。公众环保意识的薄弱与参与度不足,亦是生态文明建设的阻碍。

京津冀地区的港口、产业与生态发展展现出了一定程度的一致性,特别是在推动绿色技术与政策实施方面取得了进展。为实现更加和谐的协调发展,还需进一步强化政策执行力,提升公众环保意识,优化产业结构,并持续推进科技创新。借助这些举措,京津冀地区将能够更好地践行可持续发展理念,为未来缔造一个宜居的环境与繁荣的经济。

第十三章

京津冀港口、产业生态承载力监测系统的构建

第一节　承载力监测系统设计思路与总体架构

一、设计思路与目标

（一）京津冀港口和产业发展面临的主要生态问题和监测需求

京津冀地区作为中国重要的经济增长极，港口和产业集群发展迅速。然而，这种快速发展在带来经济利益的同时，也加剧了该区域的生态压力。港口的扩展和工业产能的增加给生态环境造成了巨大负担，对京津冀区域的生态承载力提出了严峻挑战，急需科学、全面的监测和管理手段。为此，本节明确提出了生态问题，并进一步说明了京津冀地区生态承载力监测的迫切需求。

1. 资源消耗加剧与生态系统压力加大

京津冀地区的港口运输、工业制造等产业对资源的消耗速度明显加快，尤其是在水资源、能源和土地的使用上，呈现出超负荷的状态。快速的港口建设和大规模工业化带来的环境污染，加剧了该区域资源的消耗和环境负担，严重威胁了生态系统的稳定性。水、空气和土壤的质量不断恶化，对区域生物多样性及生态平衡构成了长期的、累积性的负面影响。因此，精准的动态监测系统将帮助深入了解资源消耗的速度和对生态系统的真实影响。

2. 生态环境质量下降与污染问题严重

随着工业化和城市化进程的加速，京津冀区域面临的空气污染、水污染、土壤污染等问题日益突出。港口运输和工业生产活动释放的污染物已对大气、水体和土壤环境产生了明显的破坏，如 PM2.5 超标、重金属污染及工业废水排放等问题频发。此外，港口的大规模建设及运输对周边环境造成的负面影响越来越大，急需对污染源头及其影响进行实时跟踪与监控。

3.生态修复能力不足，生态系统弹性降低

生态系统的自我修复能力逐渐减弱是京津冀地区面临的另一大挑战。尽管该区域投入了大量的生态修复项目，如植树造林、湿地保护等，但由于经济活动的迅速扩张和生态压力的持续增加，生态系统的恢复速度远远落后于破坏速度。这使得区域生态承载力不断下降，环境容量接近饱和。因此，构建监测系统进行实时的数据采集和评估，掌握生态弹性变化，显得尤为重要。

4.绿色发展与可持续发展的双重需求

京津冀作为国家重点发展区域，承担着推动绿色发展和可持续发展的重要使命。随着国家提出的"双碳"目标和生态文明建设的深入推进，如何在经济发展和生态保护之间实现平衡，成为京津冀地区亟待解决的难题。建立科学的生态承载力监测体系，通过定量数据分析和实时监控，助力了解港口和产业发展对环境的影响，进而提出针对性的生态优化建议，提升区域可持续发展的水平。

（二）确定系统构建的整体目标

京津冀港口和产业生态承载力监测系统的目标是在应对生态压力的同时，通过大数据分析和智能监测，帮助实现港口和产业的绿色、可持续发展，具体目标如图 13-1 所示。

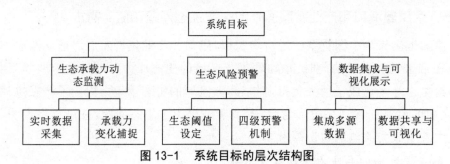

图 13-1　系统目标的层次结构图

1.生态承载力动态监测

生态承载力的动态监测是系统最核心的功能之一。通过引入物联网技术和大数据技术，实时采集港口运营、产业生产和生态环境的多维数据。例如，港口的货物吞吐量、能源消耗、污染物排放等数据，结合空气质量、水质监测数据，能够全面反映港口和产业对生态环境的实际影响。动态监测的目的是通过数据的连续更新，实时捕捉生态系统承载力的变化，确保能够迅速应对生态风险。

2.生态风险预警

在京津冀地区复杂的生态环境中，生态承载力经常会面临来自资源枯竭、环境污染和经济发展的多重压力。因此，系统的另一个重要目标是提供风险预警功能。通过预先设定的阈值，系统能够在生态承载力接近或超过承受极限时，触发红、橙、黄、绿四级预警机制。每一级预警对应不同的生态风险程度，例如，当生态承载力指数进入红色区间，意味着环境已严重超负荷，必须立即采取措施干预。通过这种多级预警，政府和企

业能够及时调整决策,避免造成不可逆的生态损害。

3.数据集成与可视化展示

京津冀港口和产业生态承载力监测系统的构建目标之一是建立一个高度集成的数据平台。该系统需要整合不同来源的多维数据,包括港口的物流数据、产业生产数据、生态环境监测数据(如空气、水质、土壤污染等)及社会经济数据(如人口密度、经济增长等)。通过大数据平台,系统能够实现跨部门、跨领域的数据共享,提升数据的使用效率。此外,系统将实现可视化功能,使用数据图表和地理信息系统(GIS)技术,以简洁直观的方式展示生态承载力现状及未来趋势,方便管理者对问题做出快速判断。

4.支持决策与优化策略输出

除了提供实时监控与预警功能,系统还需具备强大的决策支持功能。通过集成数据分析与机器学习算法,系统能够针对港口和产业的生态影响,提供有针对性的优化策略。根据生态承载力的评估结果,系统可以生成不同情景下的策略报告,帮助政策制定者和企业在不同的环境压力下做出最佳决策。此外,系统可进行仿真模拟,预测未来发展趋势,并提供在各种生态变化情景下的决策支持。例如,模拟在港口吞吐量增加30%或工业排放减少20%时,生态系统的响应变化。

二、总体架构设计

京津冀港口、产业生态承载力监测系统的总体架构设计是系统成功实现功能和性能目标的关键环节。通过合理的架构分层和模块划分,确保系统能够应对多源数据的复杂性、高并发数据处理需求以及实时监控和决策支持的要求。本小节对系统的分层架构进行简要概述。

系统架构采用分层设计是为了确保系统能够灵活应对不同的功能需求,提升各层之间的独立性和模块化水平。京津冀港口和产业生态承载力监测系统被划分为五个主要层次:数据采集层、数据分析层、业务逻辑层、决策支持层和可视化展示层。每一层的设计都聚焦于特定功能,既保证了模块之间的独立性,也通过数据流动实现了高度的协同工作,如图13-2所示。

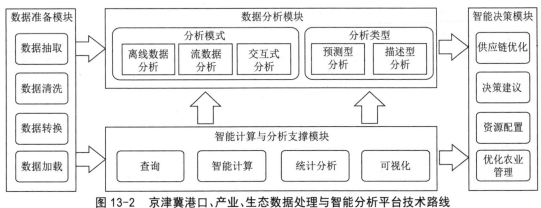

图13-2　京津冀港口、产业、生态数据处理与智能分析平台技术路线

1. 数据采集层

数据采集层是系统运行的基础。通过该层,系统能够从不同的数据源中获取港口运营数据、产业生产数据和生态环境数据。该层的数据源包括物联网(IoT)设备、传感器网络、无人机、智能终端等,采集的内容涵盖了港口货物流量、产业能耗、污染物排放、大气质量、水质和土壤情况等关键指标。数据采集层的关键在于实现多源异构数据的无缝接入,并确保数据的实时性和准确性,如图 13-3 所示。这不仅依赖于硬件设备的稳定运行,还需要在软件层面提供高效的数据集成接口,以实现数据的自动化传输和处理。

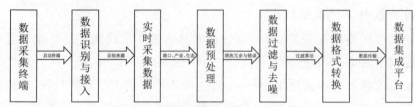

图 13-3 数据采集终端的工作流程图

2. 数据分析层

数据分析层是数据处理和初步分析的核心。该层的主要任务是对来自数据采集层的多源数据进行处理,包括数据清洗、格式转换、预处理、缺失值填补等操作,确保输入到业务逻辑层的数据具有一致性和完整性,如图 13-4 所示。为了处理京津冀港口和产业数据的高并发性和大规模性,系统采用分布式计算框架(如 Hadoop、Spark)进行并行计算,提升数据处理的效率。同时,系统设计了复杂的算法模型和数据标准化方案,以便将不同类型的数据转换为可比较、可分析的格式。这一层还负责将处理后的数据存储在结构化与非结构化数据库中,并为后续的深入分析提供基础数据支持。

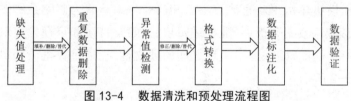

图 13-4 数据清洗和预处理流程图

3. 业务逻辑层

业务逻辑层是系统的核心计算和分析层,它将数据分析层处理好的数据转化为有价值的生态承载力评估结果。该层通过集成 AHP(层次分析法)和模糊综合评价模型,结合历史数据和实时数据,进行生态承载力的定量评估。该评估不仅涵盖港口和产业的资源消耗和环境压力,还结合生态系统的弹性和恢复能力,计算出生态承载力指数。业务逻辑层还承担着实时监控的任务,通过监控生态承载力的变化趋势,及时捕捉潜在的风险点,支持风险预警机制的触发。此外,系统利用先进的数据挖掘和模式识别算法(如决策树、随机森林等),对未来的生态承载力变化进行预测,并结合历史趋势数据进行异常检测。

4.决策支持层

决策支持层基于业务逻辑层的分析和评估结果,提供决策支持功能。这一层结合生态承载力评估的定量结果和未来发展情景模拟,为管理者生成优化的策略建议报告。通过对不同情景的分析(如不同港口扩张计划对环境的影响、工业减排措施的效果),系统能够为区域政策制定者和企业管理者提供详细的决策依据。决策支持层还集成了情景模拟工具,模拟港口运营、产业发展和生态环境之间的复杂互动,帮助管理者在不同发展路径下,预测区域生态承载力的响应,提出可行性方案。

5.可视化展示层

可视化展示层的主要功能是通过图形化的方式,直观展示生态承载力的状态和变化趋势。该层采用了多种数据展示技术,如仪表盘、实时图表、地图热力图等,提供实时监控生态承载力的各项关键指标。该层还集成了 GIS(地理信息系统)技术,用以展示不同港口和产业在空间上的分布情况以及各区域的生态状况,从而帮助管理者快速定位问题区域,做出及时有效的决策。

第二节 承载力监测系统的功能设计

一、数据采集模块

数据采集模块是京津冀港口、产业生态承载力监测系统的基础组成部分,其功能是从不同的源头收集港口运营、产业生产和生态环境数据,为后续的数据处理、分析、评估和决策支持提供坚实的数据基础。由于京津冀地区的港口和产业链规模庞大,生态环境复杂,因此,数据采集模块需要覆盖多维度、多来源的数据,确保系统能够全面、准确、实时地获取所有必要的信息。以下将对该模块的实现原理、采集方法以及具体涵盖的数据类型进行详细描述。

(一)数据采集模块的实现原理及方法

数据采集模块的设计和实现依赖于现代信息技术,主要包括物联网(IoT)技术、传感器网络、无线通信和数据集成技术等。模块的整体目标是构建一个稳定、高效、可扩展的数据采集系统,确保京津冀港口、产业以及生态环境的各项关键数据能够得到持续、实时的监控与采集。

1.传感器网络与物联网设备的部署

在京津冀港口和产业生态承载力监测系统中,传感器网络是数据采集的核心技术。系统在港口、产业区以及关键生态敏感区域部署了各种类型的传感器,包括气体传感器、温度和湿度传感器、水质监测传感器、PM2.5 和 PM10 颗粒监测传感器、能耗监控设备等。这些传感器实时采集数据,并通过物联网设备将数据汇聚到系统的中央服务器进行处理。

　　环境监测传感器用于监测空气、水体和土壤质量。空气质量传感器能够检测 PM2.5、PM10、SO_2、NO_x、CO_2 等污染物浓度,水质监测设备能够检测水中的污染物如化学需氧量(COD)、总磷(TP)、总氮(TN)及其他化学污染物,土壤监测设备能够检测重金属等污染物的浓度。

　　港口和产业传感器监测港口的货物流量、运输效率以及工业区的生产活动。能耗传感器和排放监测设备能够跟踪港口和工厂的能源消耗情况,包括电力、煤炭、天然气的使用情况以及 CO_2、SO_2、NO_x 等废气排放。

　　传感器网络基于低功耗广域网(LPWAN)和蜂窝网络等通信技术,保证了数据采集的实时性和覆盖范围。传感器的布局设计也根据港口和产业的特点进行优化,在运输节点、污染源附近、生态敏感区进行重点布设,确保数据的代表性和准确性。

2. 数据采集终端

　　数据采集终端是传感器网络与中央数据处理系统之间的关键桥梁。采集终端的功能包括数据汇总、初步整理、过滤和传输。在各个港口和产业区的关键位置布置多个数据采集终端,这些终端从部署在区域内的传感器接收数据,并通过无线网络或有线网络与中央服务器进行数据交换。

　　为了应对网络延迟或数据传输中断,数据采集终端通常具备数据缓存功能,确保传感器采集的数据能够被暂存,并在网络恢复后自动上传。同时,终端具备初步的数据处理功能,可以过滤噪声数据,减少系统负担。

　　数据采集终端通过 Wi-Fi、4G／5G 网络或光纤网络,将收集到的各类数据以高速、稳定的方式传输至中央数据处理中心。为确保数据传输的安全性,终端设备采用加密技术,防止数据在传输过程中被篡改或丢失。

3. 数据集成接口与标准化传输协议

　　系统需要将来自多种设备、多种来源的数据进行集成,因此,数据集成接口设计至关重要。数据采集模块采用标准化的通信协议,如 MQTT、HTTP 和 CoAP 协议,能够确保各类传感器和采集设备的数据可以顺利汇入系统。同时,系统内设定了统一的数据标准和格式,如 JSON、XML 等,用于管理多源异构数据的格式化和规范化。

　　选用标准化协议:MQTT 协议适合低带宽、低功耗的物联网设备,能够支持远程设备的数据传输,确保即使在复杂的网络条件下,数据也能被高效地传输。HTTP 协议则适用于高可靠性数据传输,适合需要高实时性的应用场景。

　　系统提供开放的 API 接口,确保不同的硬件设备或第三方平台可以无缝对接,实现数据的互通与共享。通过这种设计,系统能够与外部的环境监控平台、港口管理系统等进行无缝集成,进一步提升数据的利用率。

(二)数据类型概况

　　京津冀港口、产业生态承载力监测系统的数据采集模块需要涵盖多维度、多领域的数据,以全面反映港口和产业活动对生态环境的影响,以及生态系统的承载力状况。这些数据类型包括港口运营数据、产业生产数据和生态环境数据,涵盖了京津冀地区港口和产业对生态的直接和间接影响。

1. 港口运营数据

港口运营数据是系统监测京津冀地区各大港口活动的核心数据。通过实时采集港口的物流和能源消耗数据,系统能够评估港口的运营效率及其对环境的压力。其主要数据类型包括以下内容。

货物流量:包括港口吞吐量、集装箱吞吐量、外贸和内贸货物运输量等。这些数据能够反映港口的业务规模及其对资源的消耗。

能源消耗:实时监控港口的能源使用情况,主要包括电力消耗、燃油消耗等。这些数据有助于评估港口的碳排放和对能源资源的依赖程度。

污染物排放:监控港口运营过程中产生的废气、废水和固体废弃物排放情况,特别是 SO_2、NO_x、PM2.5 等污染物的排放数据,用于分析港口对周边生态环境的影响。

2. 产业生产数据

产业生产数据反映了京津冀地区产业活动的强度和环境影响。这些数据不仅用于评估产业的经济贡献,还用于分析产业对生态承载力的压力。其主要数据类型包括以下内容。

产业产量:包括各大主导产业的生产总量,如钢铁、石化、新能源等产业的生产数据。这些数据是系统分析产业对生态环境影响的基础。

能源消耗与效率:产业的能源消耗数据,涵盖电力、煤炭、天然气等能源的使用情况,并通过对比不同产业的能源使用效率,评估其对环境的压力。

污染物排放:监控工业生产过程中产生的废气、废水、废渣等污染物排放,特别是 CO_2、SO_2、NO_x 等大气污染物排放,以及废水中有害物质的浓度,这些数据能够反映产业活动对环境的污染负荷。

3. 生态环境数据

生态环境数据是系统评估区域生态承载力的关键指标,这类数据能够实时反映生态环境的状态变化,确保系统能够及时识别生态压力源。其主要数据类型包括以下内容。

空气质量数据:监测空气中的污染物浓度,如 PM2.5、PM10、SO_2、NO_x 等大气污染物。系统会特别关注港口和工业区周边的空气质量变化,以评估经济活动对空气污染的影响。

水质监测数据:涵盖港口周边海域、河流水域的水质监测数据,包括化学需氧量(COD)、溶解氧、总氮、总磷等。这些数据有助于评估港口和工业排放对水体生态系统的影响。

土壤监测数据:监测港口和工业区周边土壤中重金属和有害物质的含量,帮助分析长期污染物累积对土壤生态系统的危害。

通过部署先进的传感器网络、物联网设备和标准化的数据集成接口,系统能够实时、准确地获取港口运营、产业生产和生态环境的各项数据。这些数据为后续的生态承载力评估、风险预警和决策支持提供了全面、可靠的基础,帮助系统更好地应对京津冀地区港口和产业发展带来的生态挑战。

二、数据处理与分析模块

数据处理与分析模块是京津冀港口、产业生态承载力监测系统的核心环节,负责将从各类数据源采集到的海量数据进行清洗、预处理和标准化处理,确保数据的准确性、一致性和完整性。该模块不仅解决了多源异构数据在格式、质量等方面的差异,还通过科学合理的数据库设计与存储策略实现高效的数据管理。作为系统的基础层之一,数据处理与分析模块为后续的生态承载力评估、实时监控和决策支持提供了坚实的技术支撑。本节将从数据处理的各个步骤和存储策略出发,详细阐述该模块的实现原理、技术方案以及应用场景。

(一)数据清洗、预处理与标准化

数据清洗、预处理和标准化是数据处理与分析模块的第一步,是确保数据质量、提高数据利用率的关键环节。由于系统从多个不同来源采集数据,这些数据可能存在格式不一致、数据缺失、异常值等问题,必须经过严格的清洗和标准化处理,才能进入后续的分析和评估环节。

1. 数据清洗

数据清洗是提升数据质量、保证数据准确性和一致性的必要步骤。由于数据来源复杂,传感器设备或网络传输过程中的故障可能导致数据缺失、重复或存在噪声,清洗过程必须根据具体问题采取不同的处理方法。

缺失值处理:当数据采集中发生传感器故障或网络问题时,数据可能出现部分缺失。处理缺失值的常见方法有插值法、使用平均值填充或直接删除缺失值记录。系统需要根据数据类型选择最合适的方法。例如,对于时间序列数据,可以采用线性插值法填补缺失值,确保时间维度上的连续性和一致性。

重复数据删除:在某些情况下,可能会因数据重复上传或传感器故障造成重复数据。系统采用哈希算法或数据对比算法,自动识别并删除重复的数据,以保证数据库中记录的唯一性,避免因重复数据导致分析结果失真。

异常值检测与处理:异常值通常是由设备故障、外界干扰或其他意外情况导致的。例如,某些传感器在极端天气条件下可能会报告不合理的数值。系统通过设置合理的上下限阈值,结合历史数据分析,自动检测异常数据,并采取合适的策略处理,如剔除异常值或通过统计学方法进行校正。

2. 数据预处理

数据预处理是数据进入分析环节前的必要操作,主要针对不同来源的数据进行格式转换、整合和时间同步处理,确保不同类型的数据可以在统一的框架下进行比较和分析。

格式转换:数据采集的设备多样,数据格式可能包括二进制、JSON、XML、CSV 等多种格式。系统通过统一的转换规则,将这些异构格式的数据转化为统一的标准化格式,以便后续的处理和分析。常见的数据转换工具包括数据格式转换器、流数据处理框架(如 Apache Flink)等。

时间同步:由于不同设备的数据采集频率不同,可能导致采集到的数据时间戳不一致。为了确保数据在时间维度上的一致性,系统需要对不同数据源的时间戳进行同步,统一到同一时间基准下。时间同步的方式可以通过 NTP(网络时间协议)实现,确保所有设备的时间标记保持一致,避免数据分析中的时间偏差。

3. 数据标准化

数据标准化是保证多源异构数据可以在统一框架下进行比较和分析的关键步骤。通过数据标准化处理,系统能够有效地提升数据的兼容性和一致性。

单位转换:不同的数据源可能采用不同的度量单位。例如,某些传感器使用"ppm"(每百万分之一)作为污染物浓度的单位,而其他传感器则使用"μg/m³"(每立方米微克)。为保证数据的一致性,系统需要将所有数据单位统一转换为标准单位,以便在后续分析中进行对比。

归一化处理:在多源数据中,数值范围差异较大可能会影响数据分析结果的准确性。系统采用归一化或标准差处理方法,将不同来源的数据按比例进行调整,确保它们可以在相同的尺度上进行比较。常用的归一化方法包括 Min-Max 归一化和 Z-score 标准化,具体选择取决于数据的特性和分析需求。

(二)数据库设计与存储策略

数据清洗和预处理之后,系统需要设计高效的数据库和存储策略,以管理并存储处理后的多源数据。由于京津冀港口、产业生态承载力监测系统涉及大量的港口运营、产业生产和生态环境数据,这些数据既包括结构化数据,也包括非结构化数据,因此,数据库设计需要兼顾高效存储和快速检索,同时支持系统的高并发需求。

1. 数据库的选择与架构设计

监测系统的数据类型丰富多样,包括结构化数据(如表格、日志)和非结构化数据(如图像、视频、文本),因此数据库架构需要同时处理这两类数据。根据数据的特性,系统采用混合型数据库架构。

关系型数据库(RDBMS):对于港口的物流数据、产业生产的产量数据、能源消耗数据等结构化数据,系统采用关系型数据库(如 MySQL、PostgreSQL)。关系型数据库具备强大的数据管理能力,能够通过结构化查询语言(SQL)进行复杂的数据查询和关联分析。此外,关系型数据库提供了高度一致性的数据事务支持,适合存储对准确性和稳定性要求较高的数据。

非关系型数据库(NoSQL):对于生态环境的非结构化数据,如港口区域的监控视频、监测点的影像数据、传感器日志等,系统采用非关系型数据库(如 MongoDB、Couchbase)。NoSQL 数据库能够灵活处理大规模的文档类型数据,支持数据的水平扩展和高并发处理,适合处理非结构化数据的复杂查询。

2. 数据索引与检索优化

在大规模数据处理和分析场景下,高效的数据检索至关重要。为了确保系统能够快速响应查询请求,系统采用了多种索引优化策略。

时间索引:生态监测数据的时间性非常强,许多分析和决策依赖于历史数据的对比与趋势分析。通过为数据建立时间戳索引,系统能够快速查询特定时间段内的数据,从而支持实时监控、历史数据回溯和趋势预测等功能。时间索引通过基于时间范围的检索(如时序数据库)实现,能够显著提升数据查询效率。

地理空间索引:港口、产业和生态监测点在地理位置上分布广泛,地理空间数据对系统的分析、展示具有重要意义。通过构建地理空间索引,系统能够快速定位和查询特定区域的监测数据,尤其是在进行地理信息系统(GIS)展示和空间分析时,地理索引能够显著加快查询速度。

4. 数据存储优化

面对海量数据的存储需求,系统需要采取优化策略,以确保存储空间的高效利用,并保证数据的读取和写入速度。

数据压缩:为了减少存储空间的占用,系统对历史数据进行压缩存储。压缩算法的选择应在压缩率和解压缩速度之间取得平衡,常用的压缩算法包括 GZIP、LZ4 等。压缩后的数据在需要进行查询时,可以快速解压并提供给分析系统。

分区与分片存储:针对大规模数据,系统通过分区(partitioning)和分片(sharding)技术进行存储优化。分区可以根据时间、地点或数据类型对数据进行划分,便于分而治之地管理和检索。分片则将数据存储在多个物理节点上,避免单一服务器的负载过重,确保系统在高并发下仍能保持快速响应。

通过科学的清洗、预处理和标准化操作,系统能够确保多源异构数据的高质量输入,为后续的评估、分析和决策提供可靠的数据支持。同时,合理的数据库设计和存储策略不仅能够应对海量数据的存储需求,还能显著提升数据检索和分析的效率,保证系统的实时性和稳定性。这一模块的成功实现,为京津冀地区港口和产业的生态承载力动态监测、风险预警以及决策支持提供了强有力的技术保障。

三、生态承载力评估模块

生态承载力评估模块是京津冀港口、产业生态承载力监测系统的核心组成部分,旨在通过科学的模型和方法对港口和产业的生态影响进行定量评估,输出生态承载力指数,从而为区域生态治理和产业决策提供可靠的数据支持。本模块采用了层次分析法(AHP)和模糊综合评价模型,结合区域资源消耗、环境污染、生态弹性等多重因素,全面衡量区域生态系统的承载力。本小节从模型设计、评价方法、评估步骤和数据应用等多个方面,构建和实现生态承载力评估模块。

(一)基于 AHP 与模糊综合评价模型的生态承载力评价模型设计与构建

生态承载力评价模型的设计需要考虑多维度的影响因素,涉及资源利用效率、环境压力、生态恢复能力等复杂变量。为了合理、科学地处理这些变量,评估模型采用了AHP 与模糊综合评价相结合的方法,逐层分解复杂问题并对各指标进行权重分配,最终实现对港口和产业生态承载力的综合评价。

1.层次分析法(AHP)在生态承载力评估中的应用

层次分析法(AHP)是一种处理复杂决策问题的多准则决策分析方法,适用于涉及多个因素且结构复杂的系统。其通过构建分层结构,将复杂问题分解为多个层次和要素,并进行两两比较,确定各要素在总目标中的相对重要性。这种方法可以有效解决港口和产业生态承载力评估中的多维度指标权重确定问题。

构建层次结构模型:生态承载力评估的总目标是衡量京津冀地区港口和产业的可持续发展能力。该目标被分解为三大层次:第一层次为总目标层;第二层次为准则层,包含资源消耗、环境压力、生态恢复能力等关键指标;第三层次为具体的评价指标层,如能源消耗量、污染物排放量、环境污染治理能力等。

建立判断矩阵:判断矩阵是通过对比各因素的重要性生成的矩阵。系统通过专家意见、历史数据或经验值构建判断矩阵,对每个指标进行两两比较,判断其在生态承载力评估中的相对重要性。例如,资源消耗和环境污染可能对生态承载力的影响不同,因此需要通过判断矩阵来量化这种差异。

计算权重:根据判断矩阵,使用特征向量法计算每个评价指标的权重值。权重值反映了每个因素在总体评估中的重要性,确保在综合评价时,各指标的影响能够被合理反映。通过对判断矩阵进行一致性检验,确保计算出的权重值具有合理性和科学性,避免决策偏差。

2.模糊综合评价模型在生态承载力评估中的应用

模糊综合评价模型是一种适合处理不确定性和模糊性问题的评价方法,尤其在生态系统这种复杂性和动态变化性较强的领域中具有重要作用。通过模糊数学的引入,系统可以将复杂的生态影响因素定量化处理,形成最终的综合评价结果。

确定模糊评价集:模糊综合评价模型通过定义评价指标的隶属度函数,将定量指标转化为模糊集合。每个指标对应一个模糊集合,反映了其在不同生态压力级别下的表现。例如,污染物排放可以被定义为低、中、高三个级别,每个级别对应一定的隶属度值,表示该指标在某一特定生态状态下的影响程度。

模糊矩阵构建:系统根据收集到的生态监测数据,构建各个指标的模糊评价矩阵,矩阵中每一项代表某一指标在不同模糊级别下的隶属度。通过 AHP 计算得出的权重,系统将各项指标的模糊评价结果加权求和,形成生态承载力的综合评估结果。

模糊算子与综合评价:模糊综合评价模型通过加权平均、最大最小组合等模糊算子,将各指标的评价结果进行汇总,得到区域生态承载力的综合评价指数。该指数可以帮助系统明确区域的生态承载能力,判断当前港口和产业的发展状态是否超过了生态系统的承载能力。

3. 模型验证与动态调整

生态承载力评估模型的科学性和准确性需要通过数据验证和动态调整。模型通过结合历史监测数据和实时采集数据进行验证,对不合理的权重或模型假设进行修正。系统通过引入仿真技术,模拟不同情景下的生态承载力变化,确保模型能够准确预测未来的生态压力情况。通过不断优化模型参数,系统能够适应不同环境和发展条件下的生态承载力评估需求,增强模型的灵活性和预测能力。

(二)京津冀港口、产业生态承载力定量评估

京津冀地区的港口和产业是生态系统的重要组成部分,它们对资源的消耗、环境的影响各有不同,因此,系统对港口和产业分别进行生态承载力的定量评估,并生成承载力指数。通过这些指数,管理者能够直观了解各区域的生态负荷情况,为科学决策提供依据。

1. 港口生态承载力评估

港口作为京津冀地区经济的枢纽,其生态承载力评估主要关注资源消耗、污染排放和生态恢复能力等方面。港口的能源使用、大气污染物排放、废水排放等直接影响周边生态环境,因此评估其承载力具有重要意义。

资源消耗评估:港口的资源消耗主要包括能源消耗(水、电、燃油等)和土地使用。通过监测港口的能源使用情况,评估港口对区域资源的依赖程度。例如,港口的电力消耗数据和燃油使用量可以反映其对能源资源的依赖度,土地使用面积则反映了港口扩展对区域空间资源的占用情况。

环境污染评估:港口运营中的大气污染物(如 SO_2、NO_x 等)、废水和固体废弃物排放是评估重点。系统通过监测这些污染物的排放量,结合环境法规标准和港口周边的环境容量,评估港口对周边环境的负荷情况。污染物排放量与港口运营规模密切相关,因此在评估过程中还需要结合港口吞吐量等运营数据进行综合分析。

生态弹性评估:生态弹性是指生态系统在受到压力后自我恢复的能力。港口所在区域的生态弹性受到多种因素的影响,包括生态修复措施、自然资源恢复速度等。系统通过对港口区域的生态弹性评估,判断其在面临长期环境压力时的恢复能力。

港口生态承载力指数生成:通过模糊综合评价模型,结合资源消耗、环境污染、生态弹性等因素,系统生成港口生态承载力指数。该指数用于表示港口发展对生态系统的压力程度,数值越大表示港口对资源和环境的负担越重,生态风险越高。

2. 产业生态承载力评估

京津冀地区的产业类型多样,各产业的生态承载力评估需要结合其生产特点、资源消耗和污染物排放特性进行综合分析。产业的生态承载力评估不仅关注其经济产出,

还需要考察其对资源的依赖程度和对生态环境的影响。

生产活动评估：系统通过对各类产业的生产规模、产量以及单位产品的资源消耗进行量化评估。例如，对于钢铁、石化等高耗能产业，系统重点评估其生产过程中的能耗指标，包括电力、煤炭、天然气的使用情况。同时，系统还评估产业的生产效率，以判断其资源利用的可持续性。

污染物排放评估：系统对各产业的废气、废水和固体废弃物排放进行监测，并结合环境监测数据，评估各类产业对区域空气、水体和土壤环境的影响。例如，钢铁产业在生产过程中产生的大气污染物和废水排放是评估的重点，化工产业的废弃物处理情况也是影响生态承载力的重要因素。

产业生态承载力指数生成：通过结合层次分析法（AHP）和模糊综合评价模型，系统结合各产业的生产活动、资源消耗和污染物排放情况，生成各个产业的生态承载力指数。该指数反映了产业在当前生产规模下对生态系统的压力程度，数值越接近临界值，说明产业发展可能已经超出生态系统的承载能力，存在环境恶化的风险。

生态承载力评估模块通过 AHP 与模糊综合评价模型，系统化地对京津冀港口和产业的资源消耗、环境污染和生态弹性等多重因素进行定量分析，生成了综合性的生态承载力指数。该模块的科学设计和实施不仅为管理者提供了可靠的生态评估工具，还通过动态调整和仿真技术确保评估结果的准确性和适应性。

四、实时监测与预警模块

实时监测与预警模块是京津冀港口、产业生态承载力监测系统的核心组成部分之一，旨在通过实时监控和预警机制，及时发现生态系统中潜在的环境压力和超载问题。该模块的核心在于借助传感器网络和大数据分析技术，实时获取生态承载力的各项关键指标数据，并结合预设的预警模型，在不同风险等级下发出预警信号，并提供相应的干预建议。本小节从实时监测的具体实现、预警模型的设计、应对机制等角度，深入分析实时监测与预警模块的设计和实现过程。

（一）实时监控生态承载力指标

实时监控是预警模块的基础，通过采集和分析京津冀地区港口和产业的运营数据及生态环境变化数据，系统能够对生态承载力的动态变化进行全面监控。该过程不仅依赖先进的传感器技术和物联网（IoT）设备，还通过流式计算和大数据分析技术，确保系统能够处理海量数据并实时反馈生态系统的健康状况。

实时监控的成功与否取决于对生态承载力关键指标的准确识别与数据的实时采集。根据京津冀地区的生态环境特征和产业布局，系统选取了一系列直接反映生态压力的指标，这些指标既包括资源消耗、污染物排放，也涵盖生态环境质量的变化，全面覆盖了港口和产业的生态影响。

资源消耗指标：资源消耗是评估港口和产业对生态系统影响的重要因素。系统实时监测港口运营和工业生产的能源使用（如电力、燃气、煤炭等）以及水资源使用情况。

通过物联网设备和智能电表等传感器,系统能够获取港口和产业的实时能耗数据,并评估其对当地资源的负荷水平。

污染物排放指标:大气和水体污染是港口和产业对环境的主要压力来源。系统监控港口和工业区排放的主要污染物,包括空气中的 SO_2、NO_x、PM2.5、PM10 等,以及水体中的 COD、总磷、总氮等有害物质。传感器部署在港口和工业区的关键位置,能够准确捕捉这些污染物的浓度变化,并通过无线传输技术(如 LPWAN、5G 等)实时发送数据。

生态环境质量指标:除了直接的污染物监控,系统还实时跟踪生态环境的综合质量指标。例如,空气质量指数(AQI)、水质指数、土壤健康状况等,能够反映生态系统的整体健康状态。通过 GIS(地理信息系统)结合生态环境监测数据,系统可以精准定位生态问题区域,并实时显示监测结果的动态变化。

(二)预警模型设计

预警模型的设计是实时监控模块的重要组成部分,旨在通过对监控数据的实时分析,快速识别潜在的生态风险,并及时发布预警信号。系统采用红、橙、黄、绿四级预警机制,通过不同级别的预警反映生态承载力的状态变化,并在不同预警等级下提供相应的干预建议,以确保生态系统的稳定性。

1. 预警阈值的设定与预警分级

预警系统的核心在于对生态承载力指标的阈值设定和分级管理。根据生态环境研究、历史监测数据以及专家评估,系统为各项监控指标设定了明确的预警阈值,并根据生态风险的严重程度,将预警信号划分为四个等级。

绿色预警(安全状态):当各项生态承载力指标处于正常范围内,生态系统处于平衡状态,表示资源消耗和环境污染处于可控范围内,系统正常运作。绿色预警下,无需采取任何干预措施,系统仅进行例行监控和数据存储。

黄色预警(轻微超载):当某些生态承载力指标接近设定的阈值,系统发出黄色预警信号,表明生态系统开始承受一定的压力。此时,建议采取初步的干预措施,如调控生产节奏、提高资源利用效率、加强污染物治理等,避免进一步恶化。

橙色预警(显著超载):当部分指标超过阈值,系统发出橙色预警,表示生态系统已经显现出超负荷的迹象,可能会影响到局部生态平衡。此时,需要采取更为严格的控制措施,包括限制高污染行业的生产、加大环境保护措施的投入,以及在必要时暂停部分生产活动。

红色预警(严重超载):当多个关键指标显著超过承载力阈值,系统发出红色预警信号,表明生态系统已经处于严重的超载状态,可能导致不可逆的生态破坏。红色预警下,需要采取紧急干预措施,如全面暂停高污染活动、实施紧急污染治理措施,以及启动区域性生态恢复计划等。

2. 多级预警模型的设计与实现

预警系统的设计需要考虑各类指标的动态变化,以及生态承载力的复杂性。为此,系统设计了多级预警模型,基于综合指标权重、历史数据趋势和实时监测结果,逐步实现从低级别预警到高级别预警的动态调整。

系统的预警阈值并非固定不变,而是根据区域生态系统的实际状况进行动态调整。例如,在特殊时期(如极端天气、重大工业活动等),生态系统的承载力可能会受到额外压力,系统会根据历史数据和专家建议,动态调整预警阈值,确保预警机制的准确性和灵活性。

当预警级别升级时,系统不仅会发出预警信号,还会提供详细的干预建议。通过结合各类监控指标的实时数据,系统生成不同情景下的决策支持报告,帮助管理者选择最优的干预措施。相关部门根据预警等级和干预建议,迅速启动相应的应对机制。例如,在黄色预警状态下,系统可能建议降低能源消耗或提高废水处理标准,而在红色预警状态下,系统则会建议采取紧急停产措施,并进行生态修复。

预警系统集成了智能分析功能,通过大数据分析和机器学习算法,系统能够识别历史模式与当前数据的差异,自动判断异常情况,并动态调整预警级别。通过反馈循环机制,系统能够不断优化预警模型,确保预警的精准度和时效性。

实时监测与预警模块通过科学的监控指标和多级预警模型,为京津冀港口和产业的生态承载力提供了强有力的监测与预警机制。该模块不仅能够实时跟踪生态承载力的变化,还通过多层次的预警机制,帮助管理者及时识别并应对潜在的生态风险。在实践中,系统结合了先进的数据采集与流式处理技术,确保预警的实时性与精准性,为区域的可持续发展提供了重要的技术支持。

五、策略输出与决策支持模块

策略输出与决策支持模块旨在为管理者和决策者提供基于实时监测和生态承载力评估结果的优化建议和决策支持工具。该模块通过对复杂的生态数据进行分析处理,结合生态承载力的评估结果,生成具体的优化策略报告,以支持不同发展路径下的科学决策。

优化策略报告是策略输出模块的核心成果,它基于生态承载力的评估结果、实时监测数据和历史趋势分析,为决策者提供有针对性的行动建议。系统将复杂的生态评估结果转化为具体的策略报告,并通过多维数据分析和可视化手段呈现给管理者。这不仅提升了决策的科学性,还为港口、产业及区域管理提供了明确的生态保护与经济发展协调发展的路径。

1.综合评估数据的深度分析

优化策略报告的生成依赖于系统对生态承载力评估结果和实时监测数据的全面分析。系统首先将生态承载力的多个指标综合起来进行多维度的分析,以确定区域生态系统的健康状况。具体分析过程如下。

生态承载力评估结果的整合:系统通过生态承载力评估模块获得的港口和产业生态承载力指数,结合历史数据进行趋势分析,得出区域生态系统的长期变化趋势和承载力现状。例如,港口的能源消耗趋势、污染物排放的变化曲线等,都会被整合到报告中,并通过图表或数据对比形式展示。

实时监测数据的分析与反馈:系统基于实时监测数据,动态调整对生态承载力的评估。通过对资源消耗、污染物排放、环境质量等指标的监控,系统能够即时识别生态系统中的潜在问题。实时数据的变化与历史趋势的结合能够反映出某一特定时间点上的生态压力,从而生成针对性更强的优化建议。

纵向与横向数据对比:策略报告不仅关注某一时刻的生态状况,还通过纵向分析历史数据的变化趋势,识别出生态压力的长期变化。系统还将不同港口和产业的生态承载力进行横向对比,找出高耗能、高污染企业或港口,通过具体案例的横向分析,提出具有针对性的优化策略。

2. 优化策略报告的生成与结构

根据综合数据分析结果,系统自动生成优化策略报告。报告内容涵盖了从评估结果、风险预测到策略建议的全面信息,并通过可视化的方式向管理者展示。这不仅便于管理者直观理解当前的生态状况,还提供了操作性强的应对措施。报告结构设计有如下内容。

生态评估结果概述:在报告的开头部分,系统会总结区域内的生态承载力评估结果,包括港口和产业的主要生态指标、资源消耗情况、污染物排放量等。这些数据通过图表或曲线的形式展示,便于管理者快速了解区域生态现状。

风险预测与预警信息:基于实时数据的分析和未来趋势的预测,系统会生成生态风险预测报告。例如,如果某一港口的污染物排放量在未来某段时间内可能接近或超过生态承载力上限,系统会提供明确的预警信息,并提出相应的减排或优化措施。

优化策略建议:这是报告的核心部分,系统会根据评估结果提出具体的策略建议。例如,针对高污染企业,系统可能会建议通过调整生产模式、提高环保设备标准、降低产能负荷等手段减轻对生态系统的压力。针对资源消耗较大的港口,系统则可能建议采取清洁能源替代、优化运输方式等措施来提高资源利用效率。

生态恢复措施建议:对于已经超出承载力的区域或生态系统面临严重威胁的情况下,系统还会提供生态恢复的具体建议,如实施区域生态修复工程、植被重建、水体污染治理等措施。系统还可能建议制定长期的生态监测与恢复计划,确保在恢复过程中能及时跟踪并调整修复策略。

3. 优化策略报告的动态调整与更新

由于生态系统是动态变化的,策略输出模块的优化策略报告也需具备动态调整能力。随着生态承载力的变化,系统能够实时更新策略报告中的评估结果和策略建议。动态更新不仅可以帮助管理者迅速应对突发情况,还能根据长期监测数据调整策略建议的优先级和实施方案。例如,当某一港口的污染控制效果显著时,系统会减少对该港口的监管压力,并将更多的资源用于其他高风险区域的管理。

第三节　监测系统关键技术与实现方案

一、大数据处理与分析技术

大数据处理与分析技术是京津冀港口、产业生态承载力监测系统的关键技术基础，旨在有效处理和分析海量的多源异构数据，从而实现对生态承载力的动态监测、评估与预警。

（一）分布式计算技术的应用

分布式计算技术在大数据处理中的应用为系统解决了数据规模庞大、结构复杂且需要实时处理的难题。通过使用 Hadoop 和 Spark 等分布式计算框架，生态承载力监测系统能够快速处理来自多源异构的数据，确保数据的高效存储、处理和分析，如图 13-5 所示。

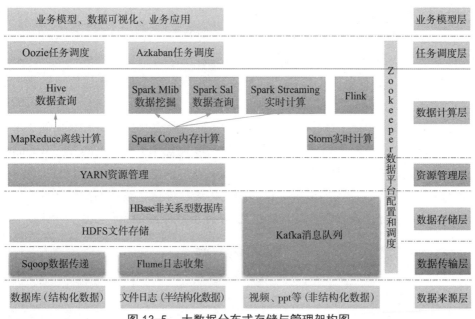

图 13-5　大数据分布式存储与管理架构图

1. Hadoop 和 Spark 在大数据处理中的作用

Hadoop 是一个开源的分布式计算框架，能够通过 MapReduce 计算模型将大规模数据处理任务分解为小块，分布在集群中的不同节点上并行处理。这种分布式计算方式对于生态承载力监测系统至关重要。该系统需要处理来自港口和产业的多种数据，包括大气、水质、污染物排放等指标，这些数据量大且更新频繁，Hadoop 可以通过分布式存储和处理快速响应数据查询和分析需求。特别是在对历史数据的回溯性分析中，Hadoop 的 MapReduce 功能能够高效支持大规模数据的批处理，并将计算结果快速汇总。

Hadoop 的数据存储基于 HDFS（Hadoop Distributed File System），这是一个高容错、高扩展性的数据存储系统，能够分散存储海量数据并确保数据安全性和高可用性。在生态监测系统中，港口运营数据、传感器数据等以批量方式存储在 HDFS 上，这使得数据处理任务能够通过 MapReduce 高效分发至多个节点，从而实现大规模数据的并行计算。HDFS 还支持冗余存储，保证了数据在硬件故障或网络中断情况下的安全性，这对于生态监测系统中的重要历史数据至关重要。

虽然 Hadoop 适合大规模批量处理任务，但在实时处理场景下，Spark 展示了更强的优势。Spark 是一个基于内存计算的分布式处理框架，能够通过将数据存储在内存中，显著提高数据处理的速度和实时性。对于生态监测系统中的实时数据流处理，Spark 的 Streaming 模块可用于实时监控空气质量、水质、污染物排放等关键指标，并快速响应数据波动。Spark 能够将这些实时数据与历史数据结合进行分析，帮助系统实时评估生态风险并触发预警。

2. Hadoop 与 Spark 的协同工作

在生态承载力监测系统中，Hadoop 主要负责大规模历史数据的批处理，而 Spark 负责实时数据流的分析与计算。Hadoop 可以将批量历史数据存储在 HDFS 中，并通过 MapReduce 模型进行长时间的深度分析，生成长期的生态评估报告。而 Spark 则通过内存计算对实时监测数据进行快速处理，将实时分析结果与历史数据进行对比，及时发现异常并提供预警。这种协同工作模式能够确保系统既能处理大规模历史数据，又能应对实时监测需求。

通过 Hadoop 和 Spark 的协同工作，系统能够实现历史数据与实时数据的无缝集成。例如，当港口的空气质量传感器检测到污染物浓度突然上升时，Spark 的 Streaming 模块可以立即处理这些实时数据并触发预警，Hadoop 则可以将这些数据存储到 HDFS 中，并在定期批处理任务中进行深入分析。这样的架构设计确保了系统的高灵活性和扩展性，能够根据实际需求灵活选择合适的计算框架，从而提高系统的整体性能，如图 13-6 所示。

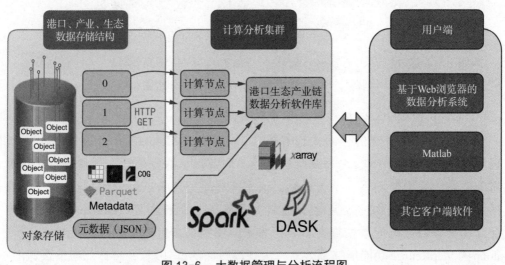

图 13-6 大数据管理与分析流程图

（二）数据仓库与数据湖的集成方案

数据仓库与数据湖是生态承载力监测系统的数据存储核心,分别负责结构化数据和非结构化数据的存储与管理。通过将数据仓库和数据湖有效集成,系统能够为多样化的数据分析需求提供支持,包括结构化查询、非结构化数据处理以及大规模数据的存档与分析,如图 13-7 所示。

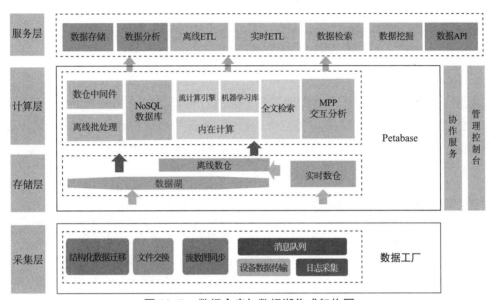

图 13-7　数据仓库与数据湖集成架构图

1.数据仓库在生态数据管理中的作用

数据仓库专门用于存储结构化数据,即已经经过清洗、整理并符合统一格式的数据。在生态监测系统中,结构化数据包括港口运营记录、产业生产数据、能源消耗统计、污染物排放指标等。数据仓库为这些数据提供了高效的存储和查询能力,使得系统能够通过 SQL 查询或其他分析工具快速获取所需的数据。这在系统的日常运营管理和长期生态分析中都至关重要。

数据仓库具备强大的复杂查询和 OLAP(联机分析处理)功能,适合进行多维度的生态承载力分析。例如,系统可以在数据仓库中查询某一特定港口在特定时间段内的污染物排放情况,并与其他时间段进行对比,从而发现生态变化的规律。此外,数据仓库还支持对多源数据的关联分析,帮助系统评估不同港口、产业对区域生态系统的综合影响。

2.数据湖的非结构化数据处理能力

数据湖适用于存储来自各种来源的非结构化或半结构化数据,包括监控视频、传感器原始数据、遥感影像数据等。这些数据通常体量大、格式复杂,且在初始阶段不具备统一的结构。数据湖能够将这些原始数据统一存储,确保数据的完整性和可访问性。系统中的数据湖能够存储大量生态监测数据,供后续的深度学习模型训练或长期趋势挖掘使用。

数据湖的另一大优势在于其能够为机器学习算法提供大规模训练数据。在生态监测中,数据湖可以存储港口和产业的原始生态数据,这些数据可以直接作为训练集,用于模型的训练、验证和测试。例如,系统可以从数据湖中提取过去几年的空气质量监测数据训练一个预测模型,用于预测未来一段时间内的污染趋势。

3. 数据仓库与数据湖的融合架构

系统通过数据管道将实时采集的非结构化数据首先存储到数据湖中,之后经过清洗和转换,将结构化后的数据迁移到数据仓库中。数据湖为数据仓库提供了丰富的原始数据来源,而数据仓库则为系统的日常查询和决策支持提供了高效的数据访问路径。通过这种集成架构,系统能够充分利用数据仓库和数据湖的优势,为不同的应用场景提供灵活的数据支持。

数据仓库和数据湖的集成还实现了跨平台的数据管理和访问能力。管理者能够通过统一的接口查询结构化数据和非结构化数据,无需关心数据存储的物理位置。这极大地提高了系统的数据使用效率,尤其是在需要同时查询历史结构化数据和实时非结构化数据时,能够为决策者提供完整的生态信息视图。

二、机器学习与模型构建

机器学习技术在京津冀港口、产业生态承载力监测系统中的应用极为广泛,提供了数据驱动的强大工具,以实现对复杂生态系统的监测、评估和预测。通过构建基于多维度、海量数据的机器学习模型,系统可以自动识别数据中的模式、进行风险预测,并辅助决策制定。机器学习算法不仅能够处理结构化的环境监测数据,还能分析来自多源异构、非结构化的数据,如港口生产数据、实时传感器数据、气象信息等,极大地提升了生态承载力监测系统的精确性和自动化水平。

(一)Python 数据建模

Python 作为主流的数据分析和机器学习编程语言,具有高度的灵活性和丰富的机器学习库支持,如 scikit-learn、TensorFlow 和 Keras 等,在生态承载力监测系统的建模过程中发挥了重要作用。通过 Python,系统实现了从数据预处理、特征选择、模型训练到评估和预测的完整流程。

生态承载力监测系统需要处理来自多个来源的庞大数据集,包括结构化的表格数据、非结构化的传感器数据和气象数据等。在数据处理环节,Python 的 Pandas 和 NumPy 库提供了强大的功能,帮助系统对数据进行清洗、转换、特征工程以及数据可视化分析。

数据清洗与预处理:Python 的 Pandas 库可以处理多种形式的复杂数据,帮助系统清理异常值、填补缺失数据并规范数据格式。例如,港口的运营数据和环境监测数据可能由于采集时间不同或设备故障导致数据缺失或不一致,Python 可以自动检测这些异常并进行补全或剔除。对于传感器数据,Python 还能对时间戳、单位转换等问题进行自动处理,确保数据的一致性和可用性。

特征工程与数据转换:特征工程是建模过程中的重要步骤,通过从原始数据中提取和构建新的特征,提升模型的预测能力。在生态承载力的预测中,可能的特征包括港口的污染物排放量、气象条件(如温度、湿度、风速等)、历史生产数据、运输量等。Python通过其 sklearn 库支持一系列特征选择、标准化和降维方法,例如主成分分析(PCA)能够帮助系统减少冗余数据,提取出关键的生态影响因素。

时间序列数据处理:生态监测系统中大量数据是基于时间序列的,Python 的 pandas扩展库,可以轻松处理时间序列数据,包括数据重采样、时间戳处理以及周期性分析。这对于生态承载力监测非常重要,例如分析港口某个时间段的污染物排放变化趋势,或评估季节变化对生态系统的长期影响。

(二)使用机器学习算法进行模式识别与预测分析

机器学习算法在生态承载力监测系统中的应用,主要体现在对历史数据中的模式识别、生态风险的预测以及决策支持中。通过分析过去的运营数据和生态数据,系统能够发现潜在的趋势和模式,为未来的生态承载力变化提供预测。本小节介绍几种常用的机器学习算法及其在生态承载力监测中的具体应用。

1. 决策树算法的应用

决策树是一种易于理解和解释的监督学习算法,它通过对数据中的特征进行逐层划分,生成具有逻辑结构的决策路径。这种方法特别适合处理生态承载力监测中复杂的、多维度的数据集,并能够直观呈现不同生态因素对最终结果的影响。

污染源分类与风险识别:决策树算法能够帮助系统对港口、产业的污染源进行分类和分级管理。例如,系统可以通过分析港口的污染物排放量、风速、湿度、港口运转情况等数据,构建决策树模型,分类不同港口的污染风险来源。基于这些分类,系统能够识别出高风险的污染源,并提出有针对性的治理措施,如减少排放或加强监控。

生态异常检测与预警:决策树还可以用于自动检测生态系统的异常行为。当某一关键生态指标(如空气质量、水质)突然波动时,决策树能够快速识别这种异常,并通过分析历史数据,预测其可能的原因。例如,港口的污染排放水平在某段时间突然增加,决策树可以根据历史监测数据识别可能导致污染增加的因素,如运输量的增加或天气条件的变化,并触发相应的预警机制,帮助管理者提前应对。

2. 随机森林算法的应用

随机森林是集成学习的一种,通过构建多个决策树并进行集成,能够显著提高预测的准确性和稳定性。随机森林算法特别适合处理复杂、多变量的数据,在生态承载力监测中应用广泛,尤其是用于预测分析和模式识别。

污染物排放预测:在生态承载力监测系统中,随机森林算法可以用于预测未来一段时间内的污染物排放情况。通过分析港口的历史运营数据、环境监测数据以及气象数据,系统训练出一个随机森林模型,并用来预测未来的污染物浓度。例如,系统可以预测未来几天港口的 SO_2 或 PM2.5 的排放水平,并根据预测结果建议管理者提前采取减排措施,避免环境压力过大。

生态承载力的多维度分析：由于随机森林算法能够处理高维度数据，系统可以基于随机森林模型同时分析多种生态因素的影响，并预测生态承载力的变化。例如，系统可以将多年的生态监测数据、港口运输数据、工业生产数据作为输入，通过随机森林模型综合评估生态系统的压力变化，并预测未来的生态承载力趋势。这种多维度分析为管理者提供了全面的决策支持，帮助他们优化产业布局、调控生产规模，以确保区域生态的可持续发展。

3. 集成学习与深度学习结合的应用

在处理生态监测中的复杂数据集时，集成学习和深度学习相结合的方法能够进一步提升系统的预测能力和精确度。集成学习通过结合多个模型的结果，增强模型的鲁棒性和稳定性，而深度学习则能够处理大量非结构化数据，如遥感影像、视频监控等。

集成学习（如随机森林、梯度提升树）通过多个弱学习器的集成，产生一个强大的预测模型。在生态承载力预测中，这种方法能够减少单一模型的偏差和过拟合现象。系统通过集成学习，能够综合多种预测结果，提升整体预测性能。例如，系统可以结合决策树、随机森林和线性回归的预测结果，生成一个综合的生态承载力预测模型，减少模型偏差并提高鲁棒性。

深度学习模型，尤其是卷积神经网络（CNN），擅长处理和分析图像数据。在生态监测系统中，深度学习可用于分析遥感影像、卫星数据等非结构化数据。例如，通过 CNN 模型，系统可以对港口周边的生态变化进行检测，分析绿地覆盖率、水体变化等生态因子。结合集成学习，系统能够将深度学习模型的图像分析结果与其他结构化数据的预测结果进行整合，进一步提高生态承载力评估的准确性。

通过 Python 的强大数据处理能力和机器学习库的应用，系统能够有效处理复杂、多源数据，并通过决策树、随机森林等算法准确识别生态风险、预测未来生态承载力的变化。集成学习和深度学习的结合进一步增强了系统的预测精度和应对复杂数据的能力，为区域生态保护和可持续发展提供了科学的决策支持。

三、实时数据监控技术

实时数据监控技术通过高效的数据流传输、处理与实时可视化展示，实现对京津冀港口及其周边生态环境的动态监控。这一技术模块整合了多源异构数据的采集、传输、处理与分析，最终将数据转化为决策支持信息，为生态管理和政策制定提供依据。通过 Kafka、Flume 等数据流传输技术，结合 Spark Streaming 等实时数据处理框架，系统能够对生态监测数据进行全方位的采集和分析，利用 ELK（Elasticsearch、Logstash、Kibana）架构实现实时数据可视化展示。本小节从数据流传输、数据处理与实时分析、数据可视化展示等方面，介绍实时数据监控技术的设计与实现。

（一）数据流实时传输

实时数据流的高效传输是生态承载力监测系统的基础，确保从数据采集终端（如传感器、物联网设备）传输至中央系统的数据具有极低的延迟性和高可靠性。该系统面对的是来自多个数据源的海量异构数据流,如港口运营数据、污染物排放监测数据、环境传感器数据等,采用 Kafka 和 Flume 等技术对这些数据进行实时采集、传输和管理,从而确保系统对生态环境变化的快速响应能力。

1. Kafka 在数据流传输中的应用

Apache Kafka 是一个分布式流处理平台,能够在大规模数据场景下实现低延迟、高吞吐量的数据传输,特别适合港口生态监测系统这种需要处理高并发数据流的场景。在系统设计中,Kafka 负责从多个数据源采集实时数据,并通过分布式存储和分区机制对数据流进行高效处理和传输。

高效数据流管理与分类:Kafka 的主题(topic)机制允许系统将不同来源的数据流按数据类型进行划分,例如港口空气质量数据、工业区水质监测数据和污染物排放数据可以分别归属不同的主题,从而实现数据的分类管理和实时传输。这种设计不仅提高了数据管理的效率,还确保不同类型的数据可以独立处理和分析。例如,港口污染物排放量可以被单独分析,而与天气、交通等其他数据流隔离,确保其处理的精度和实时性。

高吞吐量与低延迟的数据流传输:Kafka 的分布式架构能够处理极大规模的数据流,单个 Kafka 集群可以支持数百万的消息传输,极大提高了系统的扩展性。对于京津冀地区的生态监测,传感器设备广泛分布,数据生成速度快且量大,通过 Kafka 的流式处理机制,系统可以将这些数据实时传输至中央处理系统,确保数据在毫秒级内完成传输和处理,保证生态承载力监测的时效性。

容错性与可靠性:Kafka 具有高容错性和可靠性,能够在节点故障或数据丢失情况下自动恢复。这一特性确保了系统在处理大规模生态数据时的安全性。例如,假如某一传感器节点或网络连接中断,Kafka 能够自动调整传输路径,保证其他传感器数据的正常传输,避免单点故障对系统监测精度和连续性的影响。

2. Flume 在数据采集与整合中的应用

Flume 是一个高效、分布式的数据采集工具,能够从各种非结构化、半结构化数据源采集实时数据并进行传输整合。它特别适合在生态监测系统中用于从多个异构来源(如传感器日志、设备记录)实时采集数据,并将这些数据无缝集成到 Kafka 的数据流中,以确保数据在传输过程中保持完整和统一。

多源数据的灵活采集与传输:Flume 可以从多个数据源中采集生态监测数据,如港口的运营日志、传感器网络中的监控数据等。这些数据通常格式不一且可能包含大量非结构化信息,Flume 能够对这些数据进行预处理(如数据格式转换、数据清洗等),确保传输到 Kafka 时符合统一的格式要求。例如,在收集多个污染物排放传感器的数据时,Flume 可以将不一致的日志格式转换为标准化格式,以便后续数据分析。

高扩展性与模块化设计:Flume 的模块化设计使其能够方便地进行扩展和适应多样化的数据源。例如,Flume 可以同时采集来自不同传感器的实时数据和历史数据日志,并通过定制化的 Source 和 Sink 实现数据的灵活传输。同时,Flume 的扩展性允许在需要时添加新的数据源,从而保证系统面对不同应用场景的灵活性。

（二）数据流处理与实时监控

在实时监测系统中，数据流的处理和分析决定了系统能否及时响应生态环境变化。通过 Spark Streaming 等流处理框架，系统能够实时处理大量的数据流，对生态承载力的关键指标进行动态分析，并根据数据变化生成相应的预警和决策支持。

1. Spark Streaming 的实时数据处理

Spark Streaming 是一个高效的分布式流处理框架，能够对实时数据进行微批处理（micro-batch），保证数据处理的速度和实时性。该系统基于 Spark Streaming 对来自 Kafka 等平台的生态数据进行分析，能够实时捕捉数据中的变化趋势，确保在生态承载力超负荷时及时触发预警机制。

微批处理与高效计算：Spark Streaming 将数据流划分为多个微批次进行处理，每个批次的数据都会在内存中进行快速计算，极大提高了系统的实时响应能力。对于生态监测系统，Spark Streaming 能够每隔几秒钟对港口的污染物排放量、大气质量、水质变化等数据进行计算分析，并根据这些数据生成动态的生态承载力评估报告。系统通过计算污染物排放的变化率、资源消耗的趋势等指标，确保能够提前发现潜在的环境问题。

自动化生态预警与风险预测：Spark Streaming 不仅能够对实时数据进行分析，还可以结合历史数据和机器学习模型，自动识别生态风险。例如，系统可以通过训练历史的污染物排放数据，建立预测模型，实时监控排放量的波动并预测未来可能的生态风险。当某些关键指标接近或超过设定的阈值时，系统会自动生成预警信号并发送给管理者，帮助他们提前采取行动，防止生态系统进一步恶化。

2. 数据监控平台的实时监控与决策支持

实时数据监控不仅依赖于数据的传输和处理，还需要直观的展示和决策支持功能。系统通过构建一个集成的实时数据监控平台，提供了全面的生态监测数据展示功能和预警触发机制。该平台通过可视化仪表盘和分析工具，帮助管理者快速了解当前的生态承载力状况，并根据实时数据调整决策。

在数据监控平台上，系统会为管理者提供多个生态指标的实时监控界面，涵盖空气质量、污染物排放、水质变化等关键指标。这些指标通过可视化的图表（如折线图、柱状图、热力图等）进行展示，便于管理者直观了解不同港口、产业区域的生态承载力变化。例如，管理者可以实时查看某一港口的空气质量指数或污染物排放曲线，识别出潜在的环境风险，并根据数据变化趋势作出判断。

系统会根据实时数据变化，设定多个生态预警等级（如红、橙、黄、绿四级预警）。当某一指标（如 PM2.5 浓度、废水排放量）接近预警阈值时，系统会自动生成警报信息，并通过短信、邮件等方式及时通知管理者。管理者可以根据系统建议采取紧急措施，如减少港口货物吞吐量、调整产业排放标准等，以应对突发的环境问题。

（三）ELK（Elasticsearch、Logstash、Kibana）架构实现实时数据可视化

数据可视化是生态监测系统的重要组成部分，它将复杂、多维度的实时数据以直观

的方式展示出来,便于管理者和决策者快速、准确地掌握当前的生态状况并进行科学决策。ELK(Elasticsearch、Logstash、Kibana)架构是一个集成的数据搜索、存储与可视化平台,能够高效处理来自多个数据源的实时数据,并通过丰富的可视化工具展示结果,帮助管理者及时跟踪生态承载力的变化,如图 13-8 所示。

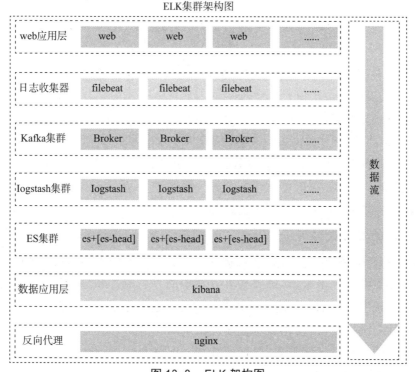

图 13-8　ELK 架构图

1. Logstash 的实时数据收集与处理

Logstash 是一个开源的数据收集引擎,专门用于从不同数据源实时收集和处理数据,并将这些数据转换成统一的格式后传输至 Elasticsearch。在生态承载力监测系统中,Logstash 主要负责从 Kafka、Flume 等数据流中收集来自传感器和物联网设备的监测数据,对这些数据进行预处理、过滤和聚合后,传输到 Elasticsearch 进行存储和索引。

Logstash 具备强大的数据处理功能,能够处理多种不同格式的实时数据,并将其转换为结构化的 JSON 格式,确保数据可以在后续阶段进行统一存储和快速检索。例如,系统接收到来自不同港口和工业区的传感器数据时,Logstash 可以对这些数据进行格式转换、清洗和过滤,以确保数据的完整性和一致性,便于后续的分析和展示。

Logstash 还提供了灵活的数据过滤和聚合功能。例如,系统可以使用 Logstash 对监测数据进行基于时间的聚合处理,将某一时段内的空气质量监测数据、污染物排放数据进行汇总,生成每小时、每日或每周的综合数据报告。通过这些汇总数据,管理者可以更好地理解长期趋势,并制定相应的管理措施。

2. Elasticsearch 的高效数据存储与索引

Elasticsearch 是一个高效的分布式搜索引擎和数据存储系统,能够对海量的实时数据进行存储、检索和分析。在生态监测系统中,Elasticsearch 负责对通过 Logstash 处理后的监测数据进行存储和索引,支持实时查询和分析,确保管理者可以在数秒内快速获取并分析最新的监测数据。

高效存储与索引功能:Elasticsearch 的核心是其强大的分布式架构和倒排索引机制,能够在处理大规模数据的同时,保持极高的查询效率。例如,系统每天可能会处理数十亿条生态监测数据,Elasticsearch 能够根据数据中的关键词、数值和时间戳进行索引,确保管理者可以迅速定位到某个港口或工业区在特定时间段内的监测数据,如空气污染指数、污染物排放情况等。

灵活的数据检索与分析:Elasticsearch 的查询语言非常灵活,支持多种复杂查询操作,如过滤、聚合、时间序列分析等。这使得生态监测系统可以根据管理者的需求对历史数据进行深度挖掘。例如,系统可以查询过去一段时间内某一港口的污染物排放量变化,并结合其他环境数据,如气温、风速、湿度等,帮助管理者分析污染物排放的波动原因。

3. Kibana 的实时数据可视化

Kibana 是 ELK 架构中的数据可视化工具,能够将存储在 Elasticsearch 中的实时数据通过图形化界面展示出来,帮助管理者以直观的方式监控和分析生态承载力的变化。在生态监测系统中,Kibana 主要用于生成各种实时数据图表和仪表盘,展示港口和产业生态承载力的关键指标,帮助管理者快速做出判断和决策。

Kibana 支持多种可视化形式,包括折线图、柱状图、饼图、热力图、仪表盘等,能够对生态监测数据进行灵活展示。例如,系统可以通过 Kibana 将某一时段内的空气质量指数、污染物排放量、产业资源消耗等生态数据展示在同一个仪表盘上,帮助管理者同时跟踪多个关键指标的变化情况。通过 Kibana 的实时数据刷新功能,管理者可以持续监控数据的更新,确保对生态变化的实时掌控。

Kibana 允许用户根据具体需求自定义仪表盘,并对不同的生态数据进行动态展示。例如,系统可以为港口管理者定制专属仪表盘,展示港口的空气质量、污染物排放量、货物运输量等关键生态和经济数据,并通过颜色编码(如红色表示超标、绿色表示正常)帮助管理者快速判断生态承载力的状态。

Kibana 还支持对时间序列数据的分析和预测。例如,系统可以使用 Kibana 对港口的历史污染物排放数据进行回顾和分析,预测未来一段时间内的排放趋势,并生成相应的预测图表。通过这种方式,管理者可以提前识别潜在的环境风险,并制定有效的应对措施。

实时数据监控技术通过整合 Kafka、Flume 等数据流传输工具,结合 Spark Streaming 进行实时数据处理,使用 ELK(Elasticsearch、Logstash、Kibana)架构实现数据的高效存储、检索和可视化展示,为京津冀港口和产业生态承载力监测系统提供了全面、灵活的技术支撑。

第十四章

京津冀港口、产业生态承载力监测系统仿真运行

第一节 仿真模型的设计与构建

一、仿真模型设计原则

仿真模型是京津冀港口、产业生态承载力监测系统中的核心组成部分,它为管理者提供了模拟复杂生态系统的工具,帮助预测港口与产业发展对生态系统的长期影响。为了确保仿真模型的科学性和实用性,模型设计需要遵循一定的原则。这些原则旨在保证模型能够反映生态与经济系统的动态性、复杂性,提供准确的分析结果,并支持决策制定。

(一)仿真模型的设计目标

仿真模型的首要任务是明确其设计目标。模型不仅是学术研究的工具,更是实际应用于京津冀区域生态承载力评估和预测的重要技术手段。

1.预测生态系统的长期变化趋势

仿真模型应能够准确模拟京津冀港口及其相关产业活动对区域生态系统的长期影响,尤其是对关键环境指标(如空气质量、水资源消耗、污染物排放等)的变化趋势进行预测。通过长期的预测分析,模型可以帮助管理者提前识别潜在的生态风险,为提前干预提供数据支持。

2.验证监测系统的有效性

监测系统的构建是为了动态评估区域生态承载力的变化,仿真模型则是对该监测系统的实际有效性进行验证的关键工具。通过仿真模型,可以测试系统对实际复杂环境下的适应性和精度,确保系统在不同情景下均能发挥应有的作用,并根据仿真结果不断优化监测系统的结构和功能。

3. 支持决策与政策制定

仿真模型不仅仅用于分析和预测生态系统的变化,还应当为政策制定和产业发展规划提供科学依据。通过仿真模型,可以在不同政策情景下(如环保法规的加强、产业扩张等)模拟港口和产业的经济活动对生态承载力的影响,为管理者提供多维度的分析结果,从而优化决策。

(二)仿真模型的动态性与系统复杂性

仿真模型的动态性和系统复杂性决定了其对现实问题的适用性。生态系统和经济活动本质上是动态的,模型必须具备灵活应对这种动态变化的能力,并能处理多层次、多维度的复杂关系。

1. 捕捉系统的动态变化

模型设计的核心之一是能够实时捕捉港口和产业发展过程中生态系统的动态变化。港口的货物流量、能源消耗、污染排放等都是动态变化的过程,模型需要能够精准模拟这些变量的动态变化及其对生态环境的累积效应。通过精确的数据输入,仿真模型可以动态地跟踪这些变化,并根据不同情景进行实时调整。

2. 反馈机制的设计

生态系统与经济活动之间存在复杂的反馈机制。例如,污染物排放的增加会对生态系统产生负面影响,进而影响港口和产业的生产效率或限制其扩张。模型中必须设计多个反馈回路,反映出这些相互作用的过程。这种反馈机制不仅可以用于描述生态系统如何响应经济活动,还可以用于模拟政策干预的效果。例如,在加强环境监管后,模型可以评估污染减少如何改善生态承载力,并为长期环境管理提供数据支撑。

3. 系统的复杂性与多维度互动

港口和产业的发展不仅受到生态因素的制约,还受到社会经济、技术水平和政策因素的影响。因此,仿真模型必须能够处理多维度的复杂互动。这包括港口和产业的物流效率、资源使用效率、经济效益等指标的综合分析,以及这些指标与环境之间的相互作用。通过这种多维度的复杂系统建模,管理者可以全面理解经济活动的环境影响,设计更加合理的生产和运营方案。

(三)建模工具的选择

选择合适的建模工具是确保仿真模型有效运行的关键。AnyLogic 是目前广泛应用的建模和仿真软件,它支持多种建模方法,包括多主体仿真、动态系统仿真和离散事件仿真。AnyLogic 提供了强大的可视化功能,能够将仿真过程中的各类变量通过图表、动画和图形直观地展示出来,帮助用户理解系统的运行情况。

AnyLogic 允许用户结合多主体模型和动态系统模型进行混合仿真,因此非常适合用于处理京津冀港口、产业与生态系统的复杂互动。该平台提供了场景设计与优化功能,用户可以在不同的情景下运行仿真,快速对比不同发展模式对生态承载力的影响,从而为管理者提供科学的决策支持。AnyLogic还允许与外部数据源集成,如历史数据、传感器数据和实时监测数据等,使得仿真模型能够在实时数据的支持下更加精确地运行和预测。

仿真模型设计必须具备动态性、复杂性和科学性,才能准确反映港口和产业发展对生态系统的影响。通过选择合适的建模方法,结合动态系统与多主体模型的优点,仿真模型可以有效支持生态承载力的动态评估与预测,为区域的可持续发展提供科学的决策依据。

二、仿真模型的类型与选择

为了确保京津冀港口、产业生态承载力监测系统的仿真模型能够准确反映现实中的复杂交互关系,并满足区域可持续发展和生态保护的需求,仿真模型的选择必须充分考虑系统的复杂性、动态性以及多维度互动关系。针对港口、产业与生态系统的多元性,仿真模型的类型应能够灵活应对实际问题的复杂性。以下是三种主要仿真模型的类型及其具体选择依据。

(一)多主体仿真模型(Agent-Based Modeling,ABM)

多主体仿真模型(ABM)是一种非常适合模拟复杂系统中个体行为及其相互作用的仿真方法。在京津冀港口和产业生态系统中,不同的参与者(包括港口运营方、政府监管机构、工业企业、物流公司等)具有各自的行为模式和决策规则,他们之间的互动会对区域生态系统的整体承载力产生显著影响。多主体仿真模型可以通过设定这些主体的决策逻辑,模拟它们在现实情境中的行为表现,分析个体行为对生态系统的整体影响。

1. 模型特点与优势

多主体仿真模型能够刻画出复杂系统中个体的局部行为,并通过这些行为的积累影响整个系统的动态发展。ABM的核心在于将每个"主体"(即各个决策单位,如港口、政府或企业)视为独立的智能体,这些主体在模型中根据设定的规则自主决策,并与其他主体互动。

在京津冀港口和产业发展情境中,ABM能够通过模拟港口之间的竞争与合作、产业对资源的需求、政府对环保政策的监管等复杂交互,展示不同主体之间的协同或冲突是如何影响生态承载力的。这种自下而上的仿真方式不仅能够准确模拟系统内部的微观变化,还能够在不同时间尺度下观察这些局部变化对整个生态系统的累积影响。

2. 应用场景

ABM特别适用于模拟以下复杂情景。

港口集群间的协作与竞争:京津冀区域内多个港口之间存在资源、货物流动和市场的竞争与协作。ABM可以通过模拟不同港口在资源使用、排放管理和运营效率方面的决策,分析它们如何通过互补或竞争的行为影响生态系统的承载能力。例如,港口集群间可能会为了争夺市场份额而增加货物运输量,导致污染物排放增多。通过ABM模型,可以研究不同的竞争策略对港口整体生态压力的影响。

企业与政府的互动：在港口和产业系统中，企业和政府的角色至关重要。企业的目标是提高生产效率和利润，而政府则负责通过政策和法规保障生态环境。ABM可以模拟企业根据市场需求和政府政策调整其生产行为，以及政府如何通过环保政策引导产业减少排放，实现更高效的资源利用。例如，企业可能会根据不同的环保激励政策调整生产规模，通过ABM预测政策的实施效果。

物流与资源流动的模拟：在复杂的港口生态系统中，物流和资源流动起着关键作用。ABM可以通过模拟不同主体之间的物流互动，分析港口货物流量的变化如何影响能耗、污染排放和生态压力。例如，系统可以模拟各物流公司如何根据运输成本和时间选择最佳运输路线，评估这些行为对整个生态系统的长期影响。

（二）动态系统仿真模型（System Dynamics, SD）

动态系统仿真模型（SD）是一种从宏观角度分析复杂系统中资源流动、反馈机制和累积效应的建模方法。SD模型侧重于描述港口与产业系统中的长期趋势和全局变化，适用于分析多种变量之间的相互作用及其对生态承载力的累积影响。在京津冀港口和产业发展中，许多环境问题往往是长期累积效应的结果，SD模型能够帮助管理者通过识别关键变量之间的反馈关系，评估港口扩张或产业升级带来的长期生态效应。

1. 模型特点与优势

动态系统模型关注系统内部变量的因果关系及其随时间的变化，能够清晰地描述变量之间的正向或负向反馈回路。该模型特别适合分析系统中的累积效应，如港口扩建后长期能源消耗的增加对大气污染的影响，或产业长期生产活动对水资源的过度使用导致的生态退化。

通过SD模型，管理者可以模拟港口和产业的长期发展路径，预测资源消耗、污染排放等变量的累积效应。例如，港口的货物吞吐量增加会导致能源消耗的上升，进而引发大气污染物排放的增加，随着时间推移，这种累积效应可能会使生态承载力大幅下降。SD模型能够通过时间序列分析，量化这种累积过程，并为决策者提供长期的政策调整建议。

2. 应用场景

SD模型在以下场景中尤为有效。

港口扩建的长期影响分析：港口扩建是推动区域经济发展的重要手段，但同时也会带来资源消耗和污染排放的上升。通过SD模型，管理者可以模拟港口扩建对生态承载力的长期影响，预测其可能的负面影响，并为未来扩展计划制定环保对策。

产业升级的长期生态影响：通过SD模型，可以分析不同的产业发展政策（如产业升级、绿色转型等）对生态系统的长期影响。例如，模拟高耗能产业向低碳产业转型后，污染排放和资源消耗的变化趋势，为政府制定产业政策提供依据。

长期政策的效果评估：SD模型可以帮助评估长期政策的效果，如碳排放控制政策、污染物排放标准的调整等。通过模拟这些政策的实施，管理者可以预判政策对港口、产业的长期影响，并据此优化政策制定。

（三）混合仿真模型（Hybrid Simulation）

由于京津冀港口、产业和生态系统的高度复杂性，单一的仿真模型可能无法充分描述整个系统的动态变化和多层次互动。因此，混合仿真模型将多主体仿真、动态系统仿真和离散事件仿真等多种仿真方法结合在一起，能够更全面、精准地模拟复杂系统的运行。

1.模型特点与优势

混合仿真模型通过结合不同仿真方法的优势，可以同时捕捉个体行为的微观动态变化（如 ABM 中的主体互动）和系统的宏观长期趋势（如 SD 中的累积效应）。这种方法不仅能够反映复杂系统中的局部行为，还能在更长的时间尺度上分析整体系统的动态变化，帮助决策者从多维度理解系统运行中的关键问题。

例如，港口的日常运营可能涉及货物装卸的短期效率问题，而港口扩建则可能对生态承载力产生长期影响。混合仿真模型能够同时处理这两类问题：通过离散事件仿真（DES）模拟货物装卸操作的短期效率，通过动态系统仿真预测港口扩建对生态的长期影响。

2.应用场景

混合仿真模型在以下复杂场景中表现出显著优势。

多维政策情景模拟：通过同时使用多主体仿真和动态系统仿真，混合模型可以评估不同政策组合（如港口扩建、产业升级、环保政策等）对区域生态承载力的综合影响。例如，管理者可以通过模拟不同的产业发展策略和环保法规，分析这些策略如何在长期内影响资源消耗和环境压力。

港口与产业协同发展模拟：混合仿真可以用于分析港口与产业协同发展策略。通过模拟港口的货物运输效率与周边产业的生产需求，管理者可以了解两者之间的互动关系，优化港口和产业的协同发展策略。

短期运营与长期趋势结合分析：混合仿真能够结合短期和长期的运营与发展策略。通过离散事件仿真分析港口日常运营中的关键指标（如货物装卸效率、能源消耗等），结合动态系统仿真分析长期生态效应，从而全面优化港口管理与生态保护措施。

京津冀港口和产业生态承载力监测系统的复杂性要求灵活选择适合的仿真模型。多主体仿真（ABM）、动态系统仿真（SD）和混合仿真（Hybrid Simulation）各自具有不同的应用场景和优势。在实际应用中，根据特定问题和决策需求，合理选择并结合这些仿真方法，将能够全面、准确地评估港口与产业的发展对生态系统的影响，并为区域的可持续发展提供强有力的技术支持。

第二节 仿真模型的参数设置与数据准备

一、模型参数的设定

在京津冀港口、产业生态承载力监测系统仿真运行中,模型参数的设定是仿真构建过程中最为关键的一环。科学、合理的参数设定不仅影响仿真模型的准确性,还直接关系到仿真结果的可靠性和实用性。模型参数设定的过程必须基于港口与产业的实际运营数据、生态环境的历史记录,并结合仿真模型所需的输入变量和状态变量,确保模型能够真实反映京津冀地区复杂的生态与经济互动动态。

(一)初始参数设定

初始参数是仿真模型的基础,决定了仿真开始时模型的状态。初始参数的合理设定需基于区域内港口、产业发展数据,涵盖生产、消耗和排放的各个环节。

1. 港口运营参数

港口运营数据是构建生态承载力监测系统仿真的重要基础,其关键参数如下。

货物吞吐量:这是衡量港口运营效率的核心指标,直接影响资源消耗与污染排放。不同类型货物的处理方式对生态环境的影响存在显著差异。因此,需要分别设定集装箱、散货、液体货物等不同类别货物的吞吐量。

能源消耗量:港口运营需要消耗大量能源,尤其是在集装箱装卸、货物运输等环节中。仿真模型中需设置包括电力、燃油等主要能源的消耗量,并通过历史数据分析估算未来能源需求的变化。

污染物排放量:港口运营过程中会产生多种污染物,如废水(含油污水、生活污水等)、废气(如 NO_x、SO_x、PM2.5 等)和固体废弃物(如船舶垃圾等)。不同类型货物处理产生的污染物量不同,仿真模型需根据各类货物的处理量及相关排放因子设定各类污染物的初始排放量。

这些数据可以通过港口的历史运营记录、政府统计年鉴、港口环境影响评估报告等获取,确保初始参数设置的科学性与准确性。

2. 产业生产参数

产业生产参数反映了区域内主要产业的发展状况及其对生态环境的影响。为了全面评估产业活动对生态承载力的影响,仿真模型需考虑以下产业生产参数。

产值与产量:不同行业的生产规模决定了其资源消耗和污染排放量。仿真模型需要设定高耗能产业(如钢铁、化工、造船等)和新兴产业(如新能源、高端装备制造等)的产值和产量,并将其与生态影响挂钩。

资源消耗:产业运行过程中会消耗大量的水、电、燃料等资源。需要在仿真模型中设置不同行业的资源消耗量,并根据历史消耗数据预测未来的发展趋势。特别是高耗能、高排放的传统行业,其资源消耗量与生态承载力密切相关。

污染物排放因子:不同行业的污染物排放类型和排放量差异较大。仿真模型需根据不同产业的生产过程设定其主要污染物的排放因子(如单位产值对应的废气、废水和固体废物排放量),并通过历史数据对这些排放因子进行合理校准。

为了确保数据的准确性,产业生产参数可以参考区域内产业发展报告、环保部门监测数据以及各类企业的自报数据。对于难以获取的参数,仿真模型可以通过行业标准和相关文献进行估算。

3. 生态环境参数

生态环境参数是仿真模型评估生态承载力的关键因素,涵盖了大气、水体、土壤等各类生态要素的状况。设定这些参数时,应充分考虑生态系统的复杂性和动态性:

大气污染数据:空气质量指标(如 PM2.5、PM10、NO_x、SO_x 等)直接反映了区域内污染排放对大气的影响。仿真模型中应引入不同季节、气象条件下的大气污染数据,以更真实地反映大气环境的动态变化。

水质数据:港口和产业活动对水资源的影响主要表现在水体污染上。仿真模型需根据港口周边水域的 COD、BOD、氨氮、重金属等水质指标,设定水污染参数。这些数据可通过环保部门的监测报告获取,并通过历史数据预测未来的水质变化趋势。

土壤污染与修复数据:由于港口和产业区长期的资源开发与污染物排放,土壤污染也是不可忽视的因素。模型中应设定不同区域的土壤污染程度,并结合相关修复措施评估生态恢复的速度。

这些数据通常来自生态环境监测报告,尤其是区域内长期积累的监测数据。仿真模型可以通过分析历史数据中的趋势,准确设定初始生态环境参数,确保模型对未来生态系统变化的预测具有科学性。

(二)参数敏感性分析与模型校准

参数敏感性分析与模型校准是确保仿真结果准确性的重要环节。这一过程通过测试和调整模型中各参数对结果的影响,识别出最为敏感的参数,并对模型进行精细化调整,使其更贴近现实。

1. 参数敏感性分析

在仿真模型中,不同参数对结果的影响程度并不相同。敏感性分析的目标是找出对仿真结果影响最显著的参数,尤其是那些可能导致仿真结果发生显著波动的关键因素。这一过程通常包括以下步骤。

参数选择:首先,识别出仿真模型中的核心参数,如港口的能源消耗量、产业的产值增长率、污染物排放量等。

参数变动范围设定:在敏感性分析中,逐步调整这些关键参数的值,并观察仿真结果的变化趋势。通过增大或减少参数值,分析不同情况下结果的变化幅度。

影响分析:基于结果变化幅度,判断哪些参数对仿真结果的敏感性最高,确定其权重和影响方式。例如,如果货物吞吐量的增加对PM2.5排放量影响显著,则可以认为该参数具有较高的敏感性,需在后续校准中精确设定。

通过敏感性分析,可以为后续模型校准提供数据支持,并帮助模型开发者识别出需要进一步优化的关键参数。

2. 模型校准

模型校准是确保仿真结果与实际数据相匹配的重要步骤。通过对比仿真模型的输出结果与历史数据,调整模型中的初始参数和行为规则,使仿真结果更接近于现实。模型校准的过程通常包括以下几个阶段。

历史数据对比:将仿真模型生成的结果与区域内真实的历史数据进行对比。通过比较港口运营、产业生产和生态环境的关键指标(如实际的货物吞吐量、污染物排放量等),分析模型的输出结果是否与现实相符。

逐步调整参数:如果仿真结果与历史数据存在偏差,则需要对模型中的敏感参数进行逐步调整。首先调整对结果影响最大的参数,并通过反复实验减少误差,确保仿真结果与历史数据相符。

仿真结果验证:在完成参数调整后,对模型进行多次仿真运行,并将仿真结果与未来的真实数据进行比对验证。校准后的模型应能够准确预测不同发展情景下的生态承载力变化,并为决策提供科学支持。

模型参数的设定是京津冀港口、产业生态承载力监测系统仿真构建中的关键步骤,科学、合理的参数设定和校准直接决定了仿真结果的准确性和可靠性。通过基于真实数据设定初始参数,结合敏感性分析和模型校准,仿真系统能够全面模拟京津冀地区港口与产业发展对生态系统的影响,为区域可持续发展提供精准的决策。

二、数据准备

在构建京津冀港口、产业生态承载力监测系统的仿真模型时,数据准备是至关重要的基础性工作。高质量的数据能够为仿真模型提供坚实的基础,并确保模型能够准确模拟港口与产业的发展对生态承载力的影响。数据准备的过程涉及多维度的数据收集、整理、处理和校准,涵盖了港口运营、产业生产、生态环境状况及社会经济因素等方面的内容。以下是数据准备中的关键数据类型及其详细准备工作。

(一)港口与产业发展数据

1. 港口数据

港口的运营数据是仿真模型的核心输入之一,反映了港口在日常运营中的资源使用情况和对环境的影响。港口的数据准备工作需涵盖货物运输、能源消耗及污染物排放等多个维度。这些数据可以通过港口管理部门、物流企业、政府工作报告等多途径获取,并需经过历史数据分析和处理,确保其反映出长期的港口运营规律。

2. 货物吞吐量

港口的货物吞吐量是资源消耗和污染物排放的主要驱动因素之一。仿真模型需根据每年港口处理的货物量,准确记录各类货物的运输量(如集装箱运输、散货运输、液体货物运输等)。这些数据能够直接影响能源消耗、污染排放和交通拥堵等问题。通过分析货物吞吐量的历史趋势,可以预测未来港口扩展对区域生态承载力的潜在压力,并模拟不同港口运输方案对资源和环境的影响。

3. 能源消耗

港口在货物装卸、储存、转运等环节中会大量使用能源,尤其是电力和燃油的消耗。这些数据对于评估港口运营对大气环境的影响至关重要。历史能源消耗数据的收集和分析应涵盖不同季节、不同货物处理量下的能源消耗水平,确保仿真模型在不同情景下能够准确反映出能源使用量的变化。此外,能源消耗的类型(如可再生能源与传统能源的比例)也会影响港口的碳排放量,需作为仿真模型中的关键输入变量。

4. 污染物排放

港口活动中产生的污染物包括废气、废水和固体废弃物。仿真模型需根据不同类型港口活动(如装卸、运输、船舶停靠等)的实际历史排放数据,设定初始的污染物排放量,具体包括港口设备和运输工具产生的废气(如 NO_x、SO_x、PM2.5)、废水(如含油污水、生活污水等)和固体废物(如港口垃圾)。通过对历史排放数据的整合分析,仿真模型能够模拟未来港口运营中的污染排放趋势,为制定减排策略提供数据支持。

5. 产业数据

产业生产数据是仿真模型中不可或缺的重要内容,特别是高耗能、高排放的产业,其资源消耗与污染排放会直接影响区域的生态承载力。仿真模型需要准确采集各类产业的生产规模、资源消耗量和污染排放情况,以便评估不同产业的发展对生态环境的长期影响。

6. 产值与产量

不同行业的生产规模会显著影响资源消耗和污染物排放水平。仿真模型需基于区域内重点产业的历史产值和产量数据,分析这些产业的未来发展潜力及其对资源和生态的影响。例如,重工业(如钢铁、化工等)和轻工业(如食品加工、纺织)在产值、产量与污染排放之间有显著差异,仿真模型需根据不同产业的特点分别设定其资源消耗量和排放量。

7. 资源消耗与排放数据

各类产业在生产过程中所消耗的资源(如水、电、燃料等)是仿真模型的重要输入变量。通过采集各行业的历史资源消耗数据,可以为仿真模型提供依据,评估不同产业在资源使用方面对生态系统的压力。同时,仿真模型也需考虑到产业生产过程中所排放的污染物类型及其数量,如废水、废气和固体废物的排放量。这些数据能够帮助模型准确预测未来产业活动对生态承载力的影响,特别是在区域内不同产业扩展或环保政策变化情景下的模拟。

（二）生态环境数据

生态环境数据直接反映了区域内的环境质量状况，是仿真模型评估生态承载力的核心依据。仿真模型需要全面整合区域内的空气质量、水质和土壤污染等生态环境数据，确保对港口与产业活动的生态影响进行全面模拟。

1. 空气质量数据

空气质量数据是仿真模型中不可或缺的部分，特别是在京津冀这样工业化高度集中的区域，港口和产业活动对空气质量的影响尤为显著。仿真模型需输入区域内的空气质量监测数据，包括 PM2.5、PM10、SO_x、NO_x 等大气污染物的浓度，这些数据可以通过政府环保部门的监测报告或实时监测系统获取。通过分析不同季节、不同区域的空气污染变化，仿真模型能够预测未来港口和产业活动对空气质量的长期影响，并为区域大气环境管理提供数据支持。

2. 水质与土壤数据

水质和土壤质量的变化同样是仿真模型的重要组成部分。港口和产业活动对水体和土壤的污染可能会导致生态系统的长期退化，因此，仿真模型需整合区域内的水质和土壤监测数据。

3. 水质数据

典型的水质监测数据包括 COD（化学需氧量）、BOD（生化需氧量）、氨氮、总磷等指标，这些指标能够反映水体受污染的程度。仿真模型需基于历史水质监测数据，设置初始水体质量参数，并根据港口和产业的排放情况模拟未来水质变化趋势。

4. 土壤数据

土壤污染数据主要来源于区域内的重金属污染、农药残留、化工废弃物等。港口和产业区的土壤污染可能对周边生态系统带来长期威胁，仿真模型应整合土壤监测站的数据，设置不同区域土壤的污染初始值，模拟港口和产业扩张对土壤环境的长期影响。

（三）区域社会经济数据

区域社会经济数据是仿真模型的背景输入，能够帮助模型模拟不同经济情景下生态承载力的变化。社会经济因素如人口密度、经济发展水平、产业结构等都会间接影响资源使用和污染物排放水平，因此，在仿真过程中需将这些数据纳入考量。

1. 人口密度

人口密度的变化会对资源消耗与生态压力产生直接影响。仿真模型需根据历史人口变化数据，设定不同情景下的人口密度变化。特别是在港口和产业集中区域，人口增长会增加能源、水资源消耗，并带来更多生活废水、固体垃圾排放，从而对生态承载力构成额外压力。通过分析不同发展阶段的人口增长趋势，仿真模型可以评估人口密度变化对资源消耗和生态环境的长期影响。

2. 经济发展数据

区域内的经济发展水平是影响资源消耗和污染排放的重要因素。仿真模型需输入不同阶段的经济发展数据（如 GDP、产业结构、财政投入等），以准确预测不同经济政策对生态承载力的影响。例如，GDP 的增长往往伴随着资源消耗的增加和污染排放的上升，但同时也可能带来更多的环保投入。因此，仿真模型应根据不同经济发展情景，模拟经济增长与生态环境之间的复杂互动关系，为区域规划和政策制定提供支持。

通过全面的、多维度的数据准备工作，仿真模型能够科学、系统地评估京津冀港口与产业发展对生态承载力的影响。港口与产业运营数据、生态环境监测数据、区域社会经济数据的整合与处理，为仿真模型的构建提供了可靠依据。这些数据不仅能够帮助模型准确模拟现状，还能通过情景分析预测未来发展中的潜在风险，为区域可持续发展提供科学依据和决策支持。

第三节　仿真运行与情景分析

一、仿真运行流程

（一）仿真运行步骤

1. 模型初始化

（1）码头。

停泊能力：明确每个码头（如 Pier 1 和 Pier 2）可以同时停泊的船舶数量和类型，这些可以基于码头的实际物理长度和设计参数。

装卸速率：设置每种货物的装卸速率，例如，集装箱、散货的装卸不同。装卸速率可以根据港口的设备性能或历史数据设定。

作业时间：定义码头的操作时间，包括每日的工作时长、休息时段和年度作业计划。

当前状态：如 Pier 1 已有一艘货船停靠，需输入货船的类型（如散货船、小麦运输船）、货物种类及数量，以及预计的装卸时间。

（2）筒仓。

存储容量：每个筒仓的最大存储容量，通常由筒仓的大小和设计参数决定。

当前存储量：根据图片中筒仓的颜色和填充程度，估算每个筒仓的当前库存量。

货物类型：确定各个筒仓内储存的货物类型，可以通过颜色标识来分辨。

装卸速率：定义货物从筒仓装卸到车辆或船舶的效率。

（3）停车场。

容量：明确停车场的总车辆停放能力。

初始车辆状态：初始化停车场中车辆的数量和类型（如卡车、大货车），并设定它们的载货量、目的地等。

调度规则：制定车辆进出和运输的调度规则，包括优先级、调度算法和路径选择。

（4）路网和铁轨。

通行能力：确定路网和铁轨的最大通行能力，包括每小时的最大车辆数和火车数。

交通规则：设定交通规则，如限速、安全距离和优先通行权。

（5）环境参数。

大气污染：使用区域标准或监测数据设定 PM2.5、PM10、NO_x、SO_x 的初始浓度。

水质：初始化水体污染物指标，如化学需氧量（COD）、生化需氧量（BOD）、氨氮浓度。

土壤污染：确定土壤污染的初始浓度值，包括重金属和有机污染物。

（6）产业参数。

产值和产量：根据港口相关产业的数据，设置包括物流、制造、加工等行业的产值和产量。

资源消耗量：确定与港口运营相关的资源消耗，如水、电、燃料。

污染物排放因子：根据行业和设备类型，设定不同类别污染物的排放因子。

（7）社会经济参数。

人口密度：根据港口周边区域的人口数据，设定人口密度。

经济发展水平：设定区域的经济指标，如 GDP，人均收入，以反映社会经济背景。

2. 情景设定

根据研究目标和假设，设定不同情景以探讨在不同发展路径下的生态承载力变化。

（1）基准情景。

维持现有的港口运营和产业发展模式，分析在现有政策和技术条件下，生态承载力的变化。

（2）产业扩张情景。

模拟在不增加环保措施的情况下，特定产业（如钢铁、化工）的扩张对整体生态系统的影响。

分析对港口吞吐量的影响以及相应的资源消耗和污染排放增加。

（3）生态保护强化情景。

模拟更严格的环保政策实施，如更高的排放标准、增加绿色技术应用。

评估这些措施对港口及周边环境的改善效果。

（4）港口资源优化情景。

模拟提升港口资源利用效率，如提高装卸效率、优化运输线路、引入清洁技术。分析这些改变如何减少资源消耗和污染排放。

3. 仿真执行

在完成初始化和情景设定后，使用仿真软件（如 AnyLogic）启动模型。

时间跨度：设置仿真时间跨度，例如未来 5 年或 10 年，具体时间视研究目标而定。

动态模拟：在仿真过程中，动态调整参数以反映各情景下运营、生产、排放变化。

输出监测:实时监测关键指标的变化,确保仿真运行的准确性和有效性。

4. 结果记录

在仿真执行过程中,详细记录和分析各项指标的变化。

(1)港口吞吐量。

记录各类货物的吞吐量变化,包括进出口货物的数量和种类。

评估码头和筒仓的利用效率。

(2)资源消耗。

详细记录水、电、燃料等资源的消耗量。

通过对比分析不同情景下资源消耗的节约潜力。

(3)污染物排放。

跟踪各类污染物(如空气、水体、土壤)的排放变化。

确定主要污染源,并评估减排措施的有效性。

(4)环境质量指标。

分析大气、水质和土壤的环保指标变化。

评估不同场景对整体环境质量的影响。

(5)生态承载力指标。

根据设定的生态承载力评估方法,计算生态承载力在各情景下的变化。

通过对比不同情景,分析港口及周边区域在不同政策措施下的生态平衡状态。

(二)AnyLogic 仿真运行

1. AnyLogic 仿真模型的搭建

(1)港口组件。

码头:在 AnyLogic 中,使用"Agent"或"Resource Pool"模块来模拟码头。需要为每个码头定义其停泊能力和装卸设施,包括起重机数量、类型和效率。

筒仓:使用库存模型来表示筒仓。在模型中设置每个筒仓的最大存储容量、当前存储量,并初始化货物类型(如小麦、金属矿石)。

停车场:使用"Queue"模块模拟停车场的车辆流动,设置停车容量和调度规则,包括停车策略和优先级管理。

路网和铁轨:使用"Network"模块设计路网和铁轨,定义路径、交叉路口和信号系统,确保车辆和列车的动态流动能够准确反映实际情况。

(2)环境组件的模拟。

空气质量:使用环境模块,其中空气质量参数(如 PM2.5 浓度)可以基于外部数据源进行初始化,确保在不同天气条件下的空气质量变化能够在模型中体现。

水质:在模型中设计水体区域,设定水质指标的初始值,并根据港口活动模拟污染物排放带来的水质变化。

土壤质量:使用土地区域模型,定义土壤中的重金属或化学污染初始水平,并模拟不同情景下的潜在变化。

2. 定义仿真参数

时间参数：设置仿真的开始时间和结束时间，以及时间步长（如小时、天、月）。这样可以帮助研究长期趋势和短期变化。

初始条件：根据前期数据准备，设置所有实体的初始状态，包括库存水平、车辆位置和环境质量。

情景变量：不同情景下的变量，如政策变化、市场需求波动等，可以在"Parameter"模块中定义，以方便在仿真过程中动态调整。

3. 仿真运行

模型验证：进行多轮测试以确保模型代码正确，流程图无逻辑错误，所有模块间连接正常。验证可通过比较模型输出与历史数据匹配度完成。

情景模拟：依次加载不同情景，运行仿真。使用 AnyLogic 提供的"Experiment"功能，可以同时运行多种情景，便于比较分析。

实时监测：使用 AnyLogic 的"Dashboard"功能，实时监控每个关键指标。将关键数据可视化，如通过图表和动态图监测港口和周边区域的变化。

4. 数据收集与指标记录

港口吞吐量：在模型中记录每种货物的装卸时间和数量，利用时间序列数据分析港口运营效率。

资源消耗：对水、电、燃料消耗数据进行分类记录，分析随时间变化的消耗趋势。

污染物排放：设置传感器和监测点，收集各类污染物排放数据。使用地理信息系统（GIS）技术可视化污染物在空间上的分布。

环境质量指标：使用"Plot"模块记录和展示空气、水质、土壤中关键指标的变化曲线。

生态承载力：使用"Stock and Flow"模型计算生态承载力，生成趋势图展示不同情景下的承载力变化。

二、场景分析

（一）港口布局（图 14-1）

（1）筒仓（Silos）：图片中央和右下角区域显示了 16 个筒仓（Silo1 到 Silo16）。每个筒仓都由一个圆形灰色结构表示，内部的彩色条形代表存储的物料类型或填充水平。例如，Silo1 中的色条表示一种特定类型的货物。一些筒仓周围有浅色圆圈，表示它们处于活动状态或被选中。

（2）泊位（Piers）：图片右侧区域代表水域，有两个泊位，分别标记为 Pier1 和 Pier2。Pier1 停靠着一艘货船，船舱中也显示了条形，表示正在装载或卸载的货物。Pier2 是空闲的，从筒仓到泊位的输送线路清晰可见，表示物料通过这些线路进行装卸。

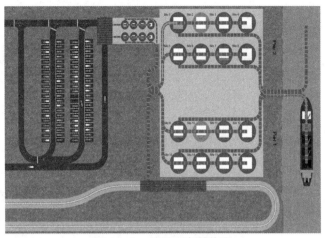

图 14-1　某港口布局仿真

（3）卡车停车场：图片左上角是一个大型卡车停车场，其中停放着许多卡车。卡车也用条形标记，代表它们装载的货物类型。停车场的布局设计成方便卡车进出，并连接到通往筒仓的道路。

（4）道路和铁路：图片中显示了连接各个区域的道路和铁路网络。道路用灰色表示，连接卡车停车场、筒仓和泊位。铁路轨道连接到筒仓区域，可能用于火车运输货物。

（5）输送线路：连接筒仓、泊位和可能的其他设施（例如卡车装卸区）的输送线路清晰可见。这些线路表明物料的流动方向。例如，一条线路从 Silo1 连接到 Pier1 的货船，表明正在进行货物装卸。

（二）港口储存物品数据指标分析

1. 谷物（Grain）部分

港口储存物品数据指标分析以表格形式列出了四种不同状态下谷物的数量，并用不同颜色区分谷物种类，如图 14-2 所示。

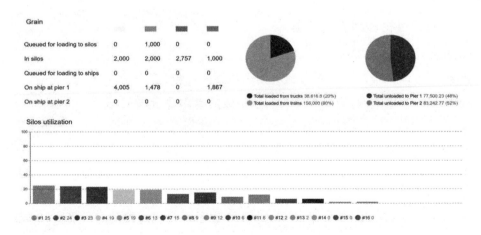

图 14-2　港口储存物品数据指标分析图

Queued for loading to silos（等待装入筒仓）：四种谷物分别为 0 吨、1 000 吨、0 吨和 0 吨。这意味着当前只有第二种颜色的谷物正在等待装入筒仓。

In silos（筒仓库存）：四种谷物目前在筒仓内的库存量分别为 2 000 吨、2 000 吨、2 757 吨和 1 000 吨。

Queued for loading to ships（等待装船）：四种谷物当前都没有等待装船，均为 0 吨。

On ship at pier 1（1 号码头船上）：1 号码头目前有一艘船，装载了 4 005 吨谷物 1 和 1 478 吨谷物 2，其他两种谷物均为 0 吨。这表示这艘船正在进行装货作业，因为还有谷物在筒仓中等待装船。

On ship at pier 2（2 号码头船上）：2 号码头当前没有船舶停靠，所有谷物均为 0 吨。

2. 饼图分析

左侧饼图：显示了谷物装载来源的比例。深色部分代表卡车运输（Total loaded from trucks），占比 20%（38 616.8 吨）；浅色部分代表火车运输（Total loaded from trains），占比 80%（156 000 吨）。这表明火车是谷物运输的主要方式。

右侧饼图：显示了谷物卸载目的地的比例。深色部分代表卸载到 1 号码头（Total unloaded to Pier 1），占比 48%（77 500.23 吨）；浅色部分代表卸载到 2 号码头（Total unloaded to Pier 2），占比 52%（83 242.77 吨）。虽然当前 2 号码头没有船，但这是统计一段时间内的总卸载量，而不是当前时刻的状态。

3. 筒仓利用率（Silos utilization）柱状图

该图表显示了每个筒仓的利用率。横轴代表筒仓编号（#1 到 #16），纵轴代表利用率百分比。例如，1 号筒仓（#1）的利用率约为 25%，2 号筒仓（#2）的利用率约为 24%，以此类推。从 #14 到 #16 的筒仓利用率为 0，表示这些筒仓当前是空的。

总体来看，这张图片提供了一个关于谷物港口运营的概览，包括库存、运输、装卸和筒仓使用情况等关键信息。这些数据可以用于 AnyLogic 仿真模型的初始化和验证，以及评估不同情景下的港口运营效率。

（三）港口谷物装卸流程模型

1. Trucks（卡车）部分

如图 14-3 所示模拟了卡车运输谷物到筒仓的过程。

carSource：卡车来源，数字 522 表示已生成的卡车数量，295 表示当前在系统中的卡车数量。

seizeRow：卡车占用卸货通道。数字 0 表示当前没有卡车在等待占用通道。

moveToUnload：卡车移动到卸货点。数字 144 表示已完成该步骤的卡车数量，0 表示当前正在执行该步骤的卡车数量。

truckUnloadingGrain：卡车卸粮。数字 143 表示已完成卸粮的卡车数量，0 表示当前正在卸粮的卡车数量。

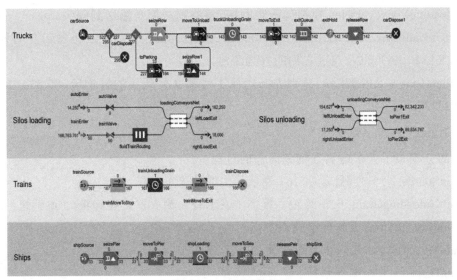

图 14-3　谷物运输图

moveToExit：卡车移出卸货区。数字 143 表示已完成该步骤的卡车数量，0 表示当前正在执行该步骤的卡车数量。

exitQueue：卡车在出口排队。数字 142 表示已完成该步骤的卡车数量，0 表示当前正在执行该步骤的卡车数量。

exitHold：卡车在出口等待。数字 142 表示已完成该步骤的卡车数量，另一个数字 142 表示当前正在等待的卡车数量。

releaseRow：释放卸货通道。数字 142 表示已完成该步骤的卡车数量，0 表示当前正在执行该步骤的卡车数量。

carDispose1 & carDispose2：卡车离开系统。数字 142 和 295 分别表示通过两个出口离开的卡车总数。

toParking：卡车前往停车场。数字 33 表示已完成该步骤的卡车数量，194 表示当前正在停车场的卡车数量。

seizeRow1：卡车占用停车位，数字 50 表示有 50 辆卡车在使用停车位，144 表示已完成该步骤的卡车数量。

2. Silos loading（筒仓装载）部分

这部分模拟了谷物从卡车和火车装载到筒仓的过程。

autoEnter & autoValve：卡车卸粮进入筒仓的流程控制，14 250 表示通过卡车装载到筒仓的谷物总量。

trainEnter & trainValve：火车卸粮进入筒仓的流程控制，166 763.761 表示通过火车装载到筒仓的谷物总量。

fluidTrainRouting：控制火车卸载到不同筒仓的流量分配，50 表示当前的流量。

3. Silos unloading（筒仓卸载）部分

这部分模拟了谷物从筒仓卸载到船舶的过程。

unloadingConveyorsNet：模拟传送带网络，将谷物从筒仓输送到码头。

leftUnloadEnter，leftLoadExit，rightUnloadEnter，rightLoadExit：分别表示左右两侧传送带的入口和出口，以及通过它们的谷物流量。

toPier1Exit & toPier2Exit：分别表示运往 1 号和 2 号码头的谷物量，89 534.767 吨和 82 342.233 吨。

4. Trains（火车）部分

这部分模拟了火车运输谷物到筒仓的过程。

trainSource：火车来源，数字 167 表示已生成的火车数量。

trainUnloadingGrain：火车卸粮。数字 1 表示有一辆火车正在卸粮，166 辆已经完成。

trainMoveToStop：火车移动到卸货点。

trainMoveToExit：火车移出卸货区。

trainDispose：火车离开系统。

5. Ships（船舶）部分

这部分模拟了船舶在码头装载谷物的过程。

shipSource：船舶来源，数字 33 表示已生成的船舶数量。

seizePier：船舶占用码头。

moveToPier：船舶移动到码头。

shipLoading：船舶装货。

moveToSea：船舶离开港口。

releasePier：释放码头。

shipSink：船舶离开系统。

每个模块上的数字表示已经通过该模块的实体数量或正在该模块中处理的实体数量。这有助于理解模型的动态行为和资源利用情况。通过分析这些数据，可以评估港口的吞吐量、资源利用率和整体效率。

（四）筒仓（silo）装卸货物的流程

筒仓（silo）装卸货物的流程使用了"流体库"（Fluid Library）的元素来模拟谷物等散装货物的流动，如图 14-4 所示。

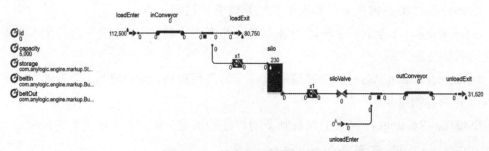

图 14-4　筒仓装卸货物流程图

1. 左侧信息栏

这部分显示了筒仓的一些属性

id：筒仓的 ID，这里是 0。

capacity：筒仓的容量，为 5 000 单位（可能是吨或其他单位）。

storage：当前存储量，由于文字截断，无法看到完整数值，但可以看出是以 com.anylogic.engine.markup.St... 开头的 Java 对象表示法。这表明存储量是一个动态变量，其值可以在仿真过程中更改。

beltIn：输入传送带，同样由于文字截断，完整信息不可见，但可以看出也是一个 Java 对象，likely representing the incoming conveyor belt.

beltOut：输出传送带，也是一个 Java 对象，likely representing the outgoing conveyor belt.

2. 流程图

流程图展示了货物从输入到输出的完整路径：

loadEnter：货物进入点。112 500 表示已经有 112 500 单位的货物进入该流程。

inConveyor：输入传送带。数字 0 表示当前传送带上没有货物。

loadExit：货物离开传送带进入筒仓。80 750 表示已经有 80 750 单位的货物从传送带进入筒仓。

silo：筒仓本身。230 表示当前筒仓内有 230 单位的货物。蓝色柱状图的高度也反映了筒仓的填充水平。

siloValve：筒仓阀门，控制货物从筒仓流出。0 表示当前没有货物流出。x1 标识了这个阀门。

outConveyor：输出传送带。0 表示当前传送带上没有货物。

unloadExit：货物离开输出传送带。31 520 表示已经有 31 520 单位的货物离开了输出传送带。

unloadEnter：货物进入输出传送带的入口。0 表示当前没有货物进入输出传送带。

3. 流程分析

从数字可以看出，大部分货物已经从输入传送带进入筒仓（80 750 / 112 500），但只有一小部分货物从筒仓流出并通过输出传送带运走（31 520 / 80 750）。这表明当前筒仓正在进行装货过程，或者输出流程的速率低于输入流程。筒仓中当前存储量为 230，远低于其 5 000 的容量，表明筒仓还有很大的存储空间。

各个模块上的 0 值表明当前时刻这些模块上没有货物或没有货物正在流动。这可能是因为仿真处于暂停状态，或者正在等待某些条件触发下一步操作。

（五）谷物的物料在筒仓中的流入和流出过程

该过程使用了流体库（Fluid Library）中的组件，如图 14-5 所示。

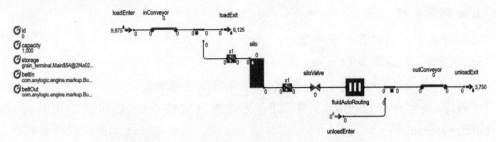

图 14-5　物料在筒仓中的流入、流出过程图

1. 左侧面板（筒仓属性）

id：筒仓的标识符是 0。

capacity：筒仓的容量为 1 000 单位（可能是吨或类似的体积单位）。

storage：显示当前筒仓中存储的物料数量。完整数值被截断，显示为 Java 对象表示法（如 grain_terminal.Main$54@2f4a02...），这表明存储值是动态的，并会在模拟过程中变化。

beltIn：代表进口传送带，也被显示为 Java 对象。

beltOut：代表出口传送带，同样显示为 Java 对象。

2. 流程图

loadEnter：物料进入点。到目前为止，模拟中已有 9 875 单位的物料进入此点。

inConveyor：输入传送带。0 表示传送带上当前没有物料。

loadExit：物料从输入传送带离开并进入筒仓。已有 6 125 单位的物料通过该点。

silo：筒仓本身。0 旁边的数字可能表示在这一瞬间筒仓内容量的变化率，而筒仓图标中的蓝色小条则直观地表示了填充水平，虽然文中没能识别出具体的存储量，但图中显示为 230，表示当前储存了 230 单位的物料。

siloValve：控制从筒仓流出的阀门。标注为 x1，表明这是一个可控元素。0 表示当前没有流出。

fluidAutoRouting：该模块管理流量路由，指引物料从 siloValve 流出。0 和 d 表示当前没有流量，可能目标是 'd'。

outConveyor：输出传送带。0 表示当前为空。

unloadEnter：输出传送带的入口。0 表示当前没有物料进入。

unloadExit：物料通过输出传送带离开系统。已有 3 750 单位的物料通过该点。

3. 流程分析

这张图提供了关于 AnyLogic 模拟中特定时间点筒仓操作的快照。分析这些值在模拟中不同时间点的变化，将揭示系统的动态行为。

数字显示已有 9 875 单位的物料进入系统，6 125 单位进入筒仓，3 750 单位已经离开。这表明一部分物料仍在筒仓内（图中显示有 230 单位存储），系统尚未达到稳态。

传送带上的零值可能说明系统处于暂停状态或正处于操作间隙。尽管没有物料正在传送,但从进入和离开的数量可以看出曾经有物料流动。

loadEnter（9 875）和 loadExit（6 125）之间的差异可能由于损耗、测量不准确或系统中的时间延迟。

（六）传送带系统

系统包含五条传送带（conveyor1 到 conveyor5）和五个出口（bilgeExit1 到 bilgeExit5），用于码头（pier1）装卸货物的,如图 14-6 所示。

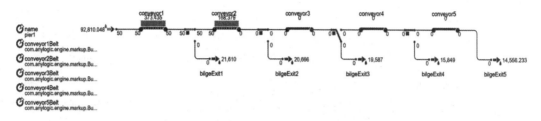

图 14-6　物料在筒仓中的流入、流出过程图

1. 左侧面板

name／pier1：表示这是名为"pier1"的码头。

conveyor1Belt～conveyor5Belt：列出了五条传送带,并显示了其对应的 Java 对象,用于在模型中表示这些传送带。这些对象包含了传送带的具体属性和状态信息。

2. 流程图

图片中央的流程图展示了物料如何在传送带系统中流动。

conveyor1 & conveyor2：这两条传送带显示了物料的积累。conveyor1 上有 373.435 单位的物料,conveyor2 上有 168.379 单位的物料。传送带上的长条可视化地表示了物料的数量。每个传送带旁的数字 50 可能是传送带的速度或容量。conveyor1 和 conveyor2 之间的 50 和 0 表示它们之间的连接点的容量或流量。

conveyor3～conveyor5：这三条传送带当前没有物料（显示为 0）。

bilgeExit1～bilgeExit5：这些是传送带系统的出口。每个出口都标注了已经通过该出口的物料总量。例如,bilgeExit1 输出了 21,610 单位的物料。

连接点上的数字：传送带之间的连接点上的数字（例如 conveyor1 和 conveyor2 之间的 50 和 0）表示这些连接点的容量、速率或当前流量。0 通常表示当前没有物料通过。

箭头：箭头指示了物料的流动方向,从左到右,最终流向不同的出口。

3. 整体分析

该模型模拟了码头上的物料输送过程。物料首先进入 conveyor1 和 conveyor2,然后通过后续的传送带和连接点最终到达不同的出口。目前,系统主要在使用 conveyor1 和 conveyor2,而 conveyor3 到 conveyor5 以及它们对应的出口处于空闲状态。通过观察每个出口的累计输出量,可以分析不同出口的使用情况和系统的整体吞吐量。92 810.048 这个数字是 pier1 的总吞吐量。

三、结果分析

在京津冀港口和产业生态承载力监测系统的仿真运行后,对港口运营效率、资源消耗、污染物排放、生态承载力和环境质量进行了全面的分析与评估。

(一)港口运营效率分析

基准情景下,港口的货物吞吐量基本上是稳定的,设施的使用情况也是在预期范围内。然而,当产业扩张情景被引入时,吞吐量的增加对港口的现有基础设施表现出明显的压力。具体表现为泊位和装卸设施的高负载运转,接近其最大容量,导致了潜在的瓶颈效应。为了应对这种情况,建议对装卸流程进行精细化管理和优化,或者考虑扩建基础设施以满足未来的需求。此外,利用大数据分析和预测技术可以提前识别高峰期的物流情况,合理调配资源,以提高整体运营效率。

港口内不同货物类型的处理效率差异较大,尤其是谷物类货物的存储和装卸。仿真分析指出,某些筒仓的使用率过高,可能导致存储和装卸过程中的拥堵和延误。为此,优化货物流向和引入智能化管理系统显得尤为重要。这将有助于更好地管理库存,减少等待时间,并提高整体物流效率。同时,也可以考虑对现有筒仓进行技术升级,增加其灵活性和容量,以适应不断增长的需求。

(二)资源消耗与效率分析

港口的能源消耗主要集中在装卸和运输环节,这两个环节的能效发挥对于整体运营成本和环境影响至关重要。在产业扩张情景中,能源消耗显著上升。为此,引入新能源技术如太阳能、风能等,并提高装卸设备的能效,是降低能源消耗的有效途径。此外,采用智能电网和能耗监测系统可以实时监控和优化能量使用,减少不必要的浪费。在资源优化情景下,通过合理的计划和调度,可以显著提高资源使用效率。例如,采用优化算法以减少运输路线中的空载行驶,提升装卸设备的操作效率,降低能源和资源的过度消耗。进一步,港口管理可以考虑引入循环经济理念,促进资源的回收和再利用,以实现长期可持续发展。

(三)污染物排放与环境影响分析

港口运营中产生的 NO_x、SO_x、PM2.5 等污染物对区域空气质量构成威胁。特别是在产业扩张情景下,这些污染物的排放量显著增加。因此,建议港口管理层实施更严格的排放限制,并投资于低排放技术和设备。例如,升级船舶的发动机使用清洁燃料,或在港口内安装空气净化设备。同时,政府可以通过政策激励措施,鼓励企业采用更加环保的操作和技术。

港口活动对水质和土壤的影响主要体现在污染物的直接排放和事故泄漏。仿真分析显示,产业扩张情景可能导致水体的 COD、BOD 等指标恶化,而这对生态环境的健康是十分不利的。因此,建议通过建设高效的污水处理设施和实施严格的污染物排放控制措施来减少水体污染。此外,应建立土壤污染监测和修复机制,以防止和治理可能的土壤污染问题。

（四）生态承载力与环境质量分析

生态承载力的变化直接反映了港口和产业活动对自然环境的压力。在产业扩张情景下,资源的过度使用和污染物排放的增加会导致生态承载力的下降。因此,为了维系区域生态的健康发展,需要加强对资源的合理配置和使用,同时引入生态友好的技术和管理方法。在生态保护强化情景中,实施严格的环境保护措施和政策能够有效提升生态承载力,使区域环境压力得到缓解。在实施严格的环保政策和优化资源利用的情景下,港口和产业活动对环境质量的负面影响得到了有效控制。空气质量、水体和土壤质量均有所改善。通过进一步的政策推动和技术创新,可以持续提升区域的环境质量,增强生态系统的稳定性和抗风险能力,为经济和生态的协调发展提供坚实的保障。

（五）政策与决策建议

为了确保港口和产业活动的可持续发展,政府需要制定并实施更为严格的环境保护政策,尤其是在产业扩张背景下。建议加强对污染物排放的监管力度,并推动环保技术的普及应用。港口管理机构应积极引入先进的资源管理技术,优化装卸和运输流程,提高资源使用效率。通过实施精细化管理和智能化调度,减少不必要的能源和资源消耗,实现经济与环境效益双赢。鼓励港口和相关产业使用绿色装卸设备和清洁能源技术,降低污染物排放。政府可以通过政策激励和资金支持,促进绿色技术的研发和应用,推动区域环境质量的提升。

综上所述,通过对京津冀港口和产业生态承载力监测系统的仿真分析,为区域的可持续发展提供了科学的决策依据。合理的政策措施与技术应用不仅能够提升生态承载力,还能实现经济与生态的双重协调发展。

第十五章

提升京津冀地区港口、产业生态承载力的举措

京津冀地区作为中国北部的重要经济与工业枢纽,其港口、产业与生态系统间的相互作用具有深远影响。尽管该区域在经济发展中取得了一定环保成效,但仍面临环境压力增大、资源消耗加剧及生态系统受损等多重挑战。这些问题制约地区的可持续发展,也影响了居民生活质量及区域的长远繁荣。探索提升京津冀地区港口与产业的生态承载力,实现经济增长与环境保护的和谐共生,显得尤为重要。

一、加强港口绿色化建设

在京津冀地区,港口扩张与高密度工业活动给环境带来了严峻挑战。为提升港口生态承载力,需系统性实施一系列绿色化建设举措。以下战略与操作步骤,旨在依托科学、技术与管理创新,达成港口可持续发展目标。

(一)推广使用低硫燃料

为减轻船舶排放对环境的负面影响,推广低硫燃料或电力驱动成为关键举措。应制定严格的港口排放标准,要求所有入港船舶使用低硫燃料或电力驱动。政府可提供税收减免、补贴等激励措施,鼓励船舶运营商选择更环保的燃料。需建立和完善港口排放监控与执法体系,确保所有船舶遵守新燃料规定。利用遥感和船舶自报系统,实时监控船舶排放情况,对违规者予以处罚。应与船舶制造商、燃料供应商及研究机构紧密合作,推动低硫燃料技术和电力推进技术的研发与应用。

(二)完善岸电设施

岸电系统的普及能显著减少船舶停泊期间的排放。应在所有主要港口投资建设岸电设施,确保覆盖所有码头,包括增设供电站、配电系统及连接接口。为鼓励使用岸电,港口管理局可采取降低港口服务费、提供电费补贴等激励措施。同时,增设便捷的支付与服务平台,简化接入流程。应与国际港口组织加强合作,共享岸电技术与管理经验,推广国际统一的岸电标准,便于跨国船舶统一接入。

（三）港口运营优化

优化港口运营不仅可以减少环境影响，还能提高港口效率和经济性。开发并部署智能物流管理系统，利用大数据和人工智能技术优化货物流转路径和装卸作业，减少拥堵和等待时间。引进和推广低噪音、低排放的装卸设备，如电动叉车和自动化装卸机械，减少作业中的污染和能源消耗。对港口员工进行持续的环保意识和技能培训，定期评估港口运营的环保效果，并根据反馈调整策略。

（四）生态修复工程

对于受损的海岸线和湿地，实施生态修复工程是恢复生物多样性和增强生态系统自我恢复能力的关键。制定科学的修复方案，包括本土植被重建、退化湿地恢复和被污染水域的生态修复。动员当地社区参与修复项目，如植树造林、清理岸线垃圾等，提高公众的环保意识和参与度。建立生态修复效果监测体系，定期发布修复进展报告，根据监测结果调整相应方案。

二、产业结构调整与优化

京津冀地区作为中国北部的工业中心，长期以来，其传统的重工业及高能耗产业对环境造成了显著压力。随着全球环保意识的觉醒与可持续发展目标的推进，该区域亟须对产业结构进行调整与升级，以实现向低碳、环保的现代产业转型。本节深入探讨了京津冀地区在产业结构调整与升级方面可采纳的策略与举措，旨在通过科学合理的方法，提升区域的生态承载力，实现经济发展与环境保护的双赢局面。

（一）发展高端制造业和新能源产业

京津冀地区应主动引导并支持电子信息、生物技术、新材料、新能源（例如太阳能、风能）等高技术含量、低污染及高附加值产业的发展。为此，应制定具体的财税优惠政策，为高新技术企业提供税收减免、资金补助等支持，以降低企业的创新成本与运营成本。同时，应建设技术创新中心与研发平台，吸引国内外顶尖的科研机构与人才，加速科技成果的转化与应用。还需建立政府引导下的风险投资基金，以支持初创的高科技企业拓展市场，提升其竞争力。通过产业园区的集聚效应，形成规模经济与技术协同，从而提升产业链的整体竞争力与可持续发展能力。

（二）推广循环经济和清洁生产

在钢铁、化工等传统行业中推行循环经济模式，是削减资源消耗与污染排放的有效策略。应鼓励企业开展废物交换活动，即将一家企业的废弃物转化为另一家企业的生产原料，从而实现废物的再利用与资源的最大化配置。推动老旧设备的更新换代，引进节能减排的现代技术设备，优化生产工艺流程，提升能源利用效率。需定期对企业实施清洁生产审核，全面评估其生产过程中的资源利用状况与环境影响，并提出针对性的改进措施。

（三）加强环保技术投入

企业作为环保技术创新与应用的核心主体,其在环保技术研发投入上的积极性直接关系到区域环境质量的改善进程。对于自主研发并成功应用新型环保技术的企业,政府应给予相应的财政奖励或税收优惠,以资鼓励。应鼓励企业与高等院校、科研机构建立合作关系,共同研发符合本地产业发展需求的环保技术。通过国际合作,积极引进先进的环保技术与管理经验,加速本地环保技术的迭代升级。

京津冀地区产业结构的调整与优化是一项系统工程,需政府、企业与社会各界的协同努力。通过发展高端制造业与新能源产业、深化循环经济与清洁生产实践、加大环保技术研发投入等措施,不仅可以有效提升区域的生态承载力,还能促进经济结构的优化升级,实现环境保护与经济发展的双赢局面。

三、强化环境政策与法规

在京津冀地区,随着工业化与城市化的迅猛推进,环境压力持续攀升,使得强化环境政策与法规体系成为保障区域可持续发展的核心要素。为确保港口与产业活动不超越生态系统的可持续承载阈值,需从完善环境监管体系、执行严格的排放标准以及提升公众环保意识等维度入手,构建一个全面且高效的环境管理框架。以下为此框架下的具体策略与实施步骤。

（一）完善环境监管体系

为保障环境政策的有效施行与透明度,京津冀地区需构建一个覆盖全面的环境监测网络与数据分析平台。应在港口、工业园区及其周边敏感地带设立环境监测站,对空气质量、水质、土壤状况等环境指标进行实时监控。利用卫星遥感、无人机巡检等前沿技术,实施大范围的环境监测,以提升监测的覆盖面与数据的精确度。同时,应建立一个区域性的环境数据共享机制,实现环境数据的透明化与公开化,使政府、企业及公众均能实时获取环境信息。政府应定期发布环境状况报告,对现行环境政策的效果进行评估,并根据环境变化与政策执行情况适时调整管理策略。

（二）实施严格的排放标准

为有效控制和减少工业活动对环境造成的负面影响,必须制定并执行严格的排放控制标准。依据最新的科研成果与技术进展,应制定符合国际标准的排放限值,该限值应全面覆盖废气、废水、噪声等各类污染物。实施排放许可证制度,要求企业在获得排放许可证后方可开展生产活动,并需定期提交环境影响评估报告。应增强环保部门的执法力度,通过定期对企业排放进行检查以及使用移动检测设备进行随机抽查,确保排放标准的严格执行。对于超标排放与违规企业,应实施高额罚款,情节严重者可考虑采取停产整顿、限制或撤销其经营许可等措施。

（三）提高环保意识

环境保护不仅是政府与企业的责任,更需公众的广泛参与。应在学校与社区普及环保知识,将环境教育纳入基础教育体系,以培养公众从小树立正确的环保意识。应创建多样化的公众参与环境保护的平台,如志愿者环保项目、环保监督小组等,鼓励公众积极监督企业与政府的环保行为。利用电视、网络、社交媒体等多种渠道,广泛传播环保理念与政策,提升公众对环保问题的关注与理解。对于积极参与环保活动的个人与组织,应给予表彰与奖励,以激发公众参与环保活动的积极性与主动性。

上述措施能够完全实施,京津冀地区能够切实强化环境政策与法规的执行力度,提升区域生态系统的承载能力,确保区域的环境安全与健康发展。这既符合国家可持续发展的战略要求,也是对居民生活质量负责的体现。

四、促进公众参与和多方合作

在京津冀地区,鉴于其独特的地理与经济地位,生态环境问题的复杂性与紧迫性要求不仅政府需采取行动,还需公众的广泛参与及国内外多方力量的协同合作。这种多元主体的合作模式对于提升区域生态承载力具有重要意义。以下将详细论述如何构建有效的公众参与体系与多元化合作网络,以强化环境保护与生态恢复工作。

(一)建立多方利益相关者平台

京津冀地区应构建一个涵盖政府、企业、学术机构及公众代表在内的多方利益相关者协作平台。该平台的核心职能在于制定并实施区域内的环境保护与生态恢复策略。平台需定期召开会议,针对环保政策进行深入探讨与更新,确保这些政策既具备科学性又富有前瞻性,能够有效应对紧迫的环境问题。通过该平台,各方可共同策划并执行具体的环保项目,例如生态修复、污染防治及资源管理等,以保障资源的合理配置与高效利用。同时,应建立一个透明的监督机制,对环境政策及项目的执行成效进行评估,并根据实际情况及时调整策略,同时,以应对新出现的挑战。

平台应构建一个信息共享系统,负责收集与分析环境数据,为政策制定与项目实施提供坚实的科学依据。通过定期举办研讨会,促进技术交流与经验分享,从而提升各方的环保技术与管理能力。

(二)社区和非政府组织的角色强化

地方社区作为环保活动的基石,其居民对当地环境变化具有高度的敏感性。应鼓励并支持社区开展以下活动:培训社区居民,使其能够参与到环境质量监测中,例如水质与空气质量的监测,从而让居民直接参与到自身生活环境的保护中。在社区内部组织定期的环保教育活动,旨在提升居民的环保意识,并传播低碳生活与可持续发展的理念。动员社区居民参与绿化活动,如植树造林与社区花园的建设,以改善居住环境,并增强社区的生态功能。

非政府组织在动员公众、推广环保知识及监督政府行为方面扮演着重要角色。应为非政府组织提供必要的资金援助与技术培训,以支持其开展环保项目与活动。应将非政府组织纳入环境政策的制定与评估过程中,以确保政策的公正性与透明度。应协助非政府组织与国际环保组织建立联系,引入国际经验与资源,从而提升其专业能力与影响力。

(三)国际合作与交流

凭借与国际环保组织的合作,引入先进的环保理念与技术。例如,参与国际环保项目,学习先进国家在污染治理技术、生态修复方法及环境政策等方面的成功经验。建立与其他国家港口城市的合作关系,共同探讨并解决港口发展与环境保护所面临的共同问题,包括技术交流、联合研发项目以及共同举办国际研讨会等多种形式。

借助上述详尽的战略与措施的实施,京津冀地区能够有效提升公众的参与程度与多方合作的成效,进而形成广泛的社会支持网络,为区域的可持续发展提供坚实的社会与技术基础。京津冀地区的港口、产业与生态系统之间存在着复杂的相互作用与影响。通过上述举措的推进,不仅可以有效提升该区域的生态承载力,还能够推动经济的持续健康发展,创造一个更加繁荣且宜居的环境。

>>>> **第十六章**

促进京津冀地区港口、产业与绿色生态融合发展和生态共治共享的思路

京津冀地区,作为中国北部举足轻重的经济和工业中心,其港口、产业与生态系统间的相互作用,对区域乃至整个国家的可持续发展具有直接且深远的影响。在当下全球范围内,经济发展与环境保护之间的平衡问题,已成为备受瞩目的焦点。针对京津冀地区的实际情况,只有通过不断提升生态承载力,积极推动港口、产业与绿色生态的融合发展,并实现生态共治共享,方能确保该区域走上可持续发展的必由之路。

一、综合区域发展战略的构建

在全球气候变化和环境退化的双重挑战下,京津冀地区作为中国北部的重要经济和工业基地,其可持续发展策略显得尤为重要。制定并实施以绿色经济为核心的综合区域发展战略,不仅是该地区的任务,更是对全国乃至全球生态系统健康作出的重要贡献。

京津冀地区的各级政府应携手成立京津冀环境治理联盟。该联盟的主要职责包括制定统一或兼容的环境标准、协调跨区域的环境项目、共享环境监测数据和治理成果。联盟还应定期举办环境治理论坛,邀请政府官员、专家学者、企业家及公众代表共同参与,共同探讨区域环境管理的最佳实践和创新方案。对于可能对多个行政区域产生影响的大型工业项目和开发活动,应实施严格的跨区域环境影响评估。评估结果需公开透明,并接受社会各界的监督,以确保开发活动不会对区域环境和公众健康造成不利影响。

此外,京津冀地区应积极参与国际环境保护项目和倡议,如联合国可持续发展目标(SDGs)、巴黎气候协议等。

二、技术创新与绿色技术的推广

在京津冀地区的可持续发展战略中,技术创新与绿色技术的推广占据着至关重要

的地位。该战略的核心目标是通过科学研究和技术进步,实现环保效率与生产力的显著提升,同时降低工业及社会活动对环境的负面影响。为实现这些目标,京津冀地区需在技术创新体系的构建、资金投入的保障、政策支持的强化以及公众参与的促进等方面,进行系统而周密的规划与执行。

京津冀地区应着手建立多个区域性研发中心,聚焦于环保新材料、节能减排技术和生物技术等关键领域的研发工作。这些研发中心需与当地大学、科研机构及企业建立紧密的合作关系,构建创新网络,实现资源共享与协同研发。通过集中优势资源,加速研发进程,提升研发效率。政府应通过政策引导和财政支持,鼓励企业与高等院校及科研机构建立长期稳定的合作关系。此类合作形式可涵盖共建研发实验室、共同申报科研项目、互派研究人员等,旨在加强理论研究与实际应用之间的紧密联系,并为在校学生提供实习与就业机会,以培养未来的科技人才。政府应设立专项基金,专门用于支持环保技术的研发与产业化进程。鼓励私人资本通过风险投资等多种形式,积极参与环保新技术的研发与推广。在资金投入时,应以技术的原创性和市场潜力为依据,优先扶持具有广泛应用前景的项目,以确保资金的有效利用和技术的快速发展。

政府应当设计并实施一系列优惠政策,旨在推动绿色技术的广泛应用。这些政策可涵盖税收减免、贷款利率优惠以及直接的财政补贴等多种形式。例如,针对采用岸电技术的港口企业及使用清洁能源车辆的运输公司,政府可提供相应的税收减免或财政补贴。政府应选择具有代表性的城市与企业,建立绿色技术应用的示范项目。这些项目的成功落地,将为同类城市与企业提供宝贵的实践经验与参考。示范项目应广泛覆盖港口运营、工业生产、城市建设等多个领域,全面展现绿色技术的应用成效与经济效益。

政府需通过媒体宣传、公众讲座、社区活动等多种渠道,加大对绿色技术的推广力度,使公众深刻认识绿色技术的重要性及其应用效果,进而提升公众对绿色技术产品的认可与接受程度。在中小学教育中增加绿色技术相关的课程内容,从小培养学生的环保意识与绿色生活习惯,为未来的可持续发展奠定坚实基础。为确保绿色技术的有效应用,政府应建立一个全面的监测与评估体系,对各种绿色技术的应用情况进行定期监测与评估,及时掌握技术应用的效果及存在的问题。评估结果可为技术的持续改进与政策的适时调整提供有力依据。在全球范围内,政府应积极寻求合作伙伴,与国外的研发机构及企业共同研发新技术,并共享研发成果。通过借鉴国外先进的环保政策与管理经验,提升本地区环保技术的国际竞争力。同时,政府应将环保技术的研发与应用与区域的长期可持续发展目标紧密结合,确保技术发展方向与区域发展需求高度一致。技术创新与应用的终极目标,在于通过提高资源利用效率、减少环境污染,支撑区域经济的持续健康发展,改善居民的生活质量,为后代留下一个更加宜居的环境。

三、加强公众参与和社会责任

在京津冀地区,推动可持续发展的一项重要战略是加强公众参与和社会责任。这一举措有助于构建广泛的社会共识,并通过汇聚各界力量,更为有效地应对环境挑战,实现环境保护与经济发展的和谐共存。

为系统性地推进环保教育，京津冀地区需在教育体系内部整合现有资源，构建一个涵盖从幼儿园至高等教育各阶段的环保教育连贯体系。这包括开发适合不同年龄段学生的环保教育课程，组织环保实践活动，并将环保教育纳入教师的职业培训范畴。通过此举，环保意识将逐渐内化于学生的成长历程之中，培养其形成自幼而大的环保责任感。媒体作为塑造公众意识的关键工具，地区政府应与其展开合作，定期发布环境保护的进展与成功案例，同时公开环境问题的现状与挑战，以此提升透明度并增强公众的信任感。通过电视节目、电影、网络媒体以及社交平台等多种渠道，普及环保知识，提高公众对重大环保议题的理解与关注度。政府与非政府组织应定期举办公众参与的环保活动，如清洁行动、环保讲座、绿色生活工作坊等。这些活动不仅能够增强社区的凝聚力，还能直接提升地区的环境质量。借助亲身参与这些实践活动，公众能够直观地感受到自身对环境改善所做出的贡献，从而激发其持续参与的动力。

京津冀地区应鼓励区域内所有规模的企业采纳国际公认的环境管理体系，例如ISO 14001 等。政府可为实施这些管理体系的企业提供税收优惠、技术援助以及公关支持。应要求企业定期开展环境风险评估，并将评估结果及其改进措施公之于众，以此提升企业在消费者和投资者心中的绿色形象。政府还需制定相关政策，激励企业构建绿色供应链，包括选择符合环保标准的供应商、优先采购环境友好型产品和服务，以及在产品设计与包装上减少环境影响。落实这些举措，企业能够降低自身的环境足迹，并能在整个供应链中推动绿色转型。企业应与其所在社区建立合作关系，共同开展社区支持项目，例如支持当地的教育、卫生和绿化事业。企业可以通过提供资金支持、志愿服务或其他资源，助力提升社区的生活环境和居民的生活质量。为确保上述措施能够长期且有效地执行，京津冀地区需设立专门的监测与评估机构，跟踪各项措施的执行情况及实际效果。

四、国际合作与全球视野

京津冀地区作为中国北部的重要经济与工业中心，其在全球环境保护与可持续发展领域的行动具有显著的标杆效应。通过深化国际合作并提升全球竞争力，该地区能够改善本地生态环境，并能在全球环保事业中发挥更为积极的作用。

京津冀地区应积极构建一个国际合作网络，广泛联系外国政府、国际组织、全球企业及学术机构。这一网络将有助于共享全球环保管理的最佳实践和技术，同时推动关于气候变化、生物多样性保护等全球性议题的深入交流与合作。通过定期举办国际会议、工作坊及研讨会，京津冀地区能够成为东北亚地区环保合作的枢纽，进而增强其在国际舞台上的影响力。京津冀地区应主动参与由联合国环境规划署（UNEP）、世界自然基金会（WWF）等国际组织主导的环保项目。这些项目通常聚焦于全球或区域性的重大环境问题，如气候变化的影响、跨界污染治理及野生动植物保护等。通过参与这些项目，京津冀地区能够获取处理复杂环境问题的先进方法和技术，并能在国际环保政策制定过程中发挥更加积极的作用。鉴于京津冀地区与邻近国家共享多条跨界水系和大气环境,加强与这些国家的环境治理合作显得尤为重要。为此,可以通过建立跨国环境治理委员会、定期举办跨界污染治理会议以及共同开展研究项目等方式,实现标准的统一与治理技术的共享。

京津冀地区应着重发展以绿色技术为核心的新兴产业,涵盖但不限于清洁能源、环境监测、废物回收再利用技术、绿色建筑及低碳交通等领域。政府应通过财政支持与政策激励,推动本地企业与研究机构开发出具有国际竞争力的环保产品和技术。建立绿色技术的国际认证体系,以确保这些产品和技术能够获得国际市场的认可。京津冀地区的企业在环保技术和产品的开发上,应积极寻求国际市场的拓展机遇。政府可借助组织国际贸易展览、派遣贸易代表团、构建国际绿色产品贸易平台等手段。借助与国际知名环保品牌开展合作,提升本地产品的品牌影响力。京津冀地区应加大对环保领域国际人才的培养与引进力度。这可通过提供奖学金、组织国际交流项目、与国外高等院校及研究机构建立合作关系等途径实现。培养具备国际视野的环保专业人才,能够增强地区解决复杂环境问题的能力,并在全球环保领域中发挥引领作用。

利用上述策略的实施,京津冀地区有望实现港口、产业与生态系统的和谐共生,推动生态共治共享,最终达成区域可持续发展的目标。这一目标的实现,需要政府的坚定决策与有效管理,还需社会各界的积极参与以及国际合作的广泛支持。这是一场涉及多方面的系统工程,需要长期的努力与智慧,方能在保护环境的同时,实现经济的持续繁荣与社会的全面进步。

参考文献

[1] 张斯琴. 环渤海城市群效率型增长 [M]. 北京:冶金工业出版社,2020.

[2] 郭晓鹏,杨晓宇,任东风等著. 京津冀多种能源低碳协同发展研究 [M]. 北京:中国水利水电出版社,2019.

[3] 陈太龙. 新理念新实践新跨越 沧州渤海新区贯彻五大发展理念纪实 [M]. 北京:华文出版社,2018.

[4] 李刚. 东北亚区域旅游一体化协作发展机制研究 [M]. 天津:南开大学出版社,2014.

[5] 民盟中央课题组. 城市群发展与治理调研报告 [M]. 北京:中国发展出版社,2021.

[6] 中国电子信息产业发展研究院,赛迪顾问股份有限公司. 中国战略性新兴产业发展及应用实践 [M]. 北京:机械工业出版社,2011.

[7] 王晶. 津冀港口群协同发展研究 [M]. 秦皇岛:燕山大学出版社,2021.

[8] 朱芳阳. 港口物流与湾区经济发展研究 [M]. 成都:西南交通大学出版社,2020.

[9] 《京津冀协同发展的目标与路径》编委会. 京津冀协同发展的目标与路径 [M]. 天津:天津人民出版社,2015.

[10] 王振等. 长三角协同发展战略研究 [M]. 上海:上海社会科学院出版社,2018.

[11] 吴运杰. 辽宁港口发展研究 [M]. 沈阳:辽宁人民出版社,2017.

[12] 肖雨杉,朱芳阳. 粤港澳大湾区港口物流与对外贸易耦合协调发展研究 [J]. 中国商论,2024,33(15):132-136.

[13] 付姗姗,韩冰,王芳. 上海"国际航运+现代海洋"协同发展的机遇与挑战 [J]. 世界科学,2024(8):38-40.

[14] 汪义军. 双循环格局下粤港澳大湾区港口群协同发展策略研究 [J]. 全国流通经济,2024,(15):8-11.

[15] 王媛,席芳,汤伊琼. 新形势下我国智慧港口建设现状与发展趋势 [J]. 水运工程,2024(8):224-228,287.

[16] 尤亮. 港口物流企业与区域经济协同发展策略 [J]. 中国储运,2024(8):178-179.

[17] 常文千,李南,甄翠敏,等. 区域港口网络韧性对海洋经济高质量发展的支撑力 [J]. 华北理工大学学报(社会科学版),2024,24(4):13-21.

[18] 盛钰清. 内陆港物流与腹地城市的协同发展研究——以济宁港为例 [J]. 物流科技, 2024, 47（14）：37-41.

[19] 张玉侠, 李雪飞. 秦皇岛市临港经济与区域经济协同发展研究 [J]. 当代金融家, 2024（7）：132-133.

[20] 朱芳阳, 零恩豪, 殷浩然. 广西北部湾港航物流与湾区经济协同发展研究 [J]. 供应链管理, 2024, 5（7）：88-96.

[21] 张宝银, 宋灿. 曹妃甸港港口物流与区域经济发展关系研究 [J]. 全国流通经济, 2024（13）：48-51.

[22] 刘雅婷, 田小勇, 吴微伟. 长江中游港口的时空演变与预测——对湖南省城陵矶港的启示 [J]. 岳阳职业技术学院学报, 2024, 39（3）：55-60.

[23] 汤齐, 鲁梦楠. 港口物流与区域经济协同发展研究——以京津冀地区为例 [J]. 物流技术, 2024, 43（6）：1-14.

[24] 马赜湫, 周兆欣, 常育苗. 基于港城融合的山东港口群协同发展模式建构与效能评价 [J]. 武汉交通职业学院学报, 2024, 26（2）：65-72.

[25] 李超, 汤玲玲. 京津冀协同视角下海港、陆港、空港的发展研究 [J]. 投资与合作, 2024（5）：88-90.

[26] 毕成成. 京津冀协同发展视角下港口油品业务绿色转型发展的思考 [J]. 产业创新研究, 2024（6）：1-3, 9.

[27] 王贤卫, 楼小明, 余志成, 等. 国内外港地协同发展经验对浙江省的启示 [J]. 中国工程咨询, 2024（9）：79-82.

[28] 连玉明. 加快建设京津冀世界级港口群 [J]. 北京观察, 2024（3）：39.

[29] 袁帅. 天津市 深化京津冀协同发展 [J]. 小康, 2024（7）：27.

[30] 王君瑶. 山东港口物流协同发展及策略研究——基于 SWOT 分析法 [J]. 中国储运, 2024（2）：77-78.

[31] 王朋岗, 马文腾, 李聪. 地理位置对京津冀城市群县域人口规模变动的影响——兼对京津冀协同发展效果的评价 [J]. 城市学刊, 2024, 45（1）：60-68.

[32] 王儒屹. 浅谈融合背景下港口发展思路 [J]. 交通财会, 2024（1）：88-90.

[33] 陈红梅, 李鑫依. 世界一流港口建设背景下环渤海港口高质量发展水平测度 [J]. 上海海事大学学报, 2023, 44（4）：58-68.

[34] 吴坚, 王付宇. 基于主成分分析的港口物流与城市经济协调发展研究——以苏州市为例 [J]. 江苏航运职业技术学院学报, 2023, 22（4）：107-112.

[35] 肖富. 港口物流与城市经济协同度分析——以泉州市为例 [J]. 福建交通科技, 2023（12）：151-154.

[36] 欧阳雪莲, 朱芳阳. 钦州港与其腹地经济协同发展研究 [J]. 北部湾大学学报, 2023, 38（6）：10-18+27.

[37] 周艳, 唐献全, 高乔子. 粤港澳大湾区港口群协同发展研究 [J]. 珠江水运, 2023

（22）：108-110．

[38] 石晓冬，黄晓春，和朝东，等．回顾京津冀协同发展历程推动建设现代化首都都市圈 [J]．北京规划建设，2023（6）：6-11．

[39] 刘婧．天津港创建世界一流港口企业策略 [J]．中国港口，2023（10）：29-31．

[40] 王茁洋．京津冀协同发展战略下金融创新研究 [J]．产业创新研究，2023（17）：9-11．

[41] 计炜平．浅析绿色港口与绿色航运协同发展趋势 [J]．中国水运，2023（9）：59-62．

[42] 何菲菲．区域港口群协同发展背景下太仓港发展策略 [J]．江苏经贸职业技术学院学报，2023（4）：12-14+18．

[43] 毕成成．河北港口资源整合背景下津冀港口合作路径探究 [J]．产业创新研究，2023（14）：7-10．

[44] 毕成成．天津港口治理模式变迁与港城融合发展路径分析 [J]．港口科技，2023（7）：37-40，45．

[45] 徐建港．港口物流与区域经济协同发展的"三位一体"模式研究 [J]．中国航务周刊，2023（28）：45-47．

[46] 曾欣蕾．粤港澳大湾区港口物流智能化发展探索 [J]．合作经济与科技，2023，（14）：70-72．

[47] 刘玲，周桂琴，张廷龙．基于耦合协调度的安徽港口群协同发展评价 [J]．物流技术，2023，42（04）：61-65+108．

[48] 杨悦婷，张思琪，李娟．河北省港口城市生态保护与经济协同发展评价 [J]．科技创业月刊，2023，36（04）：80-83．

[49] 杨晓彦，占金刚，詹满琳．北部湾港与广西区域经济的协同发展研究—基于灰色关联度和 VAR 双重模型检验 [J/OL]．物流科技，1-13[2024-09-27]．http：// 124. 223. 81. 79：8085 / kcms / detail / 10. 1373．f. 20240322. 1210. 002. html．

[50] 郑木龙．京津冀城市群与港口群互动发展研究 [D]．青岛：中国海洋大学，2015．

[51] 陈乐．青岛港港口物流与城市经济高质量发展协同性研究 [D]．济南：山东财经大学，2023．

[52] 殷翔宇．我国沿海港口对城市经济贡献研究 [D]．北京：首都经济贸易大学，2022．

[53] 孙佳会．长三角港口群－城市群复合系统协同发展研究 [D]．上海：上海海事大学，2021．

[54] 刘彤．基于耦合协同模型的港口腹地协同度测度 [D]．大连：大连海事大学，2021．

[55] 刘云霞．基于复杂网络的长江三角洲港口群协同发展研究 [D]．淮南：安徽理工

大学,2020.

[56] 孙瑛杰.长三角区域一体化背景下港口物流与区域特色经济的协同发展研究 [D].上海:上海海洋大学,2020.

[57] 杨晓甫.京津冀协同发展下津冀港口与腹地协同发展研究 [D].秦皇岛:燕山大学,2020.

[58] 刘佳佳.基于 VAR 模型的港口物流与城市经济协同发展研究 [D].锦州:渤海大学,2020.

[59] 贾顺美.大连市港口物流与临港产业集群协同关系评价研究 [D].大连:大连交通大学,2018.

[60] 沙乐.港口物流业与临港核心产业生态协同研究 [D].赣州:江西理工大学,2017.

[61] 高雪岩.临港产业集群与港口物流协同发展研究 [D].大连:大连交通大学,2017.

[62] 刘芳.津冀港口物流协同发展评价研究 [D].秦皇岛:燕山大学,2017.

[63] 黄佳伟.宁波—舟山港港口物流与腹地经济协同发展研究 [D].舟山:浙江海洋大学,2017.

[64] 程佳其.港口与腹地产业协同发展比较研究及对河北省的启示 [D].石家庄:河北师范大学,2017.

[65] 常芳.京津冀协同发展背景下津冀港口发展研究 [D].天津:天津工业大学,2017.

[66] 姬浩宇.京津冀协同背景下曹妃甸港发展战略研究 [D].天津:河北工业大学,2016.

[67] 温文华.港口与城市协同发展机理研究 [D].大连:大连海事大学,2016.

后　记

　　本书详尽探讨了京津冀地区在生态共治共享框架下"港口－产业－生态系统"三者的融合与协同发展问题,经由全面的分析与系统的阐述,本书勾画了一幅区域可持续发展的宏伟蓝图,为政策制定者、企业领导者及社会各界提供了行动指南与深刻的思考维度。

　　京津冀地区,作为中国北部举足轻重的经济、工业及交通枢纽,承载着巨大的经济发展潜力与生态保护的重任。区域内港口、产业与生态系统三者间的关联紧密且复杂,其相互作用及影响深刻关联着地区的生活质量、经济繁荣与生态健康。在全球化加速推进与生态环境持续恶化的背景下,如何实现这三者的和谐共生,构成了本书力图解答的核心议题。本书通过对京津冀地区"港口－产业－生态系统"现状的深入剖析,揭示了三者间存在的冲突与潜在的协同机遇。港口作为联通国际市场的门户,其发展迅猛且广泛,但亦带来了生态压力与资源竞争;产业在驱动地区经济增长的亦需直面环保的责任与挑战;生态系统则是维系区域生存与发展的基石,亟待得到有效保护与合理利用。这种复杂的相互作用要求我们摒弃传统的发展思维模式,探索一种全新的融合发展路径。在实现"港口－产业－生态系统"融合协同发展的策略层面,本书提出了一系列创新的策略与具体的行动建议,包括构建综合区域发展战略、加强技术创新与绿色技术的推广应用、提升公众参与和社会责任以及深化国际合作等多个维度。这些策略旨在通过政策整合、技术革新、社会共治以及国际协作,推动京津冀地区经济、社会与环境的全面可持续发展。

　　本书着重强调了政策连贯性与创新性在解决复杂问题中的关键作用。政策制定者需深入考量港口、产业与生态之间的内在联系,并据此制定能够体现这种复杂关系的政策。例如,通过制定激励措施鼓励企业采纳环保技术或建立区域环保标准以引导产业升级,均为推动区域协同发展的有效举措。本书深入探讨了未来可能涌现的新挑战与机遇。随着全球气候变化影响的日益加剧,京津冀地区所面临的环境压力将更为巨大。全球经济格局的变动也可能对区域产业的发展产生深远影响。在此背景下,京津冀地区需更加灵活地调整发展战略,充分利用科技创新与国际合作来应对挑战,并把握机遇。

　　京津冀地区"港口－产业－生态系统"融合协同发展的研究,提供了一个多维度、系统化的发展视角,对于其他具有相似地理与经济特征的区域同样具有重要的参考价值。期望本书的研究成果能够为政策制定者、企业家及公众提供有益的启示,共同推动京津冀地区乃至更广泛区域的可持续发展目标的实现。未来的道路虽充满挑战,但也孕育着希望。通过集体的努力与智慧,我们有理由坚信,一个可持续的未来并非遥不可及的梦想。

特别感谢我的单位河北科技师范学院和我的家人,他们在我的写作过程中给予了大力的支持和无私的帮助。同时感谢写作期间,阅读、参考的所有书籍、文献的作者,是你们给了我太多的灵感和启发,也诚恳地期待你们的批评和指教。

本书为作者 2021 年承担的河北省社会科学基金项目,项目名称:生态共治共享下京津冀产业发展的生态承载力研究,项目编号:HB21YJ039。